中国国家社科基金重大项目"特色文化城市研究"（12&ZD029）
省高校社科重大项目"江苏文化软实力提升对策研究"（2012ZDAXM005）专辑

CUR

第六辑

China Urban Review
中国城市评论

主编 张鸿雁 李 强 杨 雷

主编单位：

南京大学城市科学研究院

垠坤代理机构

罗素城市策划研究院

江苏城市现代化研究基地

中国建筑工业出版社

CUR 第六辑
China Urban Review
中国城市评论

主编单位

南京大学城市科学研究院
垠坤代理机构
罗素城市策划研究院
江苏城市现代化研究基地

合作单位（排名不分先后）

中国社会科学院人口与劳动经济研究所
中国城市经济学会
清华大学人文学院
中国人民大学社会学系
中国人民大学区域经济与城市管理研究所
中共中央党校社会学教研室
南开大学社会工作与社会政策系
东南大学建筑历史与理论研究所
南京师范大学社会发展学院
南京师范大学金陵女子学院
河海大学公共管理学院
上海社会科学院部门经济研究所
复旦大学城市生态规划与设计研究中心
复旦大学人口研究所、城市与区域发展研究中心
同济大学文法学院城市社会学研究所
同济大学城市发展与公共政策研究所
同济大学可持续发展研究中心
华东师范大学中国现代城市研究中心
华东理工大学商学院
华东理工大学城市管理学院
上海交通大学公共管理系
浙江省委党校社会学文化学教研部
香港中文大学社会学系
中山大学社会学系
日本名古屋大学研究生院环境学研究科

图书在版编目（CIP）数据

中国城市评论　第六辑/张鸿雁，李强，杨雷主编.—
北京：中国建筑工业出版社，2012.12
　ISBN 978-7-112-14768-7

　I.①中…　II.①张…②李…③杨…　III.①城市
化–中国–文集　IV.①F299.21–53

　中国版本图书馆CIP数据核字（2012）第243237号

出版发行　中国建筑工业出版社
社　　址　北京百万庄建设部北配楼　邮编100037
网　　址　http://www.china-cabp.com.cn

书　　名　中国城市评论（第六辑）
主　　编　张鸿雁　李强　杨雷
责任编辑　施佳明　陆新之

印　　刷　北京顺诚彩色印刷有限公司印刷
开　　本　787×1092mm　1/16
　　　　　印张：9　字数：295千字
版　　次　2012年12月第一版　2012年12月第一次印刷
I S B N　　978-7-112-14768-7
　　　　　（22838）
定　　价　58.00元

发行热线：025-84699886
电子邮箱：dichanp@sina.com

China Urban Review
中国城市评论

目 录

文章代表作者个人观点。不代表《中国城市评论》立场。

CUR

Urban Development Strategy and Urban
Culture Capital Construction

城市发展战略与城市文化资本
建构

城市社会学科学研究的理论思维与范式①

张鸿雁

中国已经进入城市社会②！

五千年中华文明一直是以农业立国，时至 21 世纪初的中国，城市人口仍然没有超过农业人口，而 1850 年英国就曾在人类史上第一次出现了城市人口超过农业人口的现象，伴随城市化而来的是英国的工业化和社会的近现代化历程，城市化和工业化成为英国曾一度称雄世界的基础。而当今的世界已经有接近 60% 的人口居住在城市里，城市化和城市现代化成为人类现代化的整体表征，城市现代化无疑已经是人类现代化一种结晶和时间切面！

一、城市生活方式："活着"与"生活"

我们不禁要问，我们为什么要研究城市？我们曾不知多少次问过，人类自己创造的城市，为什么异化为人类探究的对象？而伴随城市发展带来的相关问题为什么会越来越多？人类社会发生、发展已经有 300 多万年的历史，在这已知的历史长河中，为什么人类的城市只有 5000~8000 年的历史？为什么人类在 99% 以上的时间里，是在没有城市的空间里生存的，而人类一旦创造并走进了城市，人类社会就进入了加速度的状态？

这一切在我的研究视野中不止一次地被设问，我也一直力图通过研究获得科学的答案。然而，虽然经典作家已经明确提出城市是人类社会的中心和发展动力，城市也带给人类希望与财富，但是，城市从它产生那天起，就伴随着自身的问题走过了几千年。城市尤似人类主观与客观结合建构起来的千年古树，带着人类的理想和人类社会的病态一起走到今天！

马克思对城市产生和城乡第一次分裂的描述最为精彩："第一次大分工，即城市和乡村的分离，立即使农村人口陷于数千年的愚昧状况……如果说，农民占有土地，城市居民占有手艺，那么，土地就同样地占有农民，手艺同样地占有手工业者③。"城市内的社会空间通过知识、技术和商品交换的整合，创造了城市特有的生活方式，使从乡村中走进城市的人类获得了新生，城市成为一种组织结构，成为人类与群体方式共生的一种自然表现。纵观人类社会的发展，人类社会最先进的思想、文化和新的组织总是最先产生在城市里。在古代西方，迈锡尼的城市创造了迈锡尼的集权文明与精彩；古希腊和罗马的城市不仅创造了人类文化的黄金时代，而且还创造了城市生活的一种方式和"法律面前人人平等"的城市市民社会的思想。中国上古时代的城市创造了"天人合一"的夏商周文明，演义出春秋战国时代的"百家争鸣"文化和地域学派，其不仅创造了学术繁盛，更重要的是形成了儒家的文化思想，并成为中华民族文化"草根文明"的基础，与古希腊罗马城市共创了东西方两大文明的"文化内核"。我们要明确地说，这种文化的创造、繁盛与创新都是附着在城市之上的。城市发展的历史证明了德国学者斯宾格勒的观点："人类所有伟大的文化都是由城市产生的。第二代优秀人类，是擅长建造城市的动物。这就是世界史的实际标准，这个标准不同于人类史的标准；世界史就是人类的城市时代史。国家、政府、政治、宗教，等等，无不是从人类生存的这一基本形式——城市——中发展起来并附着其上的④。"城市已成为人类现代化进程的载体，然而，虽然人类试图把城市建造成理想的家园（"如家的城市"），但是因为人类本身社会发展水平以及财富分配的局限，历史上财富集聚从来就没有真正"平均"和"公平"过。尽管在已知的社会里，财富的平均和公平是不可能的，但是在人类理想与理性的取向中，社会哲人和人文主义者往往都会将城市社会的公平与平等作为社会的理想目标。

003

由于城市除了作为国家机器之外，又是人类任何社会结构的"盛载物"，不同时代的阶级关系、权力结构关系、社会结构关系、经济结构关系和家庭结构关系等，都在城市中获得了集中而又充分的展示，并形成与乡村不同的生活方式空间，而这个空间成为人类"城市性"的时间结晶和"集体记忆"。

在阶层与阶级分化的社会结构体系内，无论是奴隶制，还是封建制，或是资本主义与社会主义，城市一定是社会分化、阶级分化的典型场所与空间。在集权专制的社会结构内，城市一定是权力集中的表现地。在阶级矛盾对立的社会体系内，权力者和贵族是城市的主宰，而贫困群体一定是多数人，这种不公平是城市社会结构与功能的必然属性之一，时至今日，城市中的"被剥夺感"仍然是这种城市"质"性的延续。或许可以这样说，我们研究城市与其说是想改造城市，不如说是改造人类自身，因为存在着社会本身的空间不公平，所以才使得城市社会的物化空间必然存在非正义；是人类社会的财富分化、地位分化作为前提而分化了城市的物化空间，进而形成了与城市本身相关的社会问题，进一步说，是人类社会本身的问题——因为人类居住在城市里所以才必然显现城市的社会问题。同样，人类居住在乡村里就必然有乡村的社会问题。说到底，城市问题是城市人的问题，城市人的问题是人类社会本身发展的问题。我们熟悉的理论告诉我们，生产关系是由社会生产力发展水平决定的，一定的生产关系必然产生相适应的社会结构，而城市在任何社会发展阶段内，都必然是社会结构表现的一种方式。人类进化的本身是以发展生存方式、追求生活品质、创造欲望为本质的，从这一点上说，人类欲望的提升是一个永恒的过程，是马克思主义"性恶论"的一个永恒的实证，这也是人类本身的"质"性所在，是人类作为动物的一部分而必然存在的。城市的不完善性与人类社会本身的不完善性是一致的，人类及人类社会的不完善是永恒的，城市的社会问题也是永恒的，因此，追求完善是人类永恒的命题，我们研究城市、追求城市的完善也是永恒的命题，这是自然界与社会的存在方式，不存在没有问题的时代和社会，只是存在相对"善"和"恶"的社会，而我们追求的是创造以"善"为主的社会和城市。

为什么东西方的社会发展会走上两条不同的道路？一个是以民主的市场化为主，而另一个是以集权和统一的社会体系为主。其答案之一是：因为作为社会发展动力的城市，在东西方走的是两条不同的道路！一个是中央集权专制政体的向心力体系，对传统社会具有向心力功能；一个是集权专制结构中的离心力体系，通过市场和贵族民主转化为社会发展整合的离心力。中国传统的城市对于权力政体来讲，一直起着向心力的功能。中国从仰韶文化开始就出现了通过挖沟作为保护村落的设施，挖出来的土堆成的墙自然成为城墙的原型与基础，《易经》所说的"城复于隍"的认知便来于此，后来中国及国外很多的城市都有护城河，就是挖河取土建城形成的。作为中国城市的一种定制，一般城墙外（下）一定有护城河，

这种城市建设模式更多体现的是城市的军事功能和权力者的保护功能，城市成为国家机器的一部分。《墨子》曾有专论说"城"、粮食与兵器是国家机器的组成部分。在这样的前提下，"城"作为国家机器，在大一统的集权国家政治体制下，城市始终是国家的区域管理治所。城市也是统治农村和剥削农村的社会发展中心，在中国的历史上通过郡县体制创造的各级城市，既是国家政治和区域政治中心，又是国家与区域统治的管理治所，同时又是国家及区域的军事中心。

比较西方的社会发展而言，中国社会的发展是一个以单一城市中心为主体的社会发展历程，国家整体在重农抑商的政策下，城市的周期性兴衰表现为国家的周期性兴衰，或者说国家的周期性兴衰表现为城市的周期性兴衰。城市与国家命运相通，城市成为一种政权与国家的象征。中国的城市在维护中国封建制度的长治久安的过程中，发挥了巨大的作用。中国封建社会的历史比西方长很多，虽然原因较多，但其中传统的封建城市在政治上的强大功能和生命力起到了重要的作用。只是到了近代后，随着西方列强的坚船利炮攻克了中国的城墙，中国城市引进了西方的城市理念与管理模式，才开始出现以经济和商业为主要功能的城市；或者说直到近代，中国的城市整体功能才开始突变，并成为现代社会的发展动力。近代上海、天津和香港等城市的蜕变过程证明了这一点。

比之中国来看，西方在古希腊罗马以前，迈锡尼城市文明衰落后，代之而起的是古希腊城市文明。这一文明利用了古希腊原始的民主关系与迈锡尼的集权制度、先进的生产力与文化结合，创造了古希腊的奴隶主贵族与平民的民主，在城邦制体系下，建构了希腊文化的神话，也因此被喻为人类文化的黄金时代。这一时期城市内奴隶主贵族间的民主政治在一定范围内形成了某种城市性的民主文化空间，如城市市长选举、城市平民阶层和工商业者的合法性政治地位等，城市商业和商品交换的繁荣也推动了城市社会的进化，并导致了商业文明所形成的某种政治民主。然而，在历史的演化中，希腊城市文明传统商业的过度发展和奴隶体制本身的矛盾深化导致了社会价值的解组，从本质上看是奴隶制极端政治的弊端导致了这一文明的衰落，古罗马的城市文明因此代之而起。

古罗马的城市文明变迁承继了古希腊文明的一般特征，这一次社会结构变迁也似曾有意识地出现了原始部落文化与古希腊文明的生产技术、政治体制相结合产生的

新的社会结构——最初的罗马也曾上演了奴隶贵族的民主与平等文化，城市市政厅、城市议会、全新的市场经济关系等成为这个时代的文化特征。但是，权力者的过度奢侈、宗教的过度拉制、国家集权化的过度极化、贵族的堕落、阶级对立的深化及奴隶贵族对劳动的鄙视及过度的权力滥用，首先出现城市的衰落，并导致了国家的灭亡，而从此进入中世纪后的西方曾有长时间的沉默，并形成了所谓的"中世纪初期的黑暗"。即使有这样的发展过程，我们也已经看到，古典时代的奴隶庄园经济就已经表现出某种意义与价值——创造了独立于城市以外的经济与社会体系。

当西方中世纪城市再度兴起，城市文艺复兴成为这个时代的旗帜的时候，我们看到，中世纪城市在交通要道、在军事要塞、在教堂附近、在封建采邑内、在河流渡口边等，商业贸易带来的城市兴起，在城市里主要居住的是僧侣、商人、手工业者和城市管理者。而乡村的庄园里居住的则是贵族和权力者。让我们更为关注的是，城市商业的发展使城市作为经济体，成为社会经济发展的动力；城市联盟与城市商业同盟为城市商业设定了"保护伞"；城市中的行会为城市法人的发生创造了土壤。另外，正如马克思所说，欧洲中世纪的城市不是"从历史中现成地继承下来的"，而是由逃亡的农奴建造的[⑤]。城市里有商业贸易、手工业作坊等，庄园里同样也有商业贸易、纺织作坊、食品作坊等，而欧洲中世纪社会的整体发展表现出了"两个核心力"，或者说是"两个动力源"，指的就是城市和庄园，即城市手工业商业贸易的经济核心与乡村庄园手工业和商业的经济——两个"经济核心体"，形成了所谓的"双动力机制"，亦如《共产党宣言》中所讲："从中世纪的农奴中间产生初期的城市自由居民；从这个市民等级中间发展出最初的资产阶级分子[⑥]。"而这一层面的核心价值是"城市法人"的经济关系与文化，以及从原始贵族民主演化而来的市场经济关系下的民主政治。虽然这样一种制度仍然在一定程度上表现着人类的弱性和发展缺陷，但是，毕竟是经过历史证明和比较印证的一个历史过程。

不言而喻，城市作为人类社会的一种生活方式，与人类的整体命运联系在一起，我们要问的是人类如何来理解城市？城市是什么？在汗牛充栋的著作中，人们对城市褒贬不一，对城市发展模式的争论也是莫衷一是，甚至对城市没有任何研究的人，也会对城市给予评价和批判，因为人类居于城市，在城市中的人对城市都有自己的感悟。当我们剥开个人的城市意象，在寻找人类的

整体记忆的时候，我们有责任对城市的价值和功能给予再一次的说明，面对"城市文化资本"再生产的发展意象，我们有必要对城市本质进行再认识，即城市究竟为何物？

首先，城市是人类社会的发展中心和动力，这也是经典作家的观点，也是已经形成共同认知的常识。城市作为社会发展的中心，已经充分表现了作为社会发展动力的功能与价值。

其次，城市是一种生活方式，这也是社会学经典作家的观点。作为一个城市研究者，我十分认同这样的价值与事实判断，城市生活方式的核心是人的终极价值的创造，而这种方式是与乡村比较而言的生活方式，是以城市人的"事本性"为其主要价值取向的生活模式，正因为城市社会能够让人们或者强迫人们去追求理想，所以城市才成为社会发展的动力源和"文化动力因"。

其三，城市是地域生产力的一种结构形式。城市就是生产力，与其他生产力要素不同的是，城市是地域生产力的集中表现方式，城市存在的意义表现为一定区域的生产力发展水平与能力。一个显性化的事实是，城市发达的地区都是生产力较发达的地区。

其四，城市是社会财富与资本的中心。无论在马克思等经典作家著作中，还是在相关的专业论述中，都承认这样一个事实，即城市本身表现了人类财富的价值，城市是人类财富的集中表现。无论是高大雄伟、鳞次栉比的建筑，还是城市里的博物馆、银行；无论是艺术宫、教堂、大学、研究机构，还是工厂与住区；抑或是集聚于城市中的人才，都显示出城市是人类财富与资本的象征意义。

其五，城市是人类文化的容器。人类通过积累性的文化选择与文化甄别机制，使城市在主体上表现了人类的文化精华；虽然人类黑暗的一面也在城市里呈现，但是城市本身的主体价值还是向上和进化的。

其六，城市是改造人类的一种"文化场"。人类创造了城市，通过人类社会中多数人群体的理性价值取向的整合、控制与制度建构，城市创造性地建构了群体理性的生存方式，城市内部也形成了不同类型的社会关系和结构。这种结构自身生成了一种互动性结构功能，通过规范、约束，甚至迫使生存在其中的人必须遵循这种结构，人类在适应这种结构中成长和发展，在发展中建设城市，与此同时，城市在发展中反过来作用于人类，在一定程度上改造和型塑人类。城市的理性的价值主体是推动城市进化的，即在寻求以多数人利益为前提的社

会目的性建设中规范每一个人，并进行社会进化的理性引导。正因为这样，不同的城市才会形成不同的文化特质、模式、属性和城市文化人格，也因此而出现"巴黎人"、"纽约人"、"北京人"、"上海人"、"东京人"和"香港人"的认知价值取向。

其七，城市是具有公共财富属性的"城市文化资本"再生产的综合体。"城市文化资本"作为城市特有的一种要素，可以形成城市特有的发展动力要素，而一旦城市资源转化为"城市文化资本"，这种属于城市本身的文化资本就会形成资本的垄断性、历史的延续性、价格的刚性和文化的品位性，而使城市具有魅力。如北京的故宫、长城、中南海；杭州的灵隐寺、六和塔、龙井；南京的中山陵、夫子庙、秦淮河；沈阳的东陵、故宫、北陵等。这些要素的价值也往往会成为城市人骄傲的资本和身份地位的价值体现。此外，城市是人类创造的与乡村不同的生存共同体，城市本身具有地域空间和社会空间两个范畴，在这样的范畴内，这两个社会地域空间范畴创造了共时性的"城市市民社会空间结构"，使城市本身具有人类文化创新的结晶性。"城市文化资本"在通过人的理性创造，在其再生产的演义中，形成文化的涵容机制，这个涵容机制使城市体内存在着的文化，具有强烈的地域性和现代性，在这个现代性的城市体系内存在着的人力资源，可以通过"城市文化资本"的再生产，有效地转化为人力资本的价值，这正是"城市文化资本"的特殊意义与核心价值所在。正因为"城市文化资本"存在着特有的功能，在寻求创造千年品牌城市价值的同时，我们极力提倡、建构、创新"城市文化资本"体系。"城市文化资本"一旦建构成立，城市社会内部就会形成一种内驱力，城市社会的结构与功能便会出现循环累积性增长，并转化为内在结构与功能，通过城市文化的涵容、创造、扬弃与创新性建构，形成一种以人文精神为象征的城市"文化动力因"，可谓是取之不尽，用之不竭。一个可以观察的社会事实是，世界一流的城市都是"城市文化资本"再生产能力十分充分的城市。

其八，城市是自然机体的一部分，城市必然重归自然。人类来自于自然，人类创造的城市应该是自然的一部分。虽然这种观点在人类工业化以来曾被遗忘，但是今天重拾这种理念和价值，对城市的发展具有重大意义。当一个国家和民族的城市真正能够以感恩自然的方式重归自然的时候，这样的国家和民族一定会立于世界民族之林的前列。

其九，城市是一种社会关系，是一种人与人的全面

依赖关系，是通过"无形的手"的价值，形成了城市社会关系体系。这种体系与关系成为城市社会的本质，即通过迂回的、以价值符号为互动表现的货币交换关系，形成一个陌生人世界的生活共同体，在这个社会关系体系内既能够创造天堂般的美丽故事，又能滋生出地狱般的生活困境。城市适应所有的人，因为城市是一种社会关系体，只要你能够在这个社会关系内寻找到自己的坐标，就能够寻找到个性化的生活道路。

为什么城市会有这样的价值和功能？为什么新思想和文化往往产生在城市里？我们可以假设把人类社会中的人简单归结为两种：一种是"生活着的人"，一种是"活着的人"。"生活着的人"就是在价值理想的存续中，去追求理想和价值，特别是追求为多数人谋幸福的价值，这是城市生活方式的核心价值，即城市是有价值取向的生活场域。"活着的人"，或许是社会的造物，也许是马斯洛所说，当人们不能满足最低需要的时候，某些人追求的价值甚至是生命的自我取向都无从谈起。在我所著的《民族偏见与文化偏见——中西文化比较新论》的前言中我曾说过："特别是当我清楚地看到现代文明和现代文化正在重新造就成千成万个'神灵'的朝拜者时；当我在杭州灵隐寺和寒舍附近的鸡鸣寺看到数不清的'进香人'整齐地排着队，从千里以外赶来朝拜时那虔诚的面孔时，心中就有一种不可言状的悲哀[⑦]！"或许应该这样说，无论生活在哪一个阶层的人。都有自己的追求，只是追求的层次不同，或者是追求的理解层次不同。即使是"活着的人"，也有一种追求，只是这种价值取向离我们的认知太远而已。我们不能苛求每一个人的追求与文化选择，相反应该去尊重每一个人的文化选择。但是，作为一个学者有义务和责任引导社会的人们去选择优秀和"善"的文化，引导社会以向上的力量和方式去让更多的人不仅仅是"活着"，而且要有所追求并创造性地生活。

我们应该思考人类整体的终极价值，以一个学者和城市社会学研究者的身份去关心城市人的生活和未来城市的生活，或许这应该是一个典型知识分子的责任。

二、理论科学验证："纯理想"与"纯反思"

相比较而言，城市与乡村就是通过集中、分散表现了这两个空间的功能与价值。我曾下乡随父母走"五七道路"，在深山的乡村中学读书，毕业后又到深山的"青年点"当"知青"。在深山的小村庄里生活时，是1970年代初，当时村里还没有电灯，几乎过着原生态的传统乡村生活。1972年，我就读于辽宁省西丰县凉泉公社凉泉中学的高中部，时任班长。那年夏天，班里几乎有一半的人不来读书了，我便一个人一连十几天从这一个村庄走到另一个村庄去找同学，说服他们上学。各个村庄相隔几十里路，饥饿、疲劳、被拒绝和无助是我当时的直接感受，当我一个人回到自己住的城子山脚下的德贤村时，夜晚降临，近处是山林呼号，远处有野狼呼嚎，望着星空，那种对理想和生活的绝望、那种对前途和生存的迷茫、那种内心的空虚与生活的空灵，时至今日还历历在目，惴惴于心……是的，乡村的生活可以描写为静谧而恬淡，但是，那是某些理想和欲望获得一定实现与满足的一时的空灵与独乐，在某种意义上是苦痛的前奏。时至今日我仍无法想象那种没有理想、看不到理想和实现不了理想的生活。当人缺少了理想，当人无法追求理想，甚至不知道理想为何物并对外部世界一无所知的时候，这才是真正的绝望。正如我不止一次地说过，城市是一种生活方式，不外乎是因为城市能够给人以理想，城市能够让人看到理想，并给人以理想的阶梯、内容和表现。许多年后，看过一个电影叫《一个都不能少》，我曾几度为之潸然泪下……

我曾为我的记忆所感动，我曾为我学生时代的激情所感动，也曾为深山贫苦村民的淳朴而感动，但是更多的是为曾经拥有的记忆中的原始农村生活而伤感。之所以写出这样的一个亲身经历，是因为这是我生活在原始乡村之后对城市的理解，旨在告诉所有的人，城市化的发展和"城市文化资本"的创造，其最简单的目的是创造人的价值、生活的价值和生命的价值；创造生活的质量和生命的质量；创造多数人的价值，让多数人能够有理想并能够为实现理想而"生活着"！

乡村的生活，特别是那些刚能够，甚至不能够保证最低生活水平的乡村生活，其人的价值和生命的价值如何去探求？如果还有人生存在生活底层的原始农村，这是我们当代人的失职！

研究、建构"城市文化资本"就是设想能够创造城市的永续动力，最终让更多的人成为城市人——城市生命价值的创造者，成为能够在为自己创造价值的同时，也能够为他人谋福利的"社会经济人"。这是一种理想，也是一种理想类型，或许这也应该是人类城市的理想。城市就是人类追求理想的表征，我们试图在依靠这棵理想之树的同时，也对这棵老树加以修整、整饬和保护，甚至给予新的生命与力量。或者说，我们为什么要研究城市？是因为城市作为人类社会二律背反的一种表现体，既要让城市的正功能充分发挥出来，又要能够让城市克服旧我，以正功能的价值为主体存在于世间，并真正促进人类社会的进化。进一步说，我们研究城市的本质和最终目的，是让城市合理、和谐、科学地进化，是让人类在建造、创造城市空间与价值的时候，减少并克服其负功能，展现其正功能。

对于城市的研究，我一直处于反思之中，我们究竟做了什么？在萨特的《存在与虚无》中对"反思"的认知使我颇受启发："反思可能是纯的或不纯的。纯反思——反思的自为面对被反思的自为的在场——同时是反思的原始形式和理想形式；这种形式建立在不纯反思由之出现的基础之上的，它同样不是首先被给定的，它是通过一种涤清（Katharsis）获得的[8]。"这个"涤清"的概念用得非常好，是的，反思就是对以往研究的一种清理和洗涤，在除却旧观念中实现创新。在城市研究中，我最初是在研究城市发生的意义，并在研究城市的发展中寻找城市规律，但是，为什么人类在能够看到城市问题的时候，而不能有效解决？是不是看到了问题就应该能够解决问题？显然，当我们能够看清很多问题的时候，甚至我们能够拿出有效的方法来解决问题的时候，而问题不仅仍然存在还会有新的问题发生！是谁不能解决问题？是谁不想解决问题？是谁不去解决问题？其回答是简单的！是人类本身的惰性和人类本身的动物本能，这也是现实社会问题的终极根源。因此，需要反思，需要反思人、所有人，包括乡村人和城市人的价值。

我们在研究社会整体人群的终极价值，特别是群体价值与群体理性所构建的一种社会关系时，自我能够感受到在世界范围内如何形成群体的生存力量，无论城市社会存在何种问题，人类总是以正功能的价值来推动城市社会发展的。但在深入研究中，我们发现，也许是一种回归，在研究城市本身的价值的同时，又在研究和思考自己的研究，以及自己个体的生命价值。对于以往的研究，我一直在反思！我们研究了什么？我们建构了什么？在这里还用萨特的语言来表述，"同样的看法可应用于任意一个反思的事实，我读，我做梦，我感知，我行动。或者，这些看法导致我们对反思的明确无疑的明晰性；那么我对我的原始认知在或然中崩溃，我的存在本身只是一种或然性，因为我在瞬间中的存在不是一个存在；或者，应该把反思的种种权利向人的整体扩展，就是说，向过去、将来、在场、对象扩展。然而，如果我

们的看法正确，反思，就是要把自己作为不断未完成的整体来把握的自为[9]。"我的研究是不完整的，仅仅是一个中间过程，仅仅是给后来者创造一个阶梯。尽管如此，我还是想创造自己的研究模式，在认识城市本身的价值的同时，能够让更多的人从不同层面来理解和认识城市，在城市的研究中认识生命的价值。

在我写这段文字的时候，正是我的父亲已经得了癌症，并由我来照顾的时候，当我看到老父亲知道自己生命的终点而艰难地活着的时候，引起了我对人、人生、生存、生命意义的再思考，同时也给了我对人与城市、城市与群体价值，以及城市与生命等方面的新的认知。人的生命是短暂的。城市是人类生命的延续，创造人类延续生命的文化价值与结晶，是城市的价值所在。

作为人类生命的精彩舞台，作为超越个体生命时空的人类进化模式，城市应该是人类"善"文化的发祥地，应该是人类生命延续的赞歌。我提出"用生命赞美城市"的理念，事实上也可以说成"用生命创造城市"。在人类历史上，城市曾作为市民社会的舞台，而成为历史的真正出发点，城市的发展本身就是社会变革的力量。

我能构建什么？多年来，我们一直探索，可谓上下以求索，试图在这样的时代，能够找到自我和城市的生活方式的价值，创造一个比自己的生命更长久的符号，创造生命价值在城市中的延续！

在对中国的城市研究中，中国城市发展的历程和规律是我们探索的重要内容，从中国城市发生的原生形态到次生形态，我们看到的是古代中国城市的空间与价值表现一直是以皇权为中心。其对称式的棋盘形城市格局，成为中国元素的主要代表之一，而中国式的这一城市空间结构——"天人合一"的思想，已成为世界城市百花园中一朵奇葩。西方现代城市空间结构的演化正在实践着中国"天人合一"的思想。

任何事物总是存在着两个方面的价值，在中国传统社会里，集权式的皇权结构和阶级结构关系，创造了封闭型的城市空间结构，从中国的万里长城，到城市的外城郭，从城市的主城墙，到内城的城郭，再到街区的里坊墙，及四合院落的围墙，一层层封闭的城市空间，使得中国城市开放程度成为中国近代化和现代化的尺度。但是，由于中国自古以来以农业立国的经济发展，城市总是在汪洋大海般农业经济的空间生存着，直至1848年前后，中国的城市化水平也只有10%左右，当时的美国的城市化也只有10%左右，然而，值得我们深思的是一百年后的1949

年，中国的城市化水平仍然是在10%左右，出现了世界罕见的一百年的城市化停滞。这100年西方发达国家在完成工业化后，有些国家地区已经进入了后工业社会的发展状态，美国的城市化水平已经接近70%。这100年来应该说是中国城市的发展遭到毁灭性打击的100年，灾害不已，战火连年，狼烟四起，断壁残垣是近100年的时代标志之一。1949年后，中国的城市发展出现了一个新的历史变迁，但是从1949～1978年的30年间，城市化水平仍以非常缓慢的方式发展着，到1978年时也只有17.8%，当时的中国仍然处在一个典型的农业社会状态。1978年后，特别是1990年代以来，中国的城市出现了空前的发展，并成为世界城市化增长最快的地区。2009年的中国城市化水平已经接近50%，国家公布的城市人口数达到6亿多。可以说中国是世界上城市人口最多的国家，虽然其城市化率还相对较低，但其城市人口绝对数值在世界范围已经占居首位。这正说明了中国的城市化走向：一个全新的市民社会正向中国走来！

在中国现有的政治体制前提下，城市政府仍然保留了传统城市的功能，即城市作为国家政治管理治点和节点的功能仍然居第一位。城市是国家机构政体结构构成体系的一部分，在城市化的发展中"制度型投入城市化"是中国城市化发展的主要动力源，即城市的发展规模是由政府制定的，城市投资的主体是政府；城市规划是政府主导、管理制定的，城市建设的主体也是政府管理和控制的。这样的城市化使得中国的城市建设与城市政府的政绩效应联结在一起，使得有些城市的急功近利开发建设不可避免，造成了与城市化相关的一系列经济与社会问题，加上，中国的城市化来势凶猛，中国的一些城市管理者、规划者、设计者和相关的专家缺乏中国城市规划的发展经验，即使到1990年代，也没有哪个城市经历过40年以上的城市规划验证期，多数是照搬照套西方城市规划理论方法，缺乏长远的城市建设规划，一些城市甚至出现了典型的"建设性破坏"，如城市记忆的丧失、城市生态的失去、工业化的过度发展，环境受到破坏，等等。由于高速发展的城市化使得整个社会措手不及，大量农业人口进城出现的过度人口城市化的发展引发了一系列的社会矛盾与社会问题，如城市犯罪问题、城市住房问题、城市就业问题、城市贫富分化问题、城市突发事件问题、城市老年人问题、城市拥挤问题、城市环境污染问题以及城市伦理问题等，城市出现了"合法化危机"与"合理性危机"[10]。从城市社会学的角度看，其相关问题的核心是，在1980年代以来的城市发展早期，

忽略了对城市可持续战略的研究和思考，特别是忽略了在城市化的发展中，对城市与乡村社会保障问题的关注和解决，即在社会主义本身的价值取向上，应该增加社会福祉的建设。虽然近年来国家对土地和环境的污染方面的问题提出了新的政策和主张，但是，城市社会保障、乡村社会保障的问题在本质上未能得到有效解决，同时城市化特别是在人口城市化中的社会稳定系统建构不充分，出现了伴随城市化的发展，社会问题频发的社会现象。另外，在城市可持续发展方面，无论是城市可持续发展的法律与政策制定，还是城市社会环境与社会保障的治理，都缺乏整体而又具体的操作方式。同样，学术界在针对中国城市化特有的发展战略和战术上缺乏理论体系的整体创造与建构，使城市建设的可持续发展仍然存在着许多问题。进一步归纳可以提出这样的观点：当代中国的城市化和城市现代化，缺乏具有中国本土化特质的城市建设的理论、法律、规范和政策，这是必须弥补的国家整体意义上的发展战略与战术，否则，将更多地制造千古遗憾！

三、新思维方式：纠谬与创新

针对中国城市近年来发展中的问题，我提出了一些全新的概念和主张：

（1）首次提出了中国本土化城市形态的概念与观点。试图创造中国式的城市空间模式，并使之在世界城市的百花园中，能够再一次独树一帜，创造21世纪的中国式的城市形态，并在未来的城市发展中，成为中国人的城市形态文化和城市记忆。甚至在某种意义上从后都市主义的理念出发，创造现代版的《清明上河图》式的城市，而其内核是天人合一的"中国城市元素"的再创造与再发展。

（2）首次提出"城市公共文化资本"的概念。"城市文化资本"不是传统和古典理论中的"一般资本"，而是通过历史、时间、文化型塑、创新和文化生产场域的建构形成的文化再生产过程，它是一定区域与一定群体的共同财富，具有"公共资本"的价值。通过"城市文化资本"的再生产，创造城市文化的"软实力"和特色竞争力，使之成为城市可持续发展的"文化动力因"。

（3）首次提出"循环社会型城市发展模式"的概念和体系。我力求中国的城市能够在生态环境和空间方面创造新时代的价值体系和城市生活体系，让城市成为能够具有独立生存机制的社会系统；而在政策、政治、文化、行为、生产、流通、分配、消费等方面

形成一个良性健康的社会循环结构，让城市本身能够形成一种内在动力，并在循环社会型城市社会结构内，形成舒适型的宜居城市体系，最终实现人类"扎根城市"的结果和理念。

（4）首次提出"中国多梯度城市社会结构"的概念。中国的社会不是简单的"二元结构"关系，而是一个多元的社会结构类型，在社会类型与文化类型方面存在着一个长长的序列，在中国这样的社会体系内，直至2010年在某些地区仍然存在着传统的，甚至是原始的自然生活村落，存在着传统的乡村和偏远山区的集镇，存在着工业化城市与城镇，存在着新兴工业区的城镇与村镇，存在着与世界联系紧密的国际化都市，也存在着具有某种后现代意义上像上海这样的城市。从传统的原始村落到后现代国际化大都市，中国如此差异悬殊的地域结构空间和政治文化空间所形成的社会关系，一定是复杂而多元的。而简单地运用二元经济结构来分析中国的社会，包括制定相关不分区域差异的政策，都会导致相关社会问题的新发展。因此，提出"多梯度城市社会结构"这一概念的核心价值是对中国国情的再认知，更重要的是对中国社会发展的整体管理的分类指导具有理论与现实的意义。

（5）首次提出了"大上海国际化都市圈的差序化格局"的概念与命题。这一范畴是针对中国区域经济的整合因素过低而提出的，虽然中国城市出现了区域城市群空间格局，如长三角都市群、珠三角城市群等，但是，由于各区域经济体制内的城市政治、机制等因素，城市间的各要素不能有效整合，"诸侯经济"和城市本身的政体结构使得区域型国家经济利益不能充分获取，而城市本身的空间价值则成为城市政绩与政体的主体价值。因此，站在国家与民族利益的高度，长三角都市圈应该以首位城市的核心体系为主体概念，其目的是推行区域性经济合理机制的建构，创造完全意义上的经济、政治、文化一体化区，亦如东京都市圈、伦敦都市圈、巴黎都市圈及美国三大都市带一样，形成完全意义上的地区空间组合，如"城市区域联合统计区"、"区域共同体"等概念。这种区域空间的整合应该成为中国区域城市群的重要价值取向，而这样的城市群组合的核心动力是市场经济关系。中国未来的区域经济发展的沿海三大都市圈应该是"大香港国际化都市区"、"大上海国际化都市区"、"大北京国际化都市区"，这应该是中国经济发展的主体区。

我提出的创新性概念还有：首次提出了"城市文化基因与城市文化动力因"的概念；首次提出了"中国大沿海城市空间结构空洞"的概念；首次提出了"中国沿海城市与内地城市的嵌入性结构关系"的概念；首次提出了"制度型城市化发展模式"的概念；首次提出了"中国城市社会来临与中国农民的终结"的概念；首次提出了"中国城市再现代化的适度紧缩理论"；首次提出了"城市全球化发展中的城市价值链高端介入理论与战略"；首次提出了"嵌入性城市定位理论"等。在2002年出版的《城市形象与城市文化资本论》一书中，我在国内首次提出了"城市文化资本"的概念和理论认知模式。同时，还提出了"人与自然和谐为本"的城市终极理念，其核心是"一个新的城市理念与理想类型的建构"。

四、城市价值：生活质量与生命质量

城市研究是一种实实在在的生活与工作，当我们理解到越来越多的人将成为城市人，越来越多的人向往大城市的生活时，我一直把自己誉为"城市社会进化的推动者"。我曾在很多场合说过，城市经济、城市社会与文化发展的研究是我生活的全部，从读硕士研究生时代起，城市研究就已经成为我每一天生活的一部分。最初从历史学的角度来研究城市，不仅要理解城市本身，同时，还要理解原始社会的人们，在进入文明社会前，为什么要走进城市？这也是我在博士论文中经常提出的问题。或许正是因为有了城市研究，才能够使我在这个纷杂的世界中，找到生活坐标，找到"躲进小楼成一统"的感觉；或许正是因为有了城市研究，才能够使我在这纷杂又纷争的社会中，找到自我感知的宁静与"舍得"，并在一些"放弃"中寻找城市研究的快乐和心中的平衡点。或许正是因为有了城市研究，我才找到了我个人的生活主线，我才能够自觉寻找并认识到自己的终极认知与人生价值理念——为了社会进化去研究城市；为了创造一个活着有意义的生活方式去研究城市；为了社会进步与进化去推广城市意义；为了社会的优化与民族性的创新，去探寻、创造市民社会文化的本质属性，去探寻、创造自己个性化的生活方式，即用生活质量与生命质量的双重认知，去思考社会的存在与进化意义和个人对社会事件在研究中的价值中立的取向性。因为，我在试图寻找"城市如家"的感觉，更在试图创造"城市如家"的感觉。

在写硕士论文《春秋战国城市发展研究》时，我当时查遍了先秦文献，寻找"城市"一词最早的意涵，最终在《战国策》中找到了中国"城"和"市"最早的组合，这是 1983 年的事情。在 30 多年的城市研究中，首先感受到的是城市发生的历史价值，中国古典文献中传说"鲧作城郭"的概念一直成为我研究中国城市发展史的一个认知概念。同时，《左传》中有关"大都耦国"、"尾大不掉"的记载告诉我传统中国文化中城市的政治属性与意义，时至今日，中国的城市仍然具有典型的政治意义和主体功能。在后来的研究中，深受"芝加哥城市社会学派"的影响，我把城市当做自己生活与生命的一部分加以审视，其主要是因为芝加哥学派有一个值得尊敬与称道的学术传统，正如其领军人物帕克告诉他的学生们："去坐在豪华旅馆的大堂里，也坐在廉价客店的门阶上；坐在高级住宅的沙发里，也坐在贫民棚屋的地铺上；坐在庄严堂皇的大音乐厅里，也坐在粗俗下流的小歌舞厅中。简单说吧，去做实际研究，把你的裤子坐脏[①]。"这 30 年来，我一直虔诚地秉承芝加哥城市社会学派的学术思想和行为，但是同时，更感受到在芝加哥城市社会学派发展之后，中国应该有自己的城市研究学派。

一个学者能够从价值中立的立场，来分析历史与现实的社会问题，能够从"创造健康社会"的角度，创造一个知识分子的价值。我在南京大学社会学系开设了本科生的"城市社会学"、硕士生的"现代社会区位论"和博士生的"城市社会结构变迁研究"等课程，在教学和指导本科生、硕士、博士研究生的过程中，带领并和学生一起踏遍南京城市的角角落落，也试图了解各个阶层的生活样态，了解城市社会的生活细节，了解城市每一种记忆，认识城市的本质，了解鲜为人知的被人遗忘的城市角落……我主编《城市角落与记忆》丛书，其志即在此。

或许我们自己应该问，我们如何做城市研究，在强调推动城市社会进化的意义中，实现和创造个人价值？这里我用的词是城市社会"进化"，而没有用"进步"这个词。就是想从人类质的状态来说明城市化和城市现代化，不是站在某一群体利益的立场上来说明和推进城市社会的进化。

这些年来，城市社会进化的推动是从研究南京的城市发展开始，如对南京的沿江开发战略，我曾为其奔走呼号！南京的城市形象建构，我曾在媒体上多次撰文，提出建构城市形象识别系统，以提升国际竞争力。我曾分别于 1993 年、1994 年和 1995 年在媒体上提出南京城市形象体系建设的建议，其中还包括开发市民广场文化、开发城市屋顶文化、建构南京沿海城市意识等建议，

并在《南京日报》上发表文章，以"南京城市建设还缺什么"提出城市发展的战略构想。伴随着城市研究的深入，从 1997 年开始，我们踏上了全国范围城市研究的新征程。

在江阴，江阴大桥的建设为江阴、靖江和张家港城市带来了新空间要素，在跨江城市产业空间整合方面，我提出了跨城市空间的产业整合的概念。在泰州，研究沿江城市的空间结构，提出带状组合沿江发展的战略模式。在唐山，我们进行"城市文化资本"开发与城市文脉整合的研究，为唐山梳理了 28 类城市文化，摸清了城市文化资源与文脉演变，为唐山"城市文化资本"的建构创造了条件。为研究这个充满历史创伤的城市，我们走遍了唐山的大街小巷，拜谒过唐山地震的废墟，也曾在工人的居所门前，询问工人阶级的现代价值取向；在现代街巷空间里，探究城市每一棵老树的位置；调查过已经失去的每个商业"老字号"……我们感受到"最具有战斗力"的工人阶级的工作与生活，也感受到近代中国工业的七个"第一"在这里已经成为城市的记忆。在北京，我们探访怀柔山区的城镇和深山中的小村落——在偏远乡村的小学里看到艰苦的希望和北方儿童的执著与淳朴，也欣赏到倒映在水中的"野长城"的人文原生态风采，感受到那浓浓农家菜的清香和土炕的温暖，更感受到生活在深山中的农民的孤独；我们踏查过北京故宫边"清朝遗巷"胡同文化，体验到城市拥挤与宽敞空间的对比——皇城根下贫民的快乐。那建筑空间历史的斑驳与记忆，虽然亦有淡淡的清苦，但历史的切面在这里获得充分展示，让人既感受到城市变迁的无情，也感受到变迁中被人遗忘的角落。

我们也远足到安徽的铜陵，铜都的产业丰富了人类产业的进化意义，青铜铸就了夏商周文化，也铸就了现代铜陵的城市性格。政府前面那巨大的城市广场让人有很多失落，并感受到城市空间再生产和空间正义的价值。在安徽广德县城、村镇及乡村的农户家里，那清丽的山水与宁静的山沟，自然唤起我重新建构乡村草根文化书院的理想，并为这样一个自然山水之城提出"厚德广行七善之城，青山绿水别有洞天"的城市理念。"厚德广行"，语出《晏子春秋·内篇谏上》，原句为"德厚足以安世，行广足以容众"，其意思是：为政道德深厚，才能使社会安定；做事胸襟宽广，才能够容纳天下万民。

在一个阴雨连绵的季节，我们访问了南通的城市与乡村里的贫困家庭，触摸到缺失的"草根文化"和贫困家庭那零乱的院落，感受到传统乡村生活中个体

力量的缺失。在艳阳高照的夏日，在初冬阴霾的日子里，我们数次下扬州，观察、流连在数不清的小巷中，书写城市的记忆，拍下照片，洒下滴滴汗水，摘下片片城市意象，感受个体记忆的感动。夏日炎炎，暴雨涟涟之日，在高邮亦曾感悟过"三十六湖秋水阔，苍烟一点指高邮"的心境。我试图在古驿城中建构现代人的心情驿站，让帝尧文化成为这个城市的现代见证。桃花山水之时，体验到李白所提"何时到溧阳，一见平生亲"的感觉，这是一个感恩的城市，这是一个可以回归田园的城市，茶、竹海、青山绿水，可谓是烟雨江南，情思不断……

在连云港的海边，面对冬日寒风中的海浪，我曾大声吟诵着心中的诗文，抒发心中的积思……这个城市的浪漫与神奇文化可以成为"城市文化资本"。

在南京这个六朝古都中，多少次寻找"六朝文化"的遗存和"乌衣巷口夕阳斜"的体验，也曾遐想与六朝"士人"、"贤人"会话，获得诡辩"崇有"与"贵无"的乐趣与玄机，相反在"六朝古都"却能够与"拾荒者"进行对话——少了往昔金陵的奢华，多了一些古都的悲凉，而从心底却感受到"十朝文化"的缺失和"博爱之都"的"博爱"文化的匮乏！此外，还有铁岭、淮安、无锡；还有苏州、上海、大连；有深圳……所有的城市都有自己的故事，或许也都会有我们的故事……

除了相关的研究之外，我们还专门对一些城市的居民进行了调研。如今，去过多少户人家已经数不清了，寻访过多少街巷也已经记不清了，数得清和记得清的是一种失却与忘却的追思。面对中国城市100年来本土化形态的缺失，如何重新找回自我，已经成为一个城市社会学者的义务！如何创造中国更多的、更新的城市理念与城市特有的思维，已经成为民族再兴的前提！更重要的是如何能够实现城市底层社会的改变，或者城市如何能够实现"不同的高度，同样的理想与幸福"的理想类型追求……抑或可以说，应该找回中国本土化城市理论，找回中国城市的自我！这才是现代城市社会学应有之行动纲领！

五、建构南京城市学派：学理与学派

这里还要专门提一下关于城市社会学派建构的设想。对于我们这一代人来说，建立所谓的城市学派几乎已经不可能，因为我们这一代人不仅受到个人知识结构与研究方式及方法上的制约，更重要的是面临着整体社会意义上主体价值的缺失，还受到学术科学生成土壤的制约。

创造学派只是一种"理想类型"。

创造一个学派不仅仅是某一群人的创造与创新，更重要的是需要一种新的学派可以产生的土壤，创新机制比创新本身更重要！事实上，创建学派不仅仅是社会学、城市社会学的事情，也是中国整体社会科学发展的大事情。当代中国的学术研究之所以缺乏真理性的探索，主要是在偌大一个中国，虽然有数量庞大的学术群体，却没有典型的"学派"之分。这种结果很明显，即偌大的中国没有独立的研究体系和方法，或者说偌大的中国学术圈仅仅是一种观点、一种方法、一种体系，这种单一性的"口径"模式，很难有真理性探索意义上的研究。偌大的中国既没有理性和学理性探究的学派存在，也没有地域化"学派"的建构。显然，在中国学术思想文化的发展中，如果没有学派的建构，就不会有多元化学术研究的发展，就不可能真正有百花齐放的文化形式，必然也就不会有中国式的本土化研究体系创新与理论主张。因此，提倡、构建中国本土化"学派"关系，是中国学术研究真理性探索的重要内容和形式，可以这样认为：中国目前正在酝酿、萌发的"中国式城市文艺复兴"有可能成为中国式"学派"的成长土壤和前提。我曾有建构"南京城市社会学派"的非分之想，但这绝不是仅为个人学术价值追求的非分之想，只是设想为中国学术之兴、真理之探索铺路而已！亦从城市社会学发展的视角，以呼应西方"芝加哥城市社会学派"的学术价值和文脉传承，同时，亦想证明芝加哥城市社会学派理论的局限与历史局限。但是，我们所想的是，芝加哥作为一个城市，或者说一个芝加哥曾是多个学科学派的成长与创新地！芝加哥城市学派、芝加哥社会学派（其中包括社会心理学派及城市社会学派）、芝加哥建筑学派以及经济学的芝加哥学派、气象学的芝加哥学派等，为什么一个芝加哥能够产生如此多学派？这显然是一种特有的城市社会结构与空间创造了学派产生的土壤和前提。在中国的城市中至今不能有这样的城市。因此，在21世纪初的中国，呼唤城市社会学派的兴起，正是为了创造中国本土化的城市社会学的理论与研究体系。

建构成为一个典型的学派，需要经过几代人的努力和创造。这样的学派既要包括完整的主体理论体系和独有方法的建设、一个学科属性的"独立辩护词"、一整套的独立话语体系，还需要能够形成完整的外部评价体系，能够在实践中获得认知，并能够解决现实中的实际问题。同时，还需有一个为一个共同目标而努力工作的群体。其核心是独有的学术理念体系、完整的创新体系等。

我有一种理解：一个民族或国家的学术学派群体的建构，是学术研究世界化和真理性探索的前提。没有完全意义上的"学派"，没有科学性的"辩争"与辩论，没有学派之间的真理性探索，社会学乃至社会科学的科学性探索很难进入"真理性探索"的境界。而古希腊罗马出现过的科学与学术辉煌就曾与"学派"的发展有关，在雄辩中探求真理，在雄辩中去伪存真，在雄辩中追求真善美！这是真理性探索的一种必经的"路径"、"方式"、"程序"和"范式"，没有这个"程序"和"范式"所表现出的程序的"合法性"，科学的结论和价值中立的社会科学价值观就很难发生。而我提出建立学派的想法只是对社会学学科科学性探索的一种初步探索，或者仅仅做一个城市社会学"真理性探索"的"铺路石"，如是，也是我个人终极价值实现的一种方式。

在这三十多年来的城市经济学、城市史学、城市文化学和城市社会学研究的努力中，我心中一直追随两个人：一个是"20世纪的智者——罗素"，我认同其综合理论的认知方式和复合性知识的社会科学研究能力与理想，罗素在经济学、社会学、哲学、文化学、历史学、数学、伦理学等20多个学科领域里都有较高建树，是一个真正意义上的"复合型人才"；还有一个是司马迁，我认同其"究天人之际，成一家之言"的思想学风，并总是力求提出自己的认识和主张。因此，我也一直在探寻着全新意义上的城市社会学研究的认知方式与模式。

实际上，有关建构城市社会学派的想法由来已久，早在华东师范大学读博士期间，我就曾提出过建构"城市关系学派"的想法。那是1987年的事情了，我在博士论文中，提出了这种倾向。为什么提"城市关系学派"？主要因为"关系"一词的内涵具有特殊意义。在2002年出版本书第一版之前，研读过马克·第亚尼的《非物质社会——后工业世界的设计、文化与技术》一书，读到了关于"关系"的概念。而今天——时隔第一次想到提出"城市关系学派"想法的23年后（2010年）的今天，重读这一观点，又有了更深层次的理解。第亚尼说："'关系'这一概念，在当前的思想中越来越关键，它出现在每一种学科中，并成为正在对总体科学进行质问的核心。任何个人都是一个复杂的相互关系网络的一部分，每一件事情都与其他的事情有关系。这一观念在许多科学分支中都占有重要地位，并侵入我们的意识。艺术也不拒绝这种观念，更不会处于这种系统的排列的观念之外[12]。"同样，城市也不例外，我把城市视为一种"要素关系"有机体，城市是各种要素关系的有机构成。这一观点虽

然还很不成熟，但是，从现代城市发展的角度看，城市就是这类"关系"的集合体、系统与要素关系的表现方式，发展城市、建设城市，在一定意义上就是建立系统性"城市要素有机关系"。各要素有机关系能够以一个和谐的方式组织起来，这个城市一定是一个具有可持续发展力的城市——假如是一个某种意义上具有"天人合一"的关系的城市，就会是一个理想类型的城市。

我之所以有一种强烈的"中国城市本土化理论"的意识，主要是在青年时代——还在读博士研究生时，就曾有一种不成熟的想法——是否能走出一条自己的路。我的硕士论文题目是《春秋战国城市发展研究》、博士论文题目是《春秋战国城市经济发展史论》，并在1988年6月由辽宁大学出版社正式出版。对先秦的城市研究，用的是一种全景式研究方式，其内容包括城市规模与城墙结构、国家与区域城市格局、城市内部空间布局、城市市场与商品交换、城市管理与城市法制、城市建设与技术、城市社会结构与职业、城市人口与流动、城市功能与分类、城市文化与学派，以及中外城市社会形态比较等。其中主要的理论指导就是芝加哥城市社会学派的理论和方法，特别是帕克的理论与思想方法影响最大，在我的博士论文中，就曾多次引用他的观点。我从学习考古开始，硕士和博士期间专攻中国古代先秦城市史。在学习中，《十三经》成为手头必读书，《管子》、《论语》、《孟子》、《韩非子》、《商君书》、《晏子》等也是在老师指导下逐字逐句研究过的。特别是学习前四史——《史记》、《汉书》、《后汉书》、《三国志》时，曾为之时而废寝，时而忘食。其中《史记》十卷本，每一页读过来，整整用了一年多的时间。司马光的《资治通鉴》也是从第一卷读起。在对中国历史特别是先秦史的研究中，我感悟到人生的真谛并终生受益，把"慎独"作为我追求的一种生活方式。在今天，我提倡中国本土化的城市形态，其主要缘于我对中国历史所谓国学的文化认同，特别是对中国传统人文精神和国学核心价值观的认同。它们已成为我城市研究的灵魂，并左右和引导着我的城市研究。对于中国文化中的国学精神和核心价值，虽然是仁者见仁，智者见智。但是，我认为中国国学的核心价值与西方"善"的文化价值具有同一性，大体上可以这样思考：一是和谐自然，天人合一；二是小胜以智，大胜以德；三是天健自强，无为而治；四是中庸公允，合乎法度；五是忠义与国，仁者爱人；六是以人为本，博爱天下；七是合纵连横，与日俱进；八是尚善慎独，三省吾身；九是修身广德，正身正己；十是天下兴亡，四

夫有责。在我的城市研究中无处不在渗透着这样一种思维方式与感知。

从 1994 年起我在南京大学创办了"南京大学城市科学研究中心"至今（这也是一种责任），或者说，从这一时起，开始了"专一"的城市社会学、当代城市发展战略和当代城市经济与城市文化的研究。也就是从 1994 年起在南京大学开设了"城市社会学"、"现代社区理论"，这两门课程至今，算起来已经有十五个年头了。近三十年的城市科学研究，十五年的纯粹的城市社会学研究，抑或可以说，我一直在城市科学研究的海洋里探索。

最近，又重新研究了罗素的著作，在他所著《西方的智慧》一书中的前言开篇第一句话就说："亚历山大的诗人卡尔马丘说：'一部大书就是一大灾难。'对此我抱有同感，我之所以敢把这本书写出来，是因为就灾难而言，这本书是不大的[13]。"罗素被称为 20 世纪的智者，对古典和现代一些哲学文化有独到见解，其中有些值得我们深思的论述，可以成为我们认识现实世界的一种方法。"一部大书就是一大灾难"也许对我来说更是如此，每完成一次用心写作研究，哪怕是不十分完善，只要是用心去研究的，在心灵中一定是一种历练，一定是一种灵魂深处的折磨，一定是涅槃重生，一定是一种身心的疲惫。罗素说："克罗齐尽管批驳了黑格尔，但他仍然在自己的著作中保留了很大程度的辩证法。他在《美学原理》中的说法就使人想起黑格尔的逻辑学。'谬误与真理之所以会紧密地联系在一起，是因为纯粹、绝对的谬误是不可想象的；也正是因为这个原因，才不存在这种谬误。谬误用两个声音说话：一个声音对错误进行断定，而另一个声音却在否定它。这是一场'是'与'非'的斗争，也就是所谓的矛盾。'克罗齐认为这段摘录也可以用来强调以下观点：心灵可以把握住实在。从原则上说，世界上没有什么是我们不能发现的。任何不可想象的东西都可能存在，因此，只要存在的东西就一定可以想象。需要指出的是，布莱德雷的观点正好颠倒过来。他认为可以想象的东西就一定存在，其表达的公式是：可能存在和一定存在的东西才存在着[14]。"在我的研究中，有的是一种想象，有的是一种实证，也有的可能是"不可想象"的，但是，关键是我们是否去想，然后才是是否去做。从理想追求到现实中努力去建构的精神动力就是"天下兴亡，我有责"的理念，而不是"匹夫有责"的理念。试想一下，在日本、在德国会有学者提出循环社会的发展理想，并很快会转化为国家的法律与政策，

仅就中国而言，循环社会型的发展模式会由谁提出，并通过什么关系转化为法律与政策？显然，作为一个知识分子的价值表现方式之一就是，是否能够提出新的理论、新的主张和切合实际的操作模式，并最终转化为推动社会进步的操作方案。从"城市文化资本"的角度来研究城市问题，就是一种"提出"，一种对现实社会的想象，并努力使之成为现实。

在写《城市文化资本论》的时候，我一直在想一个问题，我的研究是否应该成为一种历史符号？是否能够有益于社会发展？亚当·斯密被称为"经济学之父"，他的《国富论》出版于 1776 年，也正是美国独立宣言发表的那一年。亚当·斯密在《国富论》中说：如果一个人拥有的财富只可以用几天的话，"他将会非常谨慎地使用这些资产，并希望在最终使用完这些资产之前，能依靠自身的劳动获得某些东西来取代它。在这种情况下，他的收入完全来自他的劳动。各国大部分贫穷劳动者都过着这样的生活"。如果他有相对足够的资产，"他可以将全部资产划分成两部分：他所希望用来创造收入的部分被称为资本；另一部分则用于目前的消费"。亚当·斯密同时还说，"为投资者产生收入或利润的资本有两种使用方法"。一种是通过运用流动资本形式，"资本可以被用来生产、制造或购买产品，然后将产品销售出去，取得'利润'"。另一种是"资本可以被用来改良土地，购买生产用的机器或工具，或用来购买不需要改变所有者或不需要再次流通就可以创造利润的东西。这样的资本可以称为固定资本"[15]。在这种资本的分析中，亚当·斯密又说："没有流动资本，固定资本不能产生任何收入[16]。"其实亚当·斯密的这些观点，仅仅作为一种常识而已，为什么我们今天仍然在读这本书？我为什么引用《国富论》中的观点？其本质不在于重复一次简单经济学的常识，而在于重复一种理念，以 2009 年推算起，这本书距今已经 233 年了。我们可以设想一下，我们在改革开放以来出版的学术专著，233 年后，人们将怎样认识？不求其成为经典，而求其观点或者知识仍然能够被人引用和关注，或者重复就已经是难能可贵的了，甚至是不可想象。

六、一种范式：沉思默想与终极人生

在此要明确说明的是《城市文化资本论》第一版原名是《城市形象与城市文化资本论——中外城市形象比较的社会学研究》。研究这一问题是从承担南京市政府的研究项目开始的，从 2000 年起，直到 2002 年才完成课题。2002 年 9 月相关研究成果形成的本书第

一版由东南大学出版社出版,当时出版的书稿版权页上的字数是 49 万字。再版时删掉了原书第一版的第 5 章和第 10 章内容(这两章原来是由参加课题组其他成员撰写的,详见第一版前言)。另外,还对第一版所有的章节都进行了修改,删除了与"城市文化资本"专门研究关联度不高的和相对过时的观点、资料及数据等内容。第一版书稿剩下 25 万字左右,后经历时近五年的全面修改后,书稿文字增加到 73 万字左右,总计增加了 48 万字。写书是一个典型的十分痛苦的自我摧残过程。这个痛苦的核心是对人生终极价值的追求,不求任何社会上的学术评奖,只求此书能够成为对城市研究有帮助的一个工具。

一个沉思默想的生活方式的表征。

"托马斯在《名言集锦评注》一书中有一句话说得真好:'为了人类社会能够变得和谐完美,我们当中需要有些人去过无用的沉思默想的生活。'[⑰],城市研究也必须要过沉思默想的生活。无独有偶,中国学者王国维在《人间诗话》中的第 26 则"人生三境界",也道出了做学问人生的辛苦与乐趣:"古今之成大事业、大学问者,必经过三种之境界:'昨夜西风凋碧树。独上高楼,望尽天涯路',此第一境也。'衣带渐宽终不悔,为伊消得人憔悴',此第二境也。'众里寻他千百度,蓦然回首,那人却在灯火阑珊处',此第三境也。此等语皆非大词人不能道。然遽以此意解释诸词,恐为晏、欧诸公所不许也。"显然这三境界是多数人所不能为也,关键是,其意境与乐趣是自己所得,只有个人真心追求的空间境界,才能看到。也许是从 1970 年代到河南登封告成镇挖掘夏代城市遗址开始,我就对城市的产生与发展产生了兴趣,并开始进行相关的研究。几十年的城市研究既需要沉思默想,又需要走到实地考查研究。虽然凡勃伦的书曾读过几遍,但是,我从来没有感受过凡勃伦所说的"有闲的感觉",对他所描述的所谓的有闲阶级,作为一个学者很难与之对号,因为,从读研究生时代开始,就没有感觉到什么时候是"闲",或许专门做学问这行当,不属于有闲阶级,至少我是这样。似乎从研究生时代起,就感觉一直在与时间赛跑,总感觉时间不够用。当过了知天命的年龄时,就已知可谓是来日不多;当在接近六十而耳顺的年龄时,知道以后岁月唯追求比生命长久的符号而已!一切只是一个过程,生命是有限的,如果有能够让生命延续的,只有那可贵的,让社会认同的思想而已!

在《柏拉图全集》第一卷里苏格拉底和卡利克勒在辩论满足欲望与美德时说:"你所描述的生命真是一件奇怪的事。你知道的,欧里庇得斯说过:'有谁知道,死就是生,生就是死?'如果他说得对,那么我也不会感觉奇怪。我们也许真的已经死了,因为我听说过有位聪明人说过我们是死人,我们的身体是一个坟墓,往往在里头的灵魂的性质是摇摆不定的[⑱]。"是的,人生以来,有过无数次的摇摆不定无数次的寻寻觅觅,或许我的灵魂已经死过,或许想通过研究城市获得再生!虽然这是一种极其难以实现的奢望,但是,我还是要追求这样的奢望!

我以此书来延续我的生命!

用生命赞美城市!

(2010 年 2 月 11 日 张鸿雁)

于慎独斋

注　释

① 本文是《城市文化资本论》一书的"前言"。

② 中国的城市人口在 2009 年已经达到 49%,2010 年城市人口将超过 50%。

③ 中共中央马克思恩格斯列宁斯大林著作编译局.马克思恩格斯全集(第 20 卷)[M].北京:人民出版社,1965:315.

④ 帕克,等.城市社会学——芝加哥学派城市研究文集[M].宋俊岭译.北京:华夏出版社,1987:2-3.

⑤ 中共中央马克思恩格斯列宁斯大林著作编译局.马克思恩格斯全集(第 3 卷)[M].北京:人民出版社,1965:57.

⑥ 中共中央马克思恩格斯列宁斯大林著作编译局.马克思恩格斯全集(第 3 卷)[M].北京:人民出版社,1965:467.

⑦ 张鸿雁.民族偏见与文化偏见——中西文化比较新论[M].沈阳:辽宁教育出版社,1993.

⑧ 萨特.存在与虚无[M].陈宣良等译.北京:生活·读书·新知三联书店,1987:217,219.

⑨ 萨特.存在与虚无[M].陈宣良等译.北京:生活·读书·新知三联书店,1987:217,219.

⑩ 张鸿雁.中国城市化进程中的"合理性危机"论[M].城市问题,2009(3).

⑪ 布赖恩·特纳.社会理论指南[M].李康译.上海:上海世纪出版集团-上海人民出版社,2003:242.

⑫ 马克·第亚尼.非物质社会——后工业世界的设计、文化与技术[M].滕守尧译.成都:四川人民出版社,1998:158.

⑬ 伯特兰·罗素.西方的智慧[M].亚北译.北京:中国妇女出版社,2004:1,422-433.

⑭ 伯特兰·罗素.西方的智慧[M].亚北译.北京:中国妇女出版社,2004:1,422-433.

⑮ 亚当·斯密.国富论[M].唐日松译.北京:华夏出版社,

2005: 203, 206.

⑯ 亚当·斯密.国富论［M］.唐日松译.北京：华夏出版社,
2005: 203, 206.

⑰ 约瑟夫·皮珀.闲暇：文化的基础［M］.刘森尧译.北京：
新星出版社,2005: 7.

⑱ 柏拉图.柏拉图全集［M］.王晓朝译.北京：人民出版社,
2003: 380.

作者简介

张鸿雁，教授，博士，博士生导师。南京大学城市科学研究院院长，
中国城市社会学专业委员会会长，江苏省城市现代化研究基地主
任及首席专家，江苏省城市经济学会第一副会长，南京文化创意
产业协会会长。

摄影／王艺玮

江苏建设成"世界级城市群"途径述论
——兼论"城市群"理论问世 50 周年

储东涛

摘要：今年恰逢"城市群"理论问世50周年。按照这一理论，江苏应该为把长三角建成"具有较强国际竞争力的世界级城市群"奋发给力——加快构建宁镇扬、苏锡常泰通和徐淮盐三大城市群落，提高江苏城市化和城市现代化水平；坚持走新型城市化、新型工业化道路，完善现代产业体系，增强江苏的国际竞争力。

关键词：世界级城市群；长三角；新型城市化；新型工业化；国际竞争力；江苏

017

国务院正式批准实施的《长江三角洲地区区域规划》，对长三角的战略定位有3个，其中最具新意的是建设"具有较强国际竞争力的世界级城市群"，新就新在"世界级城市群"这6个字。这是国家对长三角的高度信任和殷切期待，也是江苏非常宝贵的发展机遇。因此，江苏不仅要以这一战略定位来调整新世纪之初确定的城市发展规划和布局，提高城市化和城市现代化水平，而且要坚持走新型城市化、新型工业化道路，完善现代产业体系，不断增强国际竞争力。

一、"世界级城市群"预言及其形成条件

以上海为核心的世界第六大城市群构想，源于半个世纪前法国地理学家琼·戈特曼先生（Jean.Gottmann）的预言。重温戈特曼当年的思考，必将对这一"世界级城市群"的建设产生积极的影响。

戈特曼于1940年前后开始研究城市群问题，直到1987年还发表相关论文，因而对此问题进行了长达近半个世纪的探索。其中，从1956年到1961年的5年间，他到美国东北部海岸一带深入调研城市群问题。1961年，他发表《城市群：美国城市化的东北部海岸》一文，提出了不同于一般城市化概念的"大都市化"(metropolitanization)和"大都市带化"

（Megalopolitanization）概念。他揭示的大都市化进程，今天已经成为影响人类生存与发展的主要力量与核心机制之一。目前国际上的城市群，通常就被称作"都市圈"、"大都市带"、"大都市连绵区"等。

1976年，戈特曼发表《全球的城市群体系》，首次提出世界上存在六大城市群的预言，以上海为中心的城市群赫然在列。他所提出的六大城市群分别是：（1）从波士顿经纽约、费城、巴尔的摩到华盛顿的美国东北部大都市带；（2）从芝加哥向东经底特律、克利夫兰到匹兹堡的大湖都市带；（3）从东京、横滨经名古屋、大阪到神户的日本太平洋沿岸大都市带；（4）从伦敦经伯明翰到曼彻斯特、利物浦的英格兰大都市带；（5）从阿姆斯特丹到鲁尔和法国西北部工业聚集体的西北欧大都市带；（6）以上海为中心的城市密集区。

戈特曼认为，一个成熟的世界级城市群，应具备以下6个方面的形成条件：第一，区域内城市密集；第二，拥有一个或几个国际性城市；第三，多个都市区连绵，相互之间有比较明确的分工和密切的社会经济联系；第四，拥有一个或几个国际贸易中转大港、国际航空港及信息港，作为城市群对外联系的枢纽，同时，区域内拥有发达、便捷的交通网络，成为社会经济联系的支撑系统；第五，总体规模大，城镇人口至少达到2500万；第

六，是国家经济的核心区域[①]。

从预言到现实，戈特曼当年所列的前五大城市群早已成型，而且成为当今全球经济贸易活动最为活跃的地区，也是经济全球化特征最为明显的地区，而以上海为核心的长三角世界级城市群，正是我国目前致力于建设的目标。

二、加快构建三大城市群落，进一步提高江苏城市化和城市现代化水平

国务院不仅把长三角定位为"世界级城市群"，而且明确要求提高城镇化水平：到2015年，长三角城镇化水平要达到67%（核心区70%左右），到2020年达到72%（核心区75%左右）。上海城市化率早就高于此标准，浙江城市化率也比江苏略高，因此，江苏要认清自己的优劣势，加快城市化和城市现代化进程（表1）。

表1　2010年苏浙沪两省一市主要经济社会指标比较

主 要 指 标	江苏省	浙江省	上海市
土地面积（万平方公里）	10.26	10.18	0.63
常住人口（万人）	7865.99	5442.69	2301.91
城市化率（%）	60.6	61.6	90以上
地区生产总值（亿元）	40903.34	27226.75	16872.42
城镇固定资产投资（亿元）	17418.94	8525.45	4630.47
社会消费品零售总额（亿元）	13482.3	10163.2	6036.9
地方财政一般预算收入（亿元）	4079.86	2608.47	2873.58
进出口总额（亿美元）	4657.93	2534.75	3688.92
#出口额（亿美元）	2705.50	1804.80	1807.24
城镇居民人均可支配收入（元）	22944	27359	31838
农村居民人均纯收入（元）	9118	11303	13978

资料来源：《省情手册——2011年版》，中共江苏省委办公厅综合处编。

由上表可见，苏浙沪两省一市中，江苏面积最大、人口最多，大部分经济指标也最高，但城市化水平和人民收入水平最低。江苏应该奋发努力，发挥优势，弥补不足，为长三角"世界级城市群"建设多作贡献。

其实，进入新世纪以来，江苏就把城市化作为五大战略之一，确定南京、苏锡常和徐州三大"都市圈"以及宁沪、宁通、通连、徐连、新（新沂）宜（宜兴）5条"发展轴"，城市化进程空前加快。尤其是最近3年中，江苏城市化率以每年超过2个百分点的速度递增，2010年年底达到60.6%，高于全国10.9个百分点。根据第六次全国人口普查结果，江苏全省及各省辖市的城市率可见下表（表2）：

上表告诉我们，苏南城市化水平已经较高，其中最高的南京达78.5%，最低的镇江也达62.0%，平均值接近70%，高于全省平均水平9个百分点。但是，苏北、

表2　2010年江苏各省辖市城市化率比较表

地 区	常住人口（万人）	户籍人口（万人）	城市化率（%）	市区面积（平方公里）	城市建成区面积（平方公里）
全 省	7869.34	7466.59	60.6	—	—
南 京	800.76	632.42	78.5	4723	619
无 锡	637.56	466.56	71.0	1623	231
徐 州	858.21	972.89	53.9	3037	239
常 州	459.33	360.80	64.0	1872	153
苏 州	1046.85	637.66	70.6	1650	329
南 通	728.18	762.92	56.0	1521	125
连云港	439.71	497.73	51.8	1156	120
淮 安	480.40	538.74	50.8	3171	120
盐 城	726.40	816.12	52.5	1862	89
扬 州	446.08	459.12	56.7	1024	82
镇 江	311.45	270.71	62.0	1082	109
泰 州	462.13	504.65	55.7	640	65
宿 迁	472.28	546.28	48.3	2108	65

注：根据第六次全国人口普查结果，2010年我国城市化率为49.7%；本表资料来源：《江苏统计年鉴—2011》，中国统计出版社2011年第1版。

苏中都低于全省平均水平——苏中平均只达56%，低于全省平均水平4个百分点；苏北平均只达51%，低于全省平均水平9个百分点。因此，江苏必须在继续推进新世纪之初确定的南京、苏锡常和徐州三大"都市圈"建设中调整规划布局，注入新的内涵，构建三大城市群落，进一步提高城市化水平。

（一）南京"都市圈"建设要以加快宁镇扬"同城化"为重点

在整个长三角地区，南京是上海的副中心之一，因此，加快南京"都市圈"建设，不仅要促进皖江城市带发展，而且南京还要成为辐射带动中西部地区和联结泛长三角地区发展的重要门户；但是，在江苏省内，南京作为省会城市，是经济社会活动中心，总部经济、楼宇经济、服务外包、装备制造、重化工业等闻名全国，2010年又成为我国首家"中国软件名城"，因此，南京首先要在省内起龙头带动作用，加快宁镇扬"同城化"，使之成为江苏的第一城市群落。

宁镇扬"同城化"，是对江苏"四沿"发展战略的深化，是加快建设长三角"世界级城市群"的客观要求。江苏现有的生产力布局，是沿沪宁线、沿江、沿海、沿东陇海线的"四沿"发展战略，但这些都是线性发展思路，缺少一个中心经济板块，而宁镇扬应当也可以担纲这个中心。

宁镇扬——这一组江河要冲的孪生城市，有着错综

交织的人文联系、地域文化的诗性魅力、开放进取的人文精神，这一母同胞"三姊妹"比邻而居，文化同根、民俗同源、发展同脉。在建设"世界级城市群"中，宁镇扬三市要以南京为核心，抱团发展，增强凝聚力、向心力、竞争力。宁镇扬"同城化"，首推交通一体化，尽快开通市际公交，以区域 BRT 的形式实现南京新街口、扬州文昌路、镇江大市口三市市中心半小时通达，建设镇扬到禄口机场的快速通道，加快南京到镇扬的轻轨系统建设；同时，三市要协调个人收入分配，力争市民待遇同城化，并在相邻地区共建供水、污水处理和垃圾处理等公共设施，让市民共享同等公共产品；三市尤其要加快转变经济发展方式，进一步密切经济、技术、人文联系，大力发展创新型经济，在两岸联动建设产业密集带、滨江城市带、生态风光带；南京高等院校林立，科研院所集中，宁镇扬具有丰富的科教资源和广阔的发展空间，苏锡常等地也不可比拟，因此可以成为创新型经济和服务业发展集聚区，成为一个"组团式"城市，成为长三角地区一个新的经济增长极。

（二）苏锡常"都市圈"应扩大为苏锡常泰通"大都市圈"

在江苏省内，无论是从区域竞争力还是辐射带动力来看，苏锡常都具有最好的基础，而且在制造业方面已经具有较强的国际竞争力，因而新世纪以来一直作为"都市圈"强力推进。但是，随着南通、泰州在全省经济地位的上升[②]，随着苏通大桥和常泰大桥、崇启大桥的建成通车，苏锡常三市"都市圈"应扩大为苏锡常泰通五市"大都市圈"，成为江苏建设"世界级城市群"的第二城市群落（表3）。

上表表明，2010 年，苏锡常泰通 5 市合计，常住人口达到 3334.05 万人，GDP 为 23324.05 亿元，均大大超过上海。这 5 个市，地域相连，经济相近，人员相亲，交通便捷，紧靠上海，其中苏州、南通与上海交界，对照戈特曼提出的城市群形成的条件，完全具备"大都市圈"的发展要求，也可以说是一个"都市连绵区"。因此，江苏应进一步推动南通、泰州跨江联动发展，增强南通

作为长三角北翼中心城市的地位，特别是促进它们与上海的对接与互动。同时，五市要加快转变经济发展方式，增强自主创新能力，推动经济转型升级，在基础设施建设上进一步互相接轨、靠拢，提升综合承载能力和服务功能，促进要素流动的有效衔接和功能整合，从而尽快成为真正意义上的"大都市圈"。

（三）徐州"都市圈"可以延伸为徐淮盐"都市带"

徐州"都市圈"，在新世纪之初就被列入规划加以推进，10 年来取得了一定进展，但目前在三大"都市圈"中最为薄弱。现在，作为长三角核心区的广阔腹地，这一"都市圈"仍要加快推进，充分发挥其在淮海经济区中的辐射作用，但更应发挥其在苏北地区的中坚作用。它不仅应该涵盖淮安，而且可以延伸为以徐州—淮安—盐城为一条轴线、自西北向东南走势的一个"大都市带"。

这个"都市带"，以淮安为苏北重要中心城市，并非仅仅因为它是一代伟人周恩来的故乡，而是因为它在地理上正好居于苏北的中心位置，可以形成一种"发散状"，向西北连接宿迁，向东北连接连云港，东西南北涵盖沿东陇海线地区、沿海大部分地区和沿大运河地区，因而可以成为江苏的第三个城市群落。

这个"都市带"，并不否定徐州的领头羊地位，也不排斥连云港、宿迁的迅速崛起，同时增加了盐城的活力和张力，各市依然竞相发展、比翼齐飞。目前，徐州经济总量已居全省第 6 位，仅次于常州；盐城居第 7 位，仅次于徐州。淮安经济总量虽不及徐盐，排在全省的第 11 位，但近年来经济总量和财政实力迅速增加，产业集聚度明显提高，城市基础设施持续改善，城市辐射力和影响力不断增强，令人欣喜。

这个"都市带"，地域辽阔，人口密集，徐州、盐城是全省的两个人口大市，分列第一、第二名，因而其辐射范围占江苏总面积的 1/2 以上，影响人口占江苏总人口的 2/5 左右，这样既有利于淮安的加快发展，更有利于苏北全域参与沿海开发，从整体上提升苏北的区域竞争力，也有利于江苏三大区域协调发展。

当然，关键还在于淮安能否建成苏北的重要中心城市。目前淮安与此发展目标相比，还有较大的差距，因而必须在集聚力、辐射力、吸纳力和影响力上争取有突破性进展——紧紧抓住长三角规划和江苏沿海开发均上升为国家战略的重大机遇，立足自身实际，解放思想，发愤图强，努力开创科学发展、跨越发展的新局面。我们相信，在省委、省政府和淮安市委、市政府的领导下，

表3　2010年苏锡常泰通5市人口与GDP情况

指标	苏州	无锡	常州	泰州	南通	合计
常住人口（万人）	1046.85	637.56	459.33	462.13	728.18	3334.05
地区GDP（亿元）	9168.91	5758.00	2976.68	2002.58	3417.88	23324.05

资料来源：《江苏统计年鉴——2010》，中国统计出版社2010年第1版。

依靠 500 多万淮安人民的艰苦奋斗，通过产业发展、基础设施建设、资源要素集聚等举措，淮安能够建成先进制造业、现代农业和服务业全面协调发展的城市，商贸流通、现代物流繁荣兴旺的城市，现代交通、水利枢纽畅达便捷的城市，真正成为苏北的重要中心城市。我们也希望，徐盐连宿进一步加快振兴，百尺竿头更上一层楼。

（四）在稳步提高城市化水平中提高城市现代化水平

围绕以上三大城市群落建设，江苏首先要稳步提高城市化水平。当前一个时期，要有序推进符合条件的农民转为城镇居民。以在城镇有稳定工作、居住达到一定年限、参加社会保障达到一定年限的农村人口为重点，放开中小城市和小城镇的户籍限制，放宽大城市对农民工和其他外来人口的落户条件。同时，在加快新型工业化、农业现代化和服务业发展中，创造更多就业机会，解决新生代劳动力和大学生的就业与城镇落户问题，确保实现《规划》所提出的城镇化率目标。

江苏更要全面提升城市现代化水平。经过 30 多年的改革开放，江苏目前已经进入到了一个新的发展阶段，即从"第一个率先"迈向"第二个率先"——基本实现现代化。现代化广泛涉及经济社会和人的全面发展，但任何国家或地区的现代化，都是从城市发起的。城市是工业化的策源地，是科技教育最发达的地方，是各种人才高度集中的地方，是文明程度最高的地方……一句话，城市是实现国家或地区现代化的排头兵，推进器。江苏推进"第二个率先"，无疑要率先推进城市现代化：第一，构建高度发达的产业结构、市场体系和基础设施，不仅现代服务业占绝对优势，而且先进制造业具有强大竞争力，市政设施齐全、完善并高效，能够有效利用和优化配置来自国内外的各种资源；第二，构建高度发达的科技、教育、交通和信息体系，以此支撑和推动各项经济社会事业的蓬勃发展，与外部世界形成全方位的开放格局；第三，构建比较完善的规划、建设、管理和服务体系，基本形成生态环境园林化，不断优化城市形象和人居环境，满足城市居民（包括流动人口）日益增长的物质和文化生活需要；第四，推进现代文明与优秀传统文化相互交融，推动政治民主化、社会法制化、人的价值观念理性化。

三、坚持走新型城市化、工业化道路，增强江苏的国际竞争力

建设"世界级城市群"，关键还在于完善现代产业体系，既要有面向世界、通联世界的现代制造业与现代服务业，具有较强的国际竞争力，又要使人民收入水平不断提高，生活质量不断改善。

（一）坚定实施新型城市化战略

党的十七大报告精辟地诠释了新型城市化道路："走中国特色城镇化道路，按照统筹城乡、布局合理、节约土地、功能完善、以大带小的原则，促进大中小城市和小城镇协调发展"，"以增强综合承载能力为重点，以特大城市为依托，形成辐射作用大的城市群，培育新的经济增长极"③。这是对世界多种城市化发展模式进行分析与借鉴的结果，是对我国城市化进程中出现的问题进行深刻反思的结果。最近几年，江苏按照十七大的要求，在全国率先实现城乡规划全覆盖，基本建立起从城镇到农村、总体到专项，层次分明、互相衔接、完善配套的城乡规划体系。城市人居环境不断改善，建成区绿地率已经达到 38.04%，人均公园绿地面积 12.67 平方米。全省共有国家卫生城市 22 个、国家园林城市 19 个，数量均居全国前列。继扬州、南京、张家港之后，2010 年昆山又荣获联合国人居奖。张家港、南京、南通、苏州先后获得全国文明城市称号，总数居全国第一。

但是，毋庸讳言，江苏在快速推进城市化进程中，也出现了不少与新型城市化道路不相吻合的问题，诸如：空间布局不合理，缺乏科学和统一的规划；基础设施建设滞后，城市功能不完善；资源能源供求矛盾突出，城市就业和公共服务紧缺，农民工问题凸显。尤其是在现有财税体制下，农用地转化为城市建设用地带来的巨大利益，成为某些地方政府推进城市化的巨大动力，"以地生财"、"土地财政"、"卖地建城"带来城市面积的快速扩张，"土地城市化"明显超过了"人口城市化"，一些城市已经患上了"城市病"：交通拥堵、环境污染、贫困失业、住房紧张、健康影响、城市灾害、安全弱化等。

因此，江苏应当牢固树立新型城市化理念，坚定实施新型城市化战略，在实践中消除弊端，探索新路。注重以人为本、节地节能、生态环保、安全实用、保护文化和自然遗产，全面提高城市规划、建设和管理水平，强化规划约束力，合理确定城市开发边界，有效引导城市有序发展；提升城市设计与建筑设计水平，塑造与城市生态文化特色相协调的建筑文化、园林艺术和特色空间体系，不断提升城市空间品质；提升城市街景容貌，塑造城市独特风貌，提升城市人文特色，加强城市水体生态修复，促进城市建设与历史文化遗产保护相结合，有效保护历史文化街区；加强城市管理现代化建设，推

进城市管理网络化、精细化，充分发挥街道、社区在城市管理中的作用；加快城市建设和管理信息化步伐，完善城市地理信息、智能交通、社会治安、市容管理、灾害应急处置等智能化信息系统。

（二）加快完善增强国际竞争力的现代产业体系

区域国际竞争力，最终取决于区域产业竞争力。区域产业竞争力，是一个区域在参与国内外竞争中通过培育和重点发展具有比较优势、竞争优势的产业而形成的竞争力。党的十七届五中全会通过的"十二五"规划《建议》强调："坚持走中国特色新型工业化道路，必须适应市场需求变化，根据科技进步新趋势，发挥我国产业在全球经济中的比较优势，发展结构优化、技术先进、清洁安全、附加值高、吸纳就业能力强的现代产业体系④。"一个国家或地区在某一时期有没有竞争优势，就看有没有处于时代领先地位的新兴产业，尤其有没有形成现代产业体系。

最近几年，江苏逐步加快转变经济发展方式，超前培育战略性新兴产业，大力提高高新技术产业在经济结构中的比重，运用高新技术和先进适用技术改造提升传统产业，促进产业集聚、企业集群和区域性特色产业基地建设，形成规模经济和规模效益；积极实施大企业大集团战略，开展知名品牌自主创新，提高产品在国际市场上的知名度、美誉度、占有率和竞争力。2009年，江苏区域创新能力首次超过北京、上海、广东而跃居全国第一位，结构调整和自主创新取得重大进展。2010年，江苏六大新兴产业——新能源、新材料、生物技术和新医药、节能环保、软件和服务外包、物联网的销售收入突破2万亿元，达到20647亿元，占工业销售收入的23%；高新技术产业产值达到30354.8亿元，占规模以上工业比重达到33%；服务业增加值占GDP比重首次超过40%，达到40.9%；全社会研发投入占GDP的比重提高到2.1%，科技进步对经济增长的贡献率提高到54%，区域创新能力再次跃居全国第一位。

现在，按照国务院《规划》要求，江苏要进一步加快转变经济发展方式，加快形成和完善以高新技术产业为先导、服务经济为主体、先进制造业为支撑、现代农业为基础的现代产业体系。区域创新体系更趋完善，研发投入占地区GDP的比重达到2.5%，科技进步贡献率提高到60%以上，形成拥有自主知识产权、自主品牌的创新型产业和企业，增强国际竞争力。在经济持续健康发展中，实现城乡居民收入七年倍增计划——城乡居民人均收入年增10%，到2015年城镇居民人均可支配收

入达4.5万元，农村居民人均纯收入达1.8万元。

1.深入实施新兴产业倍增计划，促进新兴产业跨越发展

到2012年，全省新兴产业规模实现翻一番，六大新兴产业销售收入超过3万亿元，占规模以上工业销售收入的比重达到30%，增加值占GDP比重达到15%以上。到2015年，新兴产业销售收入超过5万亿元，成为江苏经济新的重要增长点。自主创新能力显著增强，企业研发投入占销售收入的比重要超过3%；产业竞争力大幅提升，营业收入超50亿元的企业要达到100家以上，其中超百亿元的企业要超过20家；人才对新兴产业发展的支撑作用明显增强，推动高新技术产业做强做大，向价值链高端攀升，向研发设计和销售服务两端延伸，提高产品附加值。

2.加速发展服务业

把推动服务业大发展作为江苏产业结构优化升级的战略重点，尽快提高其在国民经济中所占的比重，特大城市要形成以服务经济为主的产业结构。从2011年开始，江苏服务业增速必须高于GDP增速，服务业增加值占GDP的比重每年提高1个百分点以上，到2015年超过48%。重点发展生产性服务业，充分发展生活性服务业，培育新兴服务业，提升传统服务业，尤其要以软件业为重中之重，扩大软件和服务外包业务，拓展生产服务业的发展领域；大力发展金融保险业，推动大城市建设区域性金融中心；大力发展商务服务和大型会展业务，加快建设现代服务业中心、国际商务城和区域性国际商务中心；积极发展文化、旅游、体育、创意等未来需求潜力大的服务业；运用现代经营方式和技术手段改造提升传统商贸业，积极发展连锁经营等新型流通业态；加快建设现代服务业集聚区，增强服务业发展的国际竞争力。

3.全面提升现有主导产业和传统产业

产业创新不仅涉及发展战略性新兴产业，也涉及传统产业的创新。纺织、冶金、轻工、建材，是江苏省的四大传统产业，长期以来为江苏经济发展和工业化进程作出了重大贡献。2010年，江苏纺织服装业主营业务收入10400亿元，在全国率先突破万亿元大关，占全国的1/4。今后，江苏要以"调高调优调强"为取向，继续实施"百项千亿"技术改造工程，加大新产品开发和品牌创建力度，重点促进装备制造、电子信息、石油化工等产业优化升级，全面改造提升四大传统产业，推动主导产业向高端发展，提高产业集中度和核心竞争力，尽快形成万亿元级、千亿元级的产业规模。鼓励企业技术改造，提高工艺、技术和装备水平，加快产品升级换代，增强

新产品开发能力和品牌创建能力。

4.大力发展现代农业

坚持走中国特色、江苏特点的农业现代化道路，加快农业现代化进程，提高农业综合生产能力、抗风险能力、市场竞争能力。实施最严格的耕地保护制度和节约集约用地制度，促进农业生产经营专业化、规模化、产业化、集约化。加快推进农业机械化，完善农业科技创新、农业技术推广和农民教育培训体系，提高农业科技贡献份额。完善现代农业产业体系，发展高产、优质、高效、生态、安全农业，发展设施园艺业、规模畜牧业、特色水产业和乡村旅游业。深入实施农产品出口振兴计划，提高农业对外开放水平。加快农业标准化建设，推进农产品品牌创建，确保农产品质量安全，提高江苏农产品知名度和市场占有率。

（三）加快"强县兴市"步伐夯实城市群落基础

江苏要构建三大城市群落，还必须夯实基础，加快"强县兴市"步伐。县域经济是典型的区域经济，是城市群的广阔腹地和强大支撑。江苏之所以是全国的一个经济大省，一个重要原因就是县域经济实力强大，成为江苏国民经济的重要基石、对外开放的前沿阵地、扩大就业的广阔空间、实现"两个率先"的关键领域。更进一步说，江苏县域经济还是领跑全国县域经济的先锋力量。根据2011年《第十一届全国县域经济基本竞争力与科学发展评价报告》，2010年江苏进入全国"百强县"的县（市）共29个（实际上有30个，但铜山县因撤县改区而不再列入），再次蝉联全国之最（表4）。

由上表可见，江苏的"百强县"，主要集中在苏南、苏中，其中苏南一共14个县（市），已经有12个进入；苏中一共13个县（市），已经有11个进入，其中南通、泰州的9个全部进入；苏北一共23个县（市），目前已有6个进入，其中徐州、盐城各有3个进入，这是破天荒的跃升，被中郡县域经济研究所等机构誉为"苏北速

表4　2010年江苏进入全国"百强县"的县（市）

1.江阴市	1.昆山市	1.张家港市	1.常熟市	2.吴江市
4.太仓市	5.宜兴市	16.丹阳市	30.海门市	34.靖江市
40.溧阳市	43.启东市	50.如皋市	53.江都市	56.东台市
56.泰兴市	56.海安县	56.如东县	56.兴化市	56.大丰市
56.姜堰市	62.金坛市	67.邳州市	77.沛县	84.仪征市
86.新沂市	89.句容市	95.建湖县	99.高淳县	

注：表中数字为排序，江苏有4个县级市并列全国第1名，7个县（市）并列全国第56名。资料来源：中郡县域经济研究所等《第十一届全国县域经济基本竞争力与科学发展评价报告》。

度"，但是，淮安、连云港、宿迁均无一县进入。由此也告诉人们，目前苏北经济之所以还比较薄弱，县域经济总体水平偏低是其"硬伤"，不少县经济总量仍然偏小，财政捉襟见肘，加上技术和人才严重匮乏，融资渠道狭窄，产业发展"小而全"、"散而弱"，工业化尚处于初期阶段，主要经济指标大大低于全省县域经济平均水平。因此，苏北培育城市群，必须加快"强县兴市"步伐。

县域经济是最具创新力和爆发力的一级经济，是区域经济发展和社会稳定的重要基础，是影响区域竞争力的关键。苏北要充分利用沿海开发的契机，充分依托大港口、大产业、大设施建设的条件，充分发挥各自的比较优势和竞争优势，积极融入、主动对接，创新特色产业发展路径，创新开发区建设路径，创新内外需拓展路径，创新科技核心竞争力引领路径，创新经济文化一体化发展路径，使弱县变强，强县更强，从而"强县兴市"，为城市群奠定坚实基础。同时，有序加快小城镇建设步伐，择优培育、着力完善省级重点中心镇，加快沿海、沿东陇海线城镇带建设，重点发展沿海地区临港城镇，形成一批具有鲜明产业、文化、资源特点的特色小城镇。提升城镇功能，改善人居环境和公共服务，增强综合承载能力和农村人口吸纳能力，形成农村地区经济发展和公共服务的供给中心。

注　释

① ［法］琼·戈特曼. 全球的城市群体系[J].城市和区域规划学，1976.

② 2003年，南通实现"双超"，即GDP超过1000亿元，财政超过100亿元。目前，南通经济总量已居全省第4位，仅次于苏州、无锡、南京；泰州上升到全省第9位。

③ 胡锦涛. 高举中国特色社会主义伟大旗帜　为夺取全面建设小康社会新胜利而奋斗［R］.中国共产党第十七次全国代表大会文件汇编，北京：人民出版社，2007：24-25.

④ 引自《中共中央关于制定国民经济和社会发展第十二个五年规划的建议》，2010年10月18日中国共产党第十七届中央委员会第五次全体会议通过。

参考文献

1　［法］琼·戈特曼. 全球的城市群体系[J].城市和区域规划学，1976.

2　中共中央关于制定国民经济和社会发展第十二个五年规划的建议[Z].中国共产党第十七届中央委员会第五次全体会议，2010-10-18.

3　中共江苏省委关于制定江苏省国民经济和社会发展第十二个五

023

摄影／王艺玮

年规划的建议［Z］. 中国共产党江苏省第十一届委员会第九次全
体会议，2010-11-12.

4　江苏省统计局. 2010 年江苏省国民经济和社会发展统计公
报［EB/OL］.http://www.jssb.gov.cn/jstj/djgb/qsndtjgb/201104/
t20110406_115078.htm.（2011-04-06）.

5　江苏省统计局，国家统计局江苏调查总队. 江苏统计年鉴
2011［M］. 北京：中国统计出版社，2011.

作者简介

储东涛，中共江苏省委党校区域经济学第一学科带头人、区域经
济研究中心主任，教授。

摄影/张鸿雁

战后美国与欧盟
城市化政策及模式比较*

徐和平

摘要：第二次世界大战后，美国和欧盟的城市化出现分散趋势，但由于城市化政策差异，其城市化模式具有很大的不同。美欧城市化模式对各自的城市空间与功能发展对社会经济产生了深远的影响。本文通过美欧城市化政策、模式影响的比较，从长期的经济活力与可持续发展的角度，希望能为中国的城市化理论与实践提供重要的借鉴与参考。

关键词：美欧；城市化；模式；比较

Abstract: After War Two, a trend of dispersion appears in the urbanization progress of US and EU, but because of the difference of the urbanization policies, the urbanization modes are quite different. The urbanization modes of US and EU have influenced their urban space, function development, society and economy very much. By comparing the influences of urbanization policies and modes of US and EU, this paper provides an important reference for the theories and fulfillment of Chinese urbanization from the angle of long-term economic vitality and keeping development.

Key words: US and EU; urbanization; modes; comparison

第二次世界大战后，作为高度发达的经济实体，美欧城市化进入了分散的郊区化或逆城市化阶段，但美欧城市化模式存在着一定差异，对其社会经济产生的不同影响吸引了理论界普遍的关注。

一、美欧城市化环境与政策

尽管同属发达国家，美欧城市化环境具有很大的差异，这些差异对城市化政策产生了重要的影响。城市化环境包括自然资源禀赋、经济发展水平及经济模式等要素。

美欧自然资源具有很大的差异。美国是自然资源十分丰裕的国家，城市化分散及蔓延选择的空间巨大。美国国土辽阔，面积为937.26万平方公里，人口3亿，耕地面积达1.97亿公顷，居世界首位，可谓是地旷人稀。美国矿产资源也十分丰富，煤、石油、天然气、铁矿石等矿物储量均居世界前列。欧盟自然资源则十分匮乏。2005年欧盟扩张后的面积达到397.3万平方公里，人口约4.53亿[①]。欧盟土地面积大为逊色，石油等资源也趋于枯竭，依赖于大量进口，城市化分散的空间狭窄。

美欧经济发展水平也存在着一定的差距。美国国内生产总值和对外贸易额均居世界首位，经济实力强大。根据世界银行统计数据，2005年美国GDP为14.49万亿美元、德国为2.73万亿美元、英国为2.28万亿美元[②]。

美国人均GDP远高于欧盟国家。经济实力有利于城乡地区道路设施的建设，对城市化向大城市外围地区分散有着重要的影响。

经济制度上，美国是传统的自由市场经济国家。美国人在早期边疆开拓与流动过程中，形成了"个人主义"的价值观，这种价值观与后来的亚当·斯密的自由主义思想结合，形成了自由市场经济模式，美国经济主要是由市场力量这只看不见的手推动。欧盟国家的市场经济取向与美国有很大的差异。第二次世界大战后，欧洲的德国等采取了社会市场经济模式，北欧国家则采取福利市场经济模式，政府相当程度上肩负起领导经济的责任。

上述三方面的差异对政府政策产生重大影响。丰富的自然资源、强大的经济实力、自由市场经济取向使美国城市化政策宽松得多，欧盟国家则存在诸多限制。

（一）美欧城市用地政策有着很大的不同

美国人在土地使用上十分"慷慨"。美国土地辽阔、人口少，政府十分重视地区间的均衡发展。早期发展历程中，美国鼓励"西进运动"开发边疆地区的处女地。经过工业化之后农村人口大规模地向大城市聚集，政府希望通过大城市人口及功能分散而推动郊区及广大农村地区的发展，政府用地政策十分宽松。

摄影／张鸿雁

欧盟国家在城市用地上十分谨慎。欧洲耕地一直很匮乏，各国长期通过对外移民而减轻人口的压力，但这一道路越走越窄。战后，基于发展的可持续性，各国十分重视耕地的保护。欧盟各国推行强大的城市中心策略，全力维护城市中心的繁荣，防止郊区的蔓延而吞噬大量的良田。在城市外围地区，政府精心设计了一系列的政策，尽可能地长期保护其农业用地[3]。在小城镇与乡村地区，各国要求住宅一定程度的集中，不允许美国类似的独户住宅分散在广阔的农田上。

（二）美欧交通工具的选择也有很大的不同

铁路有利于城市聚集，工业化时期铁路的大发展对推动各国城市聚集发挥了重要的作用。第二次世界大战后，凭借强大的经济实力及丰富的自然资源，美国政府大规模介入公路建设。1995年，美国已建立了1300万英里的庞大道路网，居世界首位[4]。庞大的公路网增加了农村地区的可达性，促进了城市的扩散。欧盟国家则对运输能耗低的铁路交通十分重视，对大城市外围的公路投资十分谨慎，且十分重视扶持城市公共交通。

（三）美欧住宅政策也有明显不同，主要表现在公房与抵押制度上

美国政府对住宅政策干预很少，公房介入程度很低，1968年，公房占全美住宅单位的2%，1980年占4%[5]。美国联邦政府通过抵押制度引导房地产商对郊区等外围地区开发，实现普通美国人拥有自己住房的梦。20世纪70年代，美国房屋自住率为62.9%，联邦德国仅为33.5%[6]。

在住房上欧盟国家更多表现出社会责任，政府介入公房建设程度深。欧盟国家50%左右的人租房，公房影响很大。各国对公共住宅进行巨额的补贴，并廉价租给贫困的居民。欧盟公房布局更多地位于城市边缘，提供给穷人居住，使不少富裕人口乐于选择城市中心区居住[7]。此外，政府还对城市历史中心古建筑的保护进行补贴，有利于保持城市繁荣，并抑制富裕人口郊区化的势头。

二、美欧城市化模式的差异

不同的政策对美欧各自的城市化模式形成产生了十分重要的影响。随着经济发展及交通与新技术革命，人口、制造业、传统服务业等从城市中心向外分散，城市化转向郊区化，但美欧城市化模式的差异还是相当明显的。

（一）美欧郊区化程度不同

美国郊区化十分成熟。战后，美国人口大规模从城市向外围地区分散过程中，郊区人口大幅度增加，1940年至1970年大城市郊区的人口增长了275%[8]。1980年代，郊区人口超过一亿，占全美人口的44%，是城市、郊区、乡村三部分人口最多的部分，美国则由城市国家转变为郊区国家[9]。欧盟人口也向城市外围迁移，欧盟郊区化程度远不如美国。欧盟城市问题没有美国严重，离心力小，加之政府的扶持，城市依然保持相当的吸引力，不少富裕人口仍居住在城市，对于抑制人口向郊区及小城镇迁移有着重要的意义。

（二）美欧城市核心地区与外围经济功能具有相当的差异

在战后公路交通影响下，美国制造业从城市中心向外围大规模迁移。1982年，在全国最大的20个城市，郊区制造业雇佣工人占53.85%，核心地区占46.15%[10]。今日美国城市核心地区已很难见到工厂。城市传统服务业也随人口大规模迁往郊区。零售业外迁，郊区出现了巨大的商业区。1980年代，郊区零售额超过整个社会的半数[11]。同时，大公司总部、事务所等办公服务业也纷纷迁往郊区。1986年，城市中心办公室空间仅占整个城市地区的43%，且郊区服务业已超过城市中心[12]。随着美国经济重心外移，郊区取代城市成为美国生产及经济增长的中心。

欧盟城市经济功能也向外分散，但程度远不如美国。尽管欧盟制造业向大城市外围分散，但城市化政策在保证强大的城市中心上起了一定的作用。今日欧盟国家的城市零售业等服务业仍具有很大的优势，外围大的商业中心与商业林荫道没有美国普遍。大城市中心原有服务功能依然保存下来，古老的商店、酒吧、旅馆、餐馆、戏院、影剧院等鳞次栉比，窗明几净，吸引大量人口定居与旅游消费，闹市中心仍保持繁荣的景象。

（三）美欧城市空间结构具有相当大的差异

经过长期分散，美国城市以多中心、分散型、组团式的现代大都市地区的形式出现。高速公路网深入到乡村腹地，制造业向外分散，郊区及小城镇崛起，以大城市新的次级中心形式出现。哈里斯就此提出了多中心地带模式，他认为现代城市不是集中于单一的商业中心，它具有许多小的中心[13]。这种新型的城市地区具有广袤空间，与过去的城市有着质的不同。20世纪初，大城市以

街道来衡量，面积不过上百平方公里，功能集中，容纳上百万人口就拥挤不堪。第二次世界大战后，新型的大城市地区则以发展走廊来衡量，面积超过 5000 平方公里，一般容纳人口都在数以百万计，大大提高了城市化水平。20 世纪晚期郊区进一步蔓延，整个大城市地区支离破碎，更加分散，城市结构趋于无中心化、边缘城市、完全城市化的县等新型的城市化地区大量涌现。

欧盟城市空间却大为逊色。相对而言，欧盟城市是一种紧凑型的城市。与大的城市中心相比，郊区显得微弱。战后，欧盟城市结构虽有一定的变化，但分散化、多中心化程度远不如美国。各国强大的城市中心策略抑制了郊区次级中心的发展。政府限制交通设施、保护外围农业用地等政策，一定程度上抑制了城市人口向郊区城镇迁移，郊区的分散或蔓延受到有力的遏制。第二次世界大战后欧盟城市中心地带保持了长期的繁荣，郊区在很大程度上仍保持对城市中心的依附关系。

三、美欧城市化的影响比较

美国与欧盟国家城市化模式是今日世界较为健康的两种城市化模式，具有一定的借鉴意义。对于城市化向辽阔农村地区扩散，两种模式提出了一个重要的问题，即分散、蔓延的效率与成本。美国城市化是以分散及蔓延为基本特征的城市化；欧盟城市化则是有限的分散，具有紧凑型的特征。从效率与成本代价的角度，美欧城市化的综合影响表现在以下方面：

（一）美国郊区化将发展重心移到城市外围，并强有力地推动整个区域的发展

郊区化引起了城市核心地区制造业萎缩，并使其经济空洞化。1950 至 1980 年纽约市制造业岗位由 100 万减少到 40 万，30 年间减少了 60%[14]。进入 20 世纪 90 年代，美国大城市核心地区已很难见到大型工厂了。从 1963 年到 1972 年间，纽瓦克和克利夫兰的零售商店减少了 30%[15]。城市经济的空洞化引起城市税基萎缩，城市政府生产率成本上涨，城市财政危机加深，导致中心区的衰退与衰败。

但是，牺牲城市核心地区的局部利益换取了外围郊区及辽阔的农村地区的发展，后者强有力地支持城市化的分散。郊区化对整个城市地区发展的推动表现在郊区等外围地区制造业的发展及城市核心地区的产业升级。郊区及辽阔的农村过去是城市核心地区的农业附庸，将农产品销往城市或通过城市销往国外，城市则向其销售工业品，郊区和农村贫困现象突出。制造业外迁后，郊

区及小城镇制造业勃然兴起，以崭新的工业地带的面貌出现，带动了服务业的发展。城市外围巨大的工业园区、商业中心及办公园区充分显示出郊区已成为生产及经济增长中心。郊区及农村日趋富裕。

同时，城市核心地区进行了产业升级与功能的转变。郊区化使城市核心地区经济空洞化，迫使其产业重组，使工业城市转变为以知识为基础的城市。大量的人口及制造业分散出去，为第二次世界大战后美国大城市中心的再发展让出了空间，城市由传统的制造业中心逐渐转化为智力中心；由过去生产产品转换为培训、管理、分配知识及工业技能，以此带动整个大城市地区的制造业发展。第二次世界大战后美国城市技术交易、教育经济、旅游、金融、保险、保健、信息等服务业获得快速发展，为郊区及农村服务，扩大了整个城市地区乃至区域的经济基础。

欧盟国家的城市地区变化不如美国。第二次世界大战后欧盟城市经济功能的分散程度不及美国，对城市与郊区的影响也大为逊色。各国城市核心地区繁荣依旧，但其郊区及农村地区的发展则受到一定的抑制。城市与外围地区分工仍然明显，郊区工业园区发展迅速，但整个外围地区农业附庸地位依然保存，城市与郊区、城市与乡村仍存在着相当明显的界线。

（二）对经济的长期的积极影响，美国大于欧盟国家

美国长期发展充满活力。第二次世界大战后，美国经济总体发展迅速，扮演世界经济火车头的角色。郊区化带来的巨大需求强有力地推动美国经济的长期发展。美国学者通过对大量资料的研究后认为，郊区化有力地带动建筑、家具、道路、汽车及相关产业发展，使第二次世界大战后美国市场需求十分旺盛，同时也推动了全球经济的发展[16]。

郊区化的活力还表现在对高新技术产业发展的推动。美国学者彼得·霍尔（Peter Hall）通过一系列研究揭示美国高新技术产业布局的重要特点：高新技术产业大多位于新兴工业地带，这些地带在传统工业城市之外，具有从城市边缘向外分散的发达的基础设施，拥有发达的教育系统，如科研机构、大学等[17]。良好的创新环境吸引大批富有开拓精神的企业家到郊区新兴的高新产业带投资。旧金山附近的硅谷、波士顿的 128 号公路走廊是世界第一、第二大的电子工业中心，是郊区高新产业成功的典范。郊区经济光芒四射，推动全美经济发展。

相比之下，欧盟国家长期的经济发展就逊色得多。20 世纪五六十年代，欧洲因战后重建经历了较长时期经济恢复与发展，进入 70 年代后出现了停滞趋势。这期

间年均增长率也仅为2.5％，低于美国一个百分点。进入21世纪后，欧洲经济更是不敌美国。1991年，美国人均GDP高出欧盟国家42％，到2001年则高出54％。欧盟国家长期消费与投资不振，抑制其经济的发展。另外，欧盟国家地域流动性比美国小得多，不利于企业开拓精神向广阔的郊区移植，高新技术产业大为逊色。美国学者萨穆尔斯则认为欧盟在高新技术产业方面发展并不成功[18]。电子、信息等高新技术产业与美国竞争不力，对战后欧盟的经济产生极其消极的影响。进入信息化时代后，欧盟国家经济显得落伍了。

（三）在资源利用与可持续发展上，美国郊区化的负面影响巨大

郊区、非城市地区的发展是以土地与矿产资源的巨大消耗为代价。不少学者认为，郊区化主要依赖于市场力量对土地进行配置，缺乏规划与限制，土地浪费惊人[19]。郊区蔓延、"跳蛙式"的发展使低层独户住宅、制造业、商业等在极其广阔的空间分散，加之郊区巨大的道路网建设，吞噬了大量的良田。

郊区化还导致对石油等矿产资源的巨大的消耗。大量郊区及非城市地区的居民依赖于小汽车出行与工作，美国人的汽车拥有量远高于欧盟国家。以1980年为例，美国每千人拥有汽车量为478辆、德国为297辆、英国为352辆[20]。汽车的大量使用使美国人过多地占有石油、钢铁、橡胶等矿产资源，加速了全球资源趋于枯竭。

欧盟国家的城市化有效地节约了土地与矿产资源。在资源短缺的条件下，城市中心的繁荣及农业用地的保护政策保护了欧盟未来的生存与发展空间。在长期的耕地不足的前提下，第二次世界大战后欧盟国家在农业方面获得了巨大的成功，第二次世界大战前长期依赖粮食进口，第二次世界大战后则实现了粮食基本自给的目标。欧盟国家的交通政策及交通工具的选择，减少了居民对小汽车的依赖，极大地节约了石油等资源。据学者研究，高度城市化的欧洲人均石油消费量仅为美国的1/4[21]。

（四）美欧城市化对其在景观建设与保护上的影响，差异也很大

经济空洞化导致城市中心衰败地区的蔓延，1960年代起美国进行了大规模的城市更新，成片成片的衰败地区被夷为平地，大量的古老建筑也随之消失，代之而起的是结构呆板，缺乏地方特色的高层建筑群，很少欣赏价值，使旅游者感到沮丧和压抑。

美国郊区蔓延还造成自然景观的破坏。郊区蔓延及稠密的公路系统切割吞噬了辽阔的原野，住宅蛙跳式的发展，打破了郊区的宁静，破坏了自然景观。旧金山的海湾及坦帕等地风光绮丽，但在郊区蔓延的过程中，原始森林被大量砍伐，湖泊、河流遭到污染，海滨地区因石油与污水弥漫着阵阵恶臭，雾气沉沉[22]。

欧盟城市化进程中成功地保护了城市传统的旅游资源及自然景观。城市中心的繁荣使城市历史中心数百年前的城市风貌完整地保留下来，古色古香。城市历史中心的中世纪的圆顶罗马式及尖顶哥特式教堂象征着古老的庄严，通往商业中心狭长的步行街道上保持着中古时期原状，路面不规则的石块经历了数百年沧桑，留下了深深印痕；街道两旁则是古老建筑物的长廊，与周边地区的古建筑物一起形成闹市区的古建筑群。这些古典建筑展示出厚重的文化沉淀，告诉人们城市过去的历史，使人浮想联翩。

欧盟国家自然风光也保存得很好。各国在大城市外围地区规划绿带，禁止城市扩张及郊区蔓延而蚕食外围的绿色空间，结果欧洲城市与乡村界线分明，城市外围的自然风光得以完好地保存下来。在欧盟旅行，穿过古老的城市或高楼林立的郊区城镇，就进入无边无际的绿带海洋之中，水光山色，令人心旷神怡。美丽的自然风光与城市古典建筑群成为欧盟国家的重要遗产与旅游资源，城市旅游因而获得滚滚的财源。

四、结论

综上所述，美欧城市化模式产生了不同的影响。郊区化作为一种成熟的城市化模式有力地推动了第二次世

界大战后美国整个城市地区及全美的经济发展，成为其长期发展的重要基础；但郊区蔓延及"蛙跳式"发展的代价高昂，对土地、矿产资源的大量消耗不利于可持续发展。整体而言，欧洲城市化模式使经济活力不足，但有利于土地、矿产资源的节约，有利于城市古建筑群和自然景观的保护，提供了一个城市化与可持续发展的重要范例。美欧城市化模式各有利弊，后发展国家不应该简单地复制这两种模式，而需对其认真研究，谨慎借鉴，推动本国或本地区的城市化及经济持续而健康地发展。

注　释

＊本文为 2008 教育部社科规划（批号：08JA790031）。

① 背景资料：欧盟扩大历程，网址：news.xinhuanet.com/news-center/ 2006–05/09/content_4526856.htm － 40k －.

② 世界银行 2006 年 1 月发布 2005 年国内生产总值（GDP）国家排名，网址：http://hi.baidu.com/linwei7424/blog/item/dc24d2580af0c681800a1892.html.

③ Anita A.Summers, Urban Change in the United States and Western Europe（Washing, D.C., 1999）, P.19.

④ Donald A.Henderson, Urbanization of Rural America（Nova Science Publishers, 1998）, P.105.

⑤ Ivan Light, City in World Perspective（New York, 1983）, P.401.

⑥ Ivan Linght, P396.

⑦ Dennis R Jueld, City Politics（Harper Collins College Pulisher, 1993）, P.180 .

⑧ Robert A.Beauregard, Atop the Urban Hierachay（New Jersey, 1989）, P.46.

⑨ J.Palen, the Urban World（New York, 1987）, P.120.

⑩ Croom Helm, Suburbia（London&Sydney, 1986）, P.31.

⑪ Jon C.Teaford, The metropolitan revolution（Columbia University Pres, 2005）, P.92.

⑫ Jon C.Teaford, The metropolitan revolution, P.192.

⑬ Mike Savage, Urban Sociology for a Changing World（The Macmillan Press, 1993）, P.99.

⑭ Mattei Dogan & John D.Karda, The Metropolis Era（2）（California, 1988）P.41.

⑮ Jon C.teaford, The Twentieth Century American City（Baitimore&London, 1986）, P.142.

⑯ Richard Harris and Peter J Larkham, Changing Suburbs（New York 1999）, P.35.

⑰ Anita A.Summers Urban Change in the United States and Western Europe（Washing, D.C., 1999）, P.60.

⑱ Anita A.Summers, P.59.

⑲ Anita A.Summers, P.17.

⑳ Croom Helm, Suburbia（London, 1986）P.7.

㉑ Dennis R Jueld, P.240.

㉒ Mark Gottdiener&Ray Hutchison, The New Urban Sociology（Boston, 2000）, P102.

029

作者简介

徐和平，世界经济博士，贵州财经学院教授，贵州高校人文社科基地"西部现代化发展研究中心"主任，硕士研究生导师。

摄影／王艺玮

城市文化竞争力评价*
——以中国副省级城市为例

陈友华[1]　叶南客[2]　赵德兴[2]　李惠芬[2]

（1.南京大学社会学系，江苏南京 210093；2.南京市社会科学院，江苏南京 210018）

摘要： 本文对城市文化竞争力的内涵进行了必要的理论界定，探讨了构建城市文化竞争力评价指标体系的意义与难点，阐述了城市文化竞争力评价指标体系构建时应遵循的原则，研究了指标数值的标准化与指标权重的确定问题，构建了城市文化竞争力评价指标体系，对2005年中国15个副省级城市文化竞争力状况进行了评价，最后利用聚类分析的方法对2005年中国副省级城市文化竞争力类型进行了必要的划分，明确指出2005年中国副省级城市文化竞争力可以划分为五种不同的类型。

关键词： 文化；竞争力；指标体系

030

一、引言

文化是国家和民族的灵魂，集中体现了国家和民族的品格。21 世纪是城市的世纪，文化越来越成为一座城市综合实力竞争的重要指标。文化能够丰富城市内涵，提高市民素质，展示城市形象；能够优化投资环境，吸引人才，促进对外交流，扩大对外影响；能够培植新的经济增长点，推动新兴产业发展，拉动经济增长。故而，着力提高城市文化竞争力，既是城市化建设的重要内容，也是城市现代化的重要保证。但由于城市文化竞争力涉及面很广，受各种社会、经济、自然要素影响，加之具有综合性、动态性、城市性等特点，使得对其进行定量描述十分困难。因此，建立一套能测度城市文化竞争力的评价指标体系，就显得非常重要（王益澄，2003）。

二、城市文化竞争力的内涵

"城市文化竞争力"作为一个完整概念被提出，首先需要对这一概念的内涵作一界定。这涉及"文化"、"竞争力"、"城市竞争力"与"城市文化竞争力"四个子概念。

（一）文化

文化是人们日常生活中使用频率很高的一个概念，同时又是一个非常抽象的概念。尽管人们经常提及"文化"两字，但究竟什么叫文化，恐怕很少有人能完全解释清楚。《辞海》对"文化"一词给出了三种不同的解释。一是指人类在历史发展过程中所创造的物质财富和精神财富的总和，特指精神财富，如文学、艺术、教育、科学等。二是考古学用词，指同一历史时期不依分布地点为转移的遗迹、遗物的综合体。同样的工具、用具，同样的制造技术等，是同一文化的特征，如仰韶文化、龙山文化。三是指运用文字的能力及其一般知识水平（申维辰，2004）。

（二）竞争力

何谓竞争力？不同的人对此的理解可能是很不相同的。曾有学者认为：所谓竞争力就是指两个或两个以上竞争者在竞争过程中所表现出来的相对优势、比较差距、吸引力与收益力的一种综合力。这一概念应包含四个方面的含义：

首先，竞争力是竞争主体之间相互比较、较量才有可能存在的一个概念，没有竞争主体之间的相互较量、竞争，也就不存在竞争主体的竞争力问题。

其次，竞争力是指某个竞争主体的竞争力量，从单个竞争主体自身的角度讲，竞争过程中所表现出来的竞争力量是它的能力或素质的表现。

再次，从竞争主体争夺的竞争对象看，竞争主体的竞争力是对竞争对象的吸引或获得力。

最后，从竞争的结果看，竞争力是竞争主体最终取得某种收益或某种利益的能力。

笔者认为，所谓竞争力，是指一个行为主体与其他行为主体竞争某种（些）相同资源的能力。竞争力是一个相对的概念，行为主体的竞争力只有在行为主体与其他行为主体的相互比较中才能显现出来。

（三）城市竞争力

界定城市竞争力概念的内涵，必须确立以城市为竞争主体的前提。作为独立的竞争主体，城市相互之间的竞争与国家和企业之间的竞争有所不同，城市之间的竞争主要是各个城市凭借自己所提供的独特的城市型资源（实际上是提供某种环境），在吸取和集聚生产要素和有利于社会协调发展的一切稀缺性要素方面进行竞争和角逐，最终促进本城市比其他城市有更快的经济增长和更为协调的社会发展。从较为抽象层面的角度而论，这些生产要素和稀缺性要素都是有利于城市竞争和发展的文明要素。依据城市作为竞争主体的特征，我们把城市竞争力概念的内涵作出如下概括：

城市竞争力是指城市通过提供自然的、经济的、文化的和制度的环境，集聚、吸收和利用各种促进经济和社会发展的文明要素的能力，并最终表现为具有比其他城市更强、更为持续的发展能力（徐康宁，2002）。

（四）城市文化竞争力

城市竞争力是一个综合的概念，它牵涉到城市的经济、政治、社会、文化、资源与环境等诸多方面的内容，一个城市竞争力的强弱是城市经济、政治、社会、文化、资源与环境等诸多竞争力共同作用的结果。而城市文化竞争力是由城市竞争力派生出来的一个概念，因而可以将城市文化竞争力理解成为城市在文化方面的竞争能力。因此，所谓"城市文化竞争力"，是指一座城市在经济全球化和城市一体化背景下，与其他城市比较，在文化资源要素流动过程中，所具有的抗衡甚至超越现实的和潜在的竞争对手，以获取持久的竞争优势，最终实现城市文化价值的能力。

三、城市文化竞争力评价指标体系构建的意义、难点与应遵循的原则

（一）必要性

城市文化竞争力评价指标体系的构建之所以必要，是因为它具有以下几个方面的功能：

一是具有引导作用。要提升城市文化竞争力，就必须了解城市文化竞争力的现状和潜力，了解哪些因素将影响城市文化竞争力，更需要知道提升城市文化竞争力的主要路径。通过对城市文化竞争力指标体系的构建与评价，便于各城市更加清楚地看到在文化竞争过程中各自的竞争优势与薄弱环节，采取针对性措施，在努力保持各自竞争优势的情况下，加强对影响城市文化竞争力的薄弱环节的建设，从而努力提升城市的文化竞争力。

二是具有规范作用。由于对城市文化竞争力认识上的不一致，必然导致城市文化建设运作上的不规范，特别在运作机制等诸多方面需要由相应的政策、法规加以规范，而目前这方面还存在许多有待改善的地方。在这种状况下，采取对城市文化竞争力进行评估的方法，逐步加以规范，为今后有关政策和法规的出台提供实践经验，积累资料，也是一种十分有效的手段。

三是具有激励作用。利用对城市文化竞争力的评估及其不同时期的对比分析，能对城市文化建设工作的成效作出较客观公正的评价，这本身就是一种有力的激励，有利于推动城市文化建设不断向纵深发展，从而对提升城市的文化竞争力起推动作用。

（二）可行性

现阶段制定城市文化竞争力评价指标体系之所以可行，是因为：一方面，世界许多城市研究并制定了城市文化建设发展规划，实施旨在提高城市文化竞争力的发展战略，并在实践中积累了许多经验；另一方面，理论界对城市竞争力的有关问题进行了较深入的研究，取得了初步的成果，为科学地制定城市文化竞争力评估指标体系奠定了必要的理论基础。

（三）难点

城市文化竞争力能否测度？从研究的角度，以城市的文化竞争功能为考察对象，完全可以通过定性和定量的方法（有时是两者相结合）对城市文化竞争力进行测度，就像世界经济论坛（WEF）与瑞士洛桑国际管理发展学院（IMD）对各个国家的竞争力进行测度一样。如果城市文化竞争力不能借助一定的手段加以测度，那就有可能流于过于空泛而无实际应用价值的议论之中（徐康宁，2002）。

对城市的文化竞争力进行测度，必须建立一套严格而科学的指标体系。然而一方面，如同企业竞争力一样，城市竞争力的测度是相当困难的。虽然国内外对竞争力进行

了大量的研究，也取得了初步的研究成果，如瑞士洛桑国际管理发展学院（IMD）提出的"国际竞争力理论"，美国学者麦克尔·波特提出的"产业竞争力理论"，北京国际城市发展研究院（IUD）提出的"城市竞争力理论"等。然而对城市竞争力评价牵涉到的内容过多且过于复杂，因而到目前为止，就城市竞争力概念的内涵与应包含的主要内容等仍存在着许多的争论，更没有形成一套大家普遍接受的测度城市竞争力的方法及其指标体系。从城市竞争力的内涵来看，它主要涉及两方面的内容：一是与其他城市相比可以精确测量的相对地位与水平，如城市的人口规模、GDP、人均 GDP、产品市场占有率、利用外资规模等；二是无法精确测量但确实构成城市竞争力的一些不可舍弃的重要因素，如城市的知名度、影响力、创新能力、国民思想道德修养等。对于前者，可以采用一系列的显性指标来反映，以测量城市竞争力的水平；对于后者，则适宜用相应的非显性指标解释城市的竞争力情况。出于一些重要的数据各国与地区的统计口径有所差异，许多关键资料的准确性乃至真实性有所欠缺，再加上城市竞争力涉及大量的非显性指标，因此，目前采用一整套的指标体系来测量城市竞争力的方法还不成熟，也不可靠，主要还是依据专家系统，采用调查、打分的方法予以确定。而作为城市竞争力重要组成部分的文化竞争力，人们对其的研究更少，因而可资借鉴的前期研究成果也极少。

另一方面，牵涉到城市文化竞争力的许多重要的方面，如竞争意识等难以量化或者需要进行专门的抽样调查，即使能够通过抽样调查的方法获得所需数据，但要为此付出一定的成本，有时由于成本较大，可行性会因此大打折扣。这就给城市文化竞争力的定量研究平添了许多困难。

（四）指标选取的原则

评价城市文化竞争力的强弱，必须要有一套明确的量化指标体系，且城市文化竞争力的基本特征、主要内容和主要方面都应在该量化指标中反映出来。为了达到上述目标，在构建城市文化竞争力评价指标体系过程中，必须从城市文化竞争力的基本内涵出发，以增强城市的创新能力和可持续发展能力等为主要特征的城市文化竞争力与提高国民整体素质作为其出发点与归宿点，遵循以下原则：

1.系统性

文化是一个复杂的大系统，包括文化资源、公共文化服务、新闻出版、文化产业、文化创新、民族文化保护、对外文化交流与人才队伍建设等子系统（国家"十一五"时期文化发展规划纲要）。城市文化竞争力是由各种要素组成的有机统一整体，它的强弱取决于各个要素综合作用的结果，如果只强调其中一个或几个因素，都会产生盲目性和片面性。因此，提升城市文化竞争力是一项系统工程，必须把握系统的整体特性和功能，对城市的文化竞争力作出整体性的分析和评价，以达到在整体上增强城市文化竞争力的目的。

2.层次性

系统是具有层次性的，在城市文化竞争力评价过程中，应该把文化竞争力系统划分为若干层次，对每个层次设置若干指标进行评价。这样一方面使分析评价更加简明，另一方面还可以反映出城市文化各个层次的竞争力状况及差距。因此，指标体系应该是一个多层次多要素的复合体。指标的设置必须按照其层次的高低和作用的大小进行细分。

3.代表性

文化门类众多，涉及面广，不能不分主次将城市文化竞争力各方面都包括进来。如果评价指标过于庞杂，就难以抓住城市文化竞争力的主要方面。因此，评价城市文化竞争力，要选择有针对性的一些核心指标进行评价。应抓住主要门类和最有代表性的项目，提炼表现文化内涵的最基本因素，指标不宜过多过繁。一套指标体系选取数百个指标，看似全面复杂，实际上由于在指标取舍上忽视了指标的重复性和相互间关联的机理，造成部分指标的作用因素过度加大，或者没有突出文化竞争力的主要方面，反而使测评结果失真。

4.易获得性

易获得性是城市文化竞争力评价指标体系构建时需要注意遵循的又一重要原则。所以，罗兹曼（1995 年）强调指出：一个国家的发展水平只能用最易获取的指标，即政治的、经济的、人口的以及其他指标（尽管没有任何一项能完全令人满意）来衡量。因此，构建城市文化竞争力评价指标体系要以现有统计制度为基础进行指标筛选。如果超越了现行统计制度的范围，就可能在具体指标的采集上产生困难，提高指标数据采集的成本（张建华等，2003）。因此设定的指标，最好能从常规的统计年报中取得，除少数十分重要的指标需要另作专门调查外，一般到年终就可借助统计年报数据进行检测，这样有利于实施与检查。

5.可操作性

所谓可操作性，是指指标设计要求概念明确、定义清楚，能方便地采集数据和收集信息，或者能用合理的成本获得。而且，指标内容不应太繁太细，不要过于庞杂和冗长，否则会给评价工作带来不必要的麻烦。在使用指数反映城市文化竞争力的某种态势时，有时可以借助人们对这一事物评价的抽样调查结果，间接地反映事物某一方面的状况。然而，在数据采集过程中要注意对成本的控制，如果获取数据的成本过于昂贵，则该指标体系的可操作性是很成问题的。

6. 简明实用

指标的本质在于给具体的事物以明确的规定性。城市文化竞争力评价指标体系，应尽量简单明了；用尽量少的指标反映尽量多的内容，同时便于收集和计算分析，对于城市文化竞争力的研究、战略规划具有实用价值。构建城市文化竞争力评价指标体系的基本目的，就是要把复杂的城市文化竞争力变为可以量度、计算、比较的数字、数据，以便为制定提升城市文化竞争力的总体规划及方针政策提供定量化的依据。世界上得到普遍认可与广泛使用的指标体系（如人类发展指数 HDI）无一不是由几个相互独立、代表性强、最常用、同时也是最易获得、综合、信息量大的指标所构成的。因此，合理地、正确地选择有代表性、可比性、独立性、信息量大的指标是构建高效、系统的评价指标体系的关键。

7. 独立性

任何综合评价指标体系都必须遵循一定的独立性原则，也即同一类别中的各项入选指标之间至少在分析性质上应该相对独立，说明不同问题或问题的不同方面，彼此之间不存在显著的交互影响或相关关系。反映城市文化竞争力的指标较多，这些指标间彼此可能存在着非常密切的关系（如人均 GDP 与人均收入高度正相关），在挑选一组指标构成评价指标体系时要注意所选指标间的相关性问题，所选择的指标间的独立性要强。这也是以往在构建评价指标体系时常忽视的问题。但是，严格按照统计检验的标准来要求独立性，往往又会排除许多重要的指标。因此，这里贯彻独立性的方式仍然要定性与定量分析相结合（陈友华，2004；福建省社科联全面建设小康社会研究中心课题组，2004）。

8. 可测性

为了使城市文化竞争力评价指标体系能够有效地运用于实际分析，选取的指标必须具有可测性，并具备相应的数据支持，不能片面地追求理论层次上的完美。纳入该体系的各项指标必须概念明确，内容清晰，能够实际计量或测算，以便进行定量分析。过于抽象的分析概念或理论范畴不能作为指标引入体系；现阶段还无法实际测定的指标也暂时不予考虑（福建省社科联全面建设小康社会研究中心课题组，2004）。有些指标虽然在理论

上可行，但缺乏数据来源，或虽能取得数据，但可信度较低或者获取的成本较高，这样的指标宁可暂缺。

9. 可比性

城市文化竞争力是一个相对的概念，一个城市文化竞争力的强弱只有通过在与其他城市的比较中才能显示出来。为便于进行不同城市间的比较研究，应尽量使指标和资料的口径、范围与国际常用的指标体系相一致。只有这样，才能更加清楚地看到所研究城市文化竞争力的强弱，相对竞争优势与相对竞争劣势，以及与文化竞争力强的城市之间的差距，也可以学习其他城市在提升文化竞争力方面很多好的经验，为我所用，使城市文化竞争力得到更快的提升。

四、指标数值的标准化与指标权重的确定

（一）指标数值的标准化

在构成指标体系的各指标选取完成以后，由于各指标的量纲与取值范围不同，因而必须对各指标数值进行无量纲化处理，也即指标数值的标准化。常用的方法有标准化法、极值法等。

由于城市文化竞争力是一个相对的概念，是在与其他城市相比较过程中反映出来的。因此，在城市文化竞争力评价指标转换过程中，笔者采用如下的转换方法：对于正向指标（指标数值越大越好，即指标数值的大小与城市文化竞争力强弱呈正相关关系），采用如下转换方法：

$$y = \frac{x}{x_{max}} \times 100$$

对于逆向指标（指标数值越小越好，即指标数值的大小与城市文化竞争力强弱呈负相关关系），则采用如下转换方法：

$$y = \frac{x_{min}}{x} \times 100$$

上式中，x_{min} 与 x_{max} 分别表示参与比较的城市中某一指标的最小值与最大值，而表示所考察城市该指标的实际值。

这里有一个例外：对于人均 GDP，笔者采用如下的转换方法：

$$y = \frac{\ln（人均 GDP）}{\ln（人均 GDP_{max}）} \times 100$$

（二）指标权重的确定

单个指标信息零散、不能给人以整体印象。因此，

033

在构成指标体系的各指标选取完成以后，还要在此基础上构建综合指标，以便借此能对所研究事物进行总体概括。常用的综合指数构建方法有两种：一种是加权综合指数法，另一种是综合评分法。综合指标的构建一般都要牵涉到各指标的权重问题，而常用的指标权重的确定方法有三种：一是采用德尔斐法（即专家调查法）确定各指标的权重；二是采用主成分分析法确定权重；三是采用层次分析法（简称 AHP 方法）确定权重。本文采用德尔斐法。

五、城市文化竞争力评价指标体系的构建

（一）依据

城市文化竞争力评价本身是一件非常复杂的工作。不同研究者从不同的维度或视角出发，遵循不同的标准选择，选择一组指标构成城市文化竞争力评价指标体系。因此，不同研究者所构建的文化竞争力评价指标体系极少是完全相同的。笔者在构建城市文化竞争力评价指标体系时，主要参考了《国家"十一五"时期文化发展规划纲要》的有关内容[①]，考虑到不同民族对思想道德素养有不同的评判标准，同时这方面内容也非常难以量化，因此，笔者在构建城市文化竞争力评价指标体系时没有考虑思想道德方面的内容。

考虑到文化建设是在一定的社会经济环境背景下展开的，文化竞争力建立在一定的社会经济发展水平基础之上，社会经济发展水平的高低直接对文化竞争力的强弱产生重大的影响。因此，我们在构建城市文化竞争力评价指标体系时也考虑到社会经济因素对文化竞争力的影响，而直接引入了经济与环境区位竞争力，并把反映该维度的相关指标直接纳入到城市文化竞争力指标体系中。

与此同时，城市文化的发展与城市文化竞争力提高的最终目的是满足国民文化消费的需要，提高国民的生活水平，进而提升国民的生活质量。因此，我们在构建城市文化竞争力评价指标体系时也引入了这方面的内容。

正如本文前述的那样，文化包含多方面的内容，对城市文化竞争力的评价自然也要牵涉文化内涵的主要方面，因此，对城市文化竞争力的评价，不能用一两个指标，而是要用一组指标来衡量。

（二）指标的选取

1.一级指标

参照《国家"十一五"时期文化发展规划纲要》，同时不仅考虑到经济、环境与区位等因素对文化竞争力的提升具有基础性的作用，还考虑到提高文化竞争力的终极目标是满足居民的文化消费需求，提升生活品质，从而达到提高居民生活质量的目的。因此，遵循构建评价指标体系时的指标选取原则，需要同时考虑到上述原因，我们从五个维度出发构建城市文化竞争力评价指标体系，这五个维度构成城市文化竞争力的一级指标，分别是基础竞争力、公共文化服务竞争力、文化资源与文化产业竞争力、人力资源与文化创新竞争力、文化消费与生活质量。

2.二级与三级指标

（1）基础竞争力

文化建设离不开经济实力的支撑，同时受到该城市的环境、区位状况等因素的影响，也就是说文化竞争力的高低需要有经济竞争力、环境与区位竞争力作为基础，我们将此称之为基础竞争力。

构成城市基础竞争力的因素很多，这里我们着重从经济竞争力、环境竞争力与区位竞争力这三个维度来考察。

a. 经济竞争力

经济发展为城市文化竞争力的提升提供了必要的物质技术基础，城市间的文化竞争首先是各城市间经济实力的较量。而反映城市经济竞争力的指标较多，常用的绝对指标有 GDP、人均 GDP、财政收入、人均财政收入、人均纯收入、单位能源使用产出的 GDP 等。而常用的相对指标则是在上述这些指标基础上生成的各种率，如 GDP 年增长率、人均 GDP 年增长率等。在上述这些指标中，反映经济规模的 GDP 与反映人均水平的人均 GDP 两者无疑是最重要和最常用的。除此之外，人均收入也是度量经济发展水平的最常用指标。但考虑到人均收入指标的获得较为困难与数据的准确性较低等因素，这里在城市文化竞争力评价指标体系中不得已将其舍弃掉。由于人均 GDP、人均纯收入与人均收入三者高度正相关，因此，这样做的结果应该是可行的。

b. 环境竞争力

城市环境可分为城市的自然环境与人文环境。反映城市自然环境质量高低的常用指标有城市噪音达标率、年晴好天数、人均道路面积、大气质量等级、空气质量指数、城区人均公共绿地面积、建成区绿化覆盖率、城市污水处理率、工业废水排放达标率、"三废"处理率、每平方公里二氧化碳排放量、人均环保经费、城市整洁度等。在这些指标中，建成区绿化覆盖率与空气质量指数无疑是其中的两个最为重要的指标。考虑到指标数值的可获得性，我们在此仅选择建成区绿化覆盖率。

反映城市人文环境的常用指标有：居民诚信指数、社会包容度、城市文明程度指数、城市秩序指数、公共服务质量指数等。但由于日常行政统计不包含这部分内容。因此，除非进行专门的抽样调查（注意这是需要付出较大成本的），通常情况下我们是很难获得这部分数据的。鉴于中国的实际情况，我们在这里暂时没有将反映人文环境的指标列入城市文化竞争力的评价指标体系。

c. 区位竞争力

区位竞争力主要包括自然地理、经济区位、资源区位、政治区位等状况。一个城市处于内陆还是沿海、交通中心还是交通边缘、行政中心还是非行政中心[②]，对城市经济社会发展影响极大，区位状况决定着城市的聚集力、吸引力和辐射力的高低，影响城市生产费用和交易成本，包括交通费用和交换成本，影响着城市和城市文化的形成和演化。有利的区位能吸引众多的劳动力、产业和资本、技术等资源（吴利华等，2003）。

反映区位竞争力的指标较多，这些指标可以被划分成自然区位、经济区位、资源区位与政治区位。反映自然区位的指标有国际与国内航班与航线数、机场等级、火车站每天发送班次数、港口年吞吐能力、客运总量、货运总量、距离湖海的远近、高等级公路里程、路网密度、交通便捷指数、自然区位指数等；反映经济区位的指标有经济腹地 GDP、经济腹地人均 GDP、社会消费品零售总额、人均社会消费品零售总额、经济区位指数等；反映资源区位的指标有人均耕地面积、人均淡水资源量、人均矿产资源量、资源区位指数等；反映政治区位的指标有城市行政级别、政治区位指数等。

本文之所以选择全国 15 个副省级城市进行比较，主要是考虑到政治区位对城市文化竞争力的影响，并假设全国 15 个副省级城市的政治区位对城市的文化竞争力的影响是相近的。考虑到资料来源的限制，这里笔者选用社会消费品零售总额与路网密度两指标作为区位竞争力的测度指标。

（2）公共文化服务竞争力

a. 公共文化服务竞争力

公共文化服务竞争力涉及公共文化基础设施、文化事业投入与服务水准等几个方面。反映公共文化基础设施的指标有：文化馆、影剧院、图书馆、展览馆、博物馆、体育馆、艺术团体等的数量，每万人拥有公共文化设施数、公共图书藏量、人均公共图书占有量，等等。反映文化事业投入的指标有：文化事业总投入、文化事业从业人员人均经费等。而反映文化服务水准的指标有：顾客满意率、顾客投诉率，等等。但反映文化服务水平的指标在一般的

行政统计中都没有被列入，因此，除非进行专门的调查，一般是难以获得这方面的资料的，而要进行专门的调查，需要付出较多的成本。因此，我们在对城市文化竞争力的评价过程中不得已将此舍弃掉。从拥有的公共文化基础设施资源角度考察，我们选取了文化馆数、艺术团体数、人均公共图书占有量、公共图书总藏量这四个指标。

b. 传媒竞争力

主要从新闻出版、广播电视与网络三个维度考察。对于新闻出版，我们主要从报刊出版发行与图书出版发行两个层面考察。反映报刊发行竞争力的指标较多，如报刊种类、发行量等。反映图书出版发行竞争力的指标也较多，常用的有出版图书种类、发行量等。考虑到指标数据的来源，本文不得已将反映报刊发行与图书出版发行竞争力方面的内容舍弃掉。

反映广播电视竞争力的指标也较多，如广播电视作品制作量、广播电视用户数、广播电视覆盖率、广播电视广告收入、广播电视行业年增加值，等等。目前，广播与电视在城市基本上做到了全覆盖，可见广播覆盖率与电视覆盖率在反映城市传媒竞争力方面已经失去其辨识力，而其他指标又没有被列入日常统计，因此，本文不得已将反映广播电视竞争力方面的内容舍弃掉。

反映网络发展水平与竞争力的常用指标有：互联网用户数、千人拥有的互联网用户数、网络使用时间、人均网络使用时间等。考虑到数据的来源限制，这里选用国际互联网用户率指标。

（3）文化资源与文化产业竞争力

a. 文化资源竞争力

城市间文化的竞争某种意义上是城市间文化资源占有之间的竞争。文化资源包括历史文化资源（人文）与自然文化资源两部分。一般地，历史文化资源是指凝结了人类无差别劳动成果的精华和丰富思维活动的物质和精神的产品或者活动。文化资源包括历史人物、文物古迹、民俗、建筑、工艺、宗教信仰、语言文字、戏曲等。广义的文化资源是难以给出具体的界定的，一般地，只要是体现人类追求和满足人类精神需求的产品或活动，均应划入文化资源的范畴（申维辰，2004，P7-8）。

文化资源的价值主要体现在如下四个方面：文化价值、时间价值、消费价值与保护等级（申维辰，2004，P12-16）。鉴于此，联合国教科文组织等国际组织和国内的有关机构，经常对相关文化资源的保护作出等级评审。这些评定的依据主要考虑了资源生成、传承与现状，充分考虑了这些资源的未来发展，从人类文化传播的角度，理

性地给出了文化资源的保护等级。这种评价结论是定性的，但确是有价值的。因此，在下面的指标设计中笔者充分利用了文化资源的等级评定结果（定性资料的定量化处理）。

反映城市文化资源的指标较多。常用的文化资源指标有世界自然与文化遗产数量、各级文物保护单位数量、文化卫生设施（文化馆、影剧院、医院、展览馆等）数量，等等。在这里，笔者构建了一个指标——城市历史文化资源得分，并以该指标得分的多少来反映城市的文化资源竞争力的强弱。城市历史文化资源得分的具体定义如下：

城市历史文化资源得分 $= 10 \times S_1 + 5 \times S_2 + 3 \times S_3 + 1 \times S_4$

上式中，S_1、S_2、S_3 与 S_4 分别表示世界文化遗产数、国家文物保护单位数、省级文物保护单位数与市级文物保护单位数[3]。

反映城市自然文化资源的指标有世界自然文化遗产数量、各级风景名胜区数量、各级自然保护区数量、国家森林公园数量，等等。与城市历史文化资源得分一样，笔者也构建了一个指标——城市自然文化资源得分，并以城市自然文化资源得分来反映城市自然文化资源的竞争力。城市自然文化资源得分的具体定义如下：

城市自然文化资源得分 $= 10 \times H_1 + 5 \times H_2 + 3 \times H_3 + 1 \times H_4$

上式中，H_1、H_2、H_3 与 H_4 分别表示世界自然文化遗产数、国家级风景名胜区数、省级风景名胜区数与市级风景名胜区数[4]。

b. 文化产业竞争力

在经济日益全球化的今天，城市文化之间的竞争实际上是本地经济纳入世界经济体系强弱的竞争，也是各城市对外经济交往能力的竞争，同时还是各城市文化交流能力的竞争。反映对外文化交流的常用指标有：出入境人数、常住境外人口比例、旅游业增加值、中外旅游者人次数等。考虑到反映经济竞争力的两个指标：GDP与人均 GDP 中已经包含有进出口总额的部分信息，在此仅选择中外旅游者人次数这一指标。

城市文化产业之间的竞争是城市间文化竞争的集中体现与最主要的表现形式。反映城市文化产业发展规模与水平的指标较多。常用的反映城市文化产业发展规模的指标有文化产业增加值、文化产业税收总额、文化产业从业人员数量、旅游业增加值、年接待国际（国内）游客人次数等；而常用的反映城市文化发展相对水平的指标有文化产业增加值占 GDP 比重、人均文化产业增加值、旅游业增加值占 GDP 比重、年接待国际（国内）游客人次数与城市人口数之比等。在这些指标中，反映

规模的文化产业增加值与反映结构的文化产业增加值占GDP比重无疑是最为重要的。

（4）人力资源与文化创新竞争力

a. 人力资源竞争力

文化竞争说到底是人力资源的竞争。常用的反映人力资源竞争力的指标有：教育经费投入占 GDP 比重、人均公共教育支出、城市大（中、小）学在校学生数、大（中、小）学入学率、每 10 万人口中大学生数、平均受教育年限、大（中、小）学教师数、医生数、每千人医生数、专业团体文艺人员数，等等。在这些指标中，从投入的角度考察，考虑到资料的可获得性，在此选择文化/体育/娱乐业从业人数这一指标，而从产出的角度考察，每万人口中在校大学生数、平均受教育年限无疑是最为重要的两个指标。

b. 文化创新竞争力

文化创新能力的大小对（未来）文化竞争力的强弱具有决定性的影响，而反映文化创新竞争力的常用指标有：科技人员数、科技人员占就业人数比重、R&D 投入量、R&D 投入占 GDP 比重、专利数、每 10 万人口专利数、科技成果数，等等。在这些指标中，从投入的角度考察，R&D 投入占 GDP 比重无疑是最为重要的，而如果从产出的角度考察，每 10 万人口专利数则无疑是最为重要的。

（5）文化消费与生活质量

a. 文化消费竞争力

发展的目的是满足居民的文化生活需要。因此，提高文化竞争力的主要目的之一就是提高居民的文化消费能力。而反映这方面的主要指标有：百户居民拥有的电脑数、居民文教娱乐服务消费支出总额、人均文化消费量、居民文化消费系数（居民用于购买文化产品与服务的消费占总消费支出的比重）等等。这里选用居民文化消费系数这一指标来反映城市文化消费竞争力。

b. 生活质量

衡量居民生活质量高低的指标较多，常用的有恩格尔系数、人均收入、人均储蓄余额、人均居住面积、住房配套率、获得安全饮用水人口比重、人均生活用电量（人均能源消耗）、大气质量等级、每万人拥有公共车辆、每万人拥有医院病床数、平均预期寿命、家庭电话普及率、常用家用电器普及率等。在这些指标中，恩格尔系数无疑是生活质量高低的最常用指标。而人居环境是生活质量的又一不可或缺的重要方面，人均居住面积与住房配套率分别衡量人居环境的数量与质量，但是有关居民住房情况的指标一般不包含在日常的行政统计之中，因此只能借助于抽样调查，而这需

要支付一定的成本，因而在此不得已将这方面的指标舍弃掉。平均预期寿命是衡量人口身体素质的一个最为常用的指标，它的高低直接反映了医疗保健事业的发展水平与生活质量。

考虑到资料来源的限制，这里选用恩格尔系数、平均预期寿命两个指标作为居民生活质量高低的度量指标。

至此，笔者选用了五个一级指标、九个二级指标与二十三个三级指标构建了城市文化竞争力评价指标体系。结果如下表1所示。

表1 中国城市文化竞争力评价指标体系

一级指标		三级指标	
名称	权重	名称	权重
一、基础竞争力	0.25	1.GDP	0.50
二、公共文化服务竞争力	0.20	2.人均GDP	0.50
		3.建成区绿化覆盖率	0.30
三、文化资源与文化产业竞争力	0.25	4.社会消费品零售总额	0.40
		5.路网密度	0.30
四、人力资源与文化创新竞争力	0.15	6.文化馆数	0.30
		7.艺术团体数	0.30
五、文化消费与生活质量	0.15	8.人均公共图书占有量	0.20
		9.公共图书总藏量	0.20
二级指标		10.国际互联网用户率	1.00
名称	权重	11.历史文化资源得分	0.60
一、经济竞争力	0.60	12.自然文化资源得分	0.40
二、环境与区位竞争力	0.40	13.中外旅游者人次数	0.40
三、公共文化服务竞争力	0.60	14.文化产业增加值	0.30
		15.文化产业增加值占GDP比重	0.30
		16.文化体育和娱乐业从业人员	0.40
四、传媒竞争力	0.40	17.每万人中在校大学生数	0.50
五、文化资源竞争力	0.30	18.平均受教育年限	0.30
六、文化产业竞争力	0.70	19.R&D投入占GDP比重（％）	0.50
七、人力资源竞争力	0.60	20.每十万人口专利数	0.50
八、文化创新竞争力	0.40	21.居民文化消费系数	0.40
九、文化消费与生活质量	1.00	22.恩格尔系数	0.30
		23.平均预期寿命	0.30

六、中国副省级城市文化竞争力评价

利用本文前面建立的指标体系对2005年全国副省级城市文化竞争力评价的结果见表2、表3。从中可清楚地看到如下两点：一是全国副省级城市文化竞争力指数得分差异极大，得分最低的城市的文化竞争力指数仅相当于得分最高城市的文化竞争力指数的56%，这表明即便同为副省级城市，彼此之间的文化竞争力也可能相差极大；二是可以按城市文化竞争力指数得分的高低大体上将全国副省级城市划分为三个集团。2005年广州与杭州的文化竞争力指数均在70以上，属于第一集团，文化竞争力在全国副省级城市中属最强之列。2005年南京、深

表2 2005年中国副省级城市文化竞争力评价（一）

城市	一、经济竞争力	二、环境与区位竞争力	三、公共文化服务竞争力	四、传媒竞争力	五、文化资源竞争力	六、文化产业竞争力	七、人力资源竞争力	八、文化创新竞争力	九、文化消费与生活质量
成都	68.45	75.26	63.93	7.10	67.07	56.27	67.15	35.46	79.88
哈尔滨	62.51	42.02	71.77	11.04	33.43	34.28	64.20	24.91	71.33
武汉	67.96	62.97	68.52	15.04	45.73	66.95	97.28	38.63	83.26
广州	99.73	81.23	77.99	28.76	44.47	86.80	90.55	40.44	91.85
青岛	73.45	57.63	45.44	7.85	28.46	51.73	47.61	41.63	88.83
长春	61.55	48.03	36.00	4.76	14.06	18.70	65.67	25.04	86.26
西安	56.27	54.98	59.16	11.53	73.95	47.52	55.52	57.31	95.96
沈阳	67.08	55.56	52.10	16.31	16.31	58.88	66.54	39.34	86.68
杭州	76.65	55.03	71.40	100.00	71.39	86.11	65.48	54.60	91.57
大连	68.53	52.19	41.64	19.67	30.52	40.87	52.22	30.64	80.73
济南	64.96	67.60	54.57	13.81	19.21	31.72	73.91	35.42	87.54
南京	70.97	79.72	93.10	12.86	69.14	51.21	77.98	45.47	94.34
宁波	71.68	56.20	35.83	18.07	41.25	44.30	43.04	39.62	89.83
深圳	97.79	77.20	50.22	31.55	8.55	65.05	48.29	82.43	91.99
厦门	58.63	55.80	29.18	24.33	23.55	55.66	44.18	54.94	86.84

表3 2005年中国副省级城市文化竞争力评价（二）

城市	一、基础竞争力	二、公共文化服务竞争力	三、文化资源与文化产业竞争力	四、人力资源与文化创新竞争力	五、文化消费与生活	六、文化竞争力	类别
广州	92.33	58.30	74.10	70.51	91.85	77.62	1
杭州	68.00	82.84	81.69	61.13	91.57	76.90	2
南京	74.47	61.01	56.59	64.98	94.34	68.86	3
深圳	89.56	42.75	48.10	61.94	91.99	66.06	3
武汉	65.96	47.13	60.58	73.82	83.26	64.62	3
成都	71.17	41.20	59.51	54.47	79.88	61.06	3
西安	55.75	40.11	55.45	68.24	95.96	60.45	3
沈阳	62.47	35.83	46.11	55.66	86.68	55.66	4
青岛	67.12	30.40	44.75	45.22	88.83	54.16	4
济南	66.02	38.27	27.97	58.52	87.54	53.06	4
宁波	65.49	28.72	43.39	41.67	89.83	52.69	4
厦门	57.50	27.24	46.03	48.48	86.84	51.63	4
大连	62.00	32.85	37.77	43.59	80.73	50.16	4
哈尔滨	54.32	47.48	34.02	48.48	71.33	49.55	4
长春	56.14	23.51	17.31	49.42	86.26	43.41	5

圳、武汉、成都、西安五市的文化竞争力指数在60~70之间，属于第二集团，其文化竞争力仅次于广州与杭州，文化竞争力在全国副省级城市中也属较强之列。剩余的8个副省级城市2005年文化竞争力指数不足60，属于第三集团。第三集团所包含的副省级城市最多，其文化竞争力也相对较弱。

前面按照文化竞争力指数的高低将全国15个副省级城市划分成三个集团，实际上每一集团内部各城市在构成文化竞争力的各个维度上可能也存在着较为明显的差异。为了揭示这种差异，笔者对基础竞争力、公共文化

服务竞争力、文化资源与文化产业竞争力、人力资源与文化创新竞争力、文化消费与生活质量这五个指标进行聚类分析，结果表明，2005 年中国 15 个副省级城市文化竞争力可以划分为五种不同的类型：

第一类：仅包含广州一座城市。其特点是在构成城市文化竞争力的五个一级指标中，公共文化服务竞争力得分相对于其他四个一级指标得分低得多，表明广州在此方面的竞争力相对较弱，从而影响了作为一个整体的广州文化竞争力的进一步提升，或者说，公共文化服务竞争力构成广州文化竞争力的一块短板。

第二类：仅包含杭州一座城市。其特点是基础竞争力和人力资源与文化创新竞争力得分相对于其他三个一级指标得分较低，表明在这两方面的竞争力相对较弱，从而影响了作为一个整体的杭州文化竞争力的进一步提升，或者说，基础竞争力和人力资源与文化创新竞争力构成杭州文化竞争力的两块短板。

第三类：包含南京、深圳、武汉、成都、西安五座城市。其特点是在构成城市文化竞争力的五个一级指标中，公共文化服务与传媒竞争力、文化资源与文化产业竞争力得分相对于其他三个一级指标得分较低，表明在这两个方面的竞争力较弱。要提升作为一个整体的城市文化竞争力，首先必须从构成城市文化竞争力的这两个方面着手。

第四类：包含沈阳、青岛、济南、宁波、厦门、大连、哈尔滨七座城市，包含的城市最多。其特点是除了基础竞争力和文化消费与生活质量两个一级指标得分相对较高外，构成城市文化竞争力的其他三个一级指标得分均较低或很低，表明这些城市在构成文化竞争力的这三个要素上均较弱或很弱。

第五类：包含长春一座城市。其特点除文化消费与生活质量得分较高外，其他四个一级指标得分均较低或很低，尤其在公共文化服务竞争力、人力资源与文化创新竞争力两个一级指标上的得分最低。长春的文化竞争力在 15 个副省级城市中最弱，尤其在公共文化服务竞争力、人力资源与文化创新竞争力两个方面的竞争力更弱，构成提升长春文化竞争力的两块短板。

038

注 释

*本文为 2006 年度国家社会科学基金重大项目《经济转轨中的文化体制改革和文化产业发展》（项目批准号为：06&ZD027）的部分研究成果。

① 《国家"十一五"时期文化发展规划纲要》认为文化主要包含理论和思想道德建设、公共文化服务、新闻事业、文化产业、文化创新、民族文化保护、对外文化交流与人才队伍等八个方面的内容。

② 中国是一个行政等级型社会，不同行政等级的行政中心对城市文化竞争力的影响很大。

③ 这里要注意的是：历史文化资源得分以最高等级计算。例如某一历史文化资源既是世界历史文化遗产，同时又是国家重点文物保护单位时，以世界历史文化遗产论处，即不重复计算。

④ 这里要注意的是：自然文化资源得分以最高等级计算。例如某一自然文化资源既是世界自然文化遗产，同时又是国家级风景名胜区时，以世界自然文化遗产论处，即不重复计算。

参考文献

1 陈友华.全面小康社会建设评价指标体系研究[J].社会学研究，2004,1.

2 福建省社科联全面建设小康社会研究中心课题组.福建省全面建设小康社会评估指标体系研究[J].东南学术,2004,3.

3 吉尔布特·罗兹曼.中国的现代化[M].江苏人民出版社,1995.

4 连玉明.中国城市蓝皮书[M].中国时代经济出版社,2003:59—60.

5 申维辰.评价文化：文化资源评估与文化产业评价研究[M].山西教育出版社,2004.

6 王益澄.城市文化现代化指标体系及其评价[M].经济地理,2003,2.

7 吴利华,郑垂勇.城市竞争力分析与评价[J].河海大学学报(自然科学版),2003,4.

8 徐康宁.论城市竞争与城市竞争力[M].南京社会科学,2002,5.

9 张建华,卞亚萍,王宏阳.全面建设小康社会的统计监测指标体系[J].统计与决策,2003,8.

作者简介

陈友华，男，1962 年生，南京大学社会学系教授。主要研究方向为人口社会学与社会学研究方法。

CUR

Ancient City Conservation

古城保护

扬州古城保护与申遗工作的难点与对策研究

高永青

　　摘要：经过30年的探索，扬州古城保护取得了很多成功的经验，但仍然面临着不少难点和不足，包括整体意识相对滞后，古城保护中的利益矛盾难有破解之道，古城保护技术支撑不够，古城资料数据库建设尚未启动，古城保护成为全民自觉行动尚有时日等。2007年扬州牵头大运河申报世界文化遗产，以及2006年扬州被国家文物局列入申报预备清单，申遗工作成为古城和文化遗产保护的目标和方向，同样面临诸多困难，为此，要制定切实的古城保护纲领和技术规范，强调古城保护的真实性、技术性，做好古城保护与申遗工作数据库等建设。同时要加强研究古城保护与现实中的城市建设深层次矛盾的解决。

　　关键词：古城保护；申遗工作；难点；对策

040

摄影／王艺玮

引言

改革开放后的 20 世纪 80 年代初，经济的快速发展，城市规模不断扩大，人口不断集中，资本大量涌入城市，城市建设全面提速，大量的老城区古镇迅速消失，历史文化遗产的保护被迫切地提到了国家层面的议事日程，特别是传统的城市格局、历史风貌在旧城改造中逐步消失。1981 年国家基本建设委员会、国家文物事业管理局和国家城市建设总局，向国务院上报了《关于保护我国历史文化名城的请示》，提出了将北京等 24 个有重大历史价值和革命意义的城市作为我国首批历史文化名城。1982 年 2 月国务院下发了《国务院批转国家基本建设委员会等部门关于保护我国历史文化名城的请示》的通知，公布了 24 座城市为我国第一批历史文化名城①，扬州名列其中。1986 年 5 月，扬州在国务院经济技术社会发展研究中心、城乡建设环境保护部、文物事业管理局等部门的支持下，召开了第一次全国历史文化名城研讨会，此次的会议纪要被国务院办公厅分送给中央政治局委员在内的各中央领导，扬州会议决定委托扬州市筹建中国历史文化名城研究会，创办《中国名城》杂志。扬州在历史文化名城如何有特色地发展，如何走有个性的建设之路思考方面要相对比国内各城市显得较早一些。在 30 年的名城保护与实践过程中，扬州经过了跳出老城建新城，在古城内停止大面积开发，对古城环境进行了综合整治等阶段，通过对名城文化内涵进行解读，成立扬州市古城保护办公室、扬州市历史文化名城研究院等行动，全面加强保护工作的水平②。经过 30 年的探索和实践，扬州已有了一套较好的系统古城保护理念和机制，如规划先行和全覆盖；谨慎试点、稳步推进；注重人居环境改善，着力进行文化展示；保护机制健全，互动体系成效明显，城市竞争得到提升等。这些都在不同层次作过总结③。30 年的古城保护实践，也使扬州古城保护工作的难点更加凸现，将古城保护工作水平更加务实地提高，如何处理其中保护与建设，保护与利用的关系更成为工作的重中之重，同时对今后古城保护的方向和精致扬州的定位有深刻的影响。

一、古城保护工作的难点

（一）整体保护意识相对的滞后

（1）对古城保护的整体性、复杂性、社会性认识不够。扬州古城保护的意识与理念虽然相对完整，但仍有不少需要进一步升华、提炼的空间，特别在整体保护上，包括城市风貌设计的提升，城市建筑传统艺术符号的传承，城市古城交通组织与城市格局的保护等。扬州古城保护工作的困难在于其复杂性，国内外没有系统完整的保护案例可循、复制；同时其本身也是一个长期的不断探索的过程，人们对古城保护的认识随着时代的发展在不断升华、变化，是一个动态的过程。古城保护是一个还欠账的工作，基础设施、人居环境等都需要资金注入，是一个需要长期投入的过程。其社会性强、组织程度多、关注度高。但在当前，对其社会性认识仍停留在工程建设层面，没有提高到其应有的高度。

（2）许多古城内重要文化遗产要素尚未全面认识。这主要具体表现在对不断增加的各类型遗产概念认识尚不全面、深刻、科学，如线形文化遗产、城市文化空间价值、工业遗产、乡土建筑、老字号商业遗产、大文化与城市遗址、非物质文化遗产等，也没有具体的专项保护规划。对城区街巷体系的价值重视不够，在改造中尊重不够，在改造中一些历史信息存在着流失现象。

（3）缺乏详细的名城保护专项规划。扬州古城保护虽然有了 30 年的实践历程，其依据是名城保护规划，但目前名城保护规划仍只是总体规划中的一章，内容过于原则。相关历史街区虽有控制性规划，但又过于专门单一。名城保护规划需要单独专门编制，要强调操作性、计划性、完整性，对古城需要一个宏观、高层次的思考。同时在整体保护的细节和理念上怎样更加体现真实性、整体性、可读性、可持续性等原则，并以此来确保古城中经整治后的文化遗产（包括盐商住宅在内）符合申报世界文化遗产的标准。

（4）扬州古城保护无论在技术上、手段上、理念意识上都要不断提升。

（二）古城保护中的利益矛盾难有破解之道

（1）保护主体的多层、多部门存在利益之争。古城保护的主体是政府，所谓主体主要指资金投入与管理的主体。政府、民间资本、群众等多方的利益在古城内高密度集聚，在政府层面目前有市、区、街道三级政府，下级政府希望上级政府多投入、多投放，多给予各种优惠和补偿，自身少承担风险和责任，上级政府希望下级政府多承担起保护主体的职责，集中精力搞好古城，政府中各部门对古城保护责任与利益也不完全一致，规划、文物、房产、建设、消防等从部门职能和责任履行上有着不同利益，容易互相牵制、扯皮，使古城保护工作在政府层面就存在利益协调。

（2）资本的多样性、多渠道增加了矛盾的复杂性。在

041

古城保护的资本和资金中有国有、外资、集体、个人以及它们的混合体，其流动速度和特点不同，追求利润的方式和方法也不一致；国有资本主要侧重于政府的行政指派，也可以享受到政府其他方面的政策优惠；外资强调回报率，品牌影响；集体资本强调安全性，要求风险低；个人资本更是因投资者个人经历与爱好、情感及回报率等各种因素影响，侧重于强调所有权和产权。各种资本互相竞争、互相争取最大利润空间，在实际操作过程中或多或少都能影响到古城保护的决策和政策的实施。

（3）古城居民期望值的复杂性。古城中的居民有商业、居住、租赁、半商半住等不同利益的群体，不能一概而论，居民本身具有复杂性。商业住宅希望人气热闹，居住者希望安静，租赁者为了使古城内住宅升值，用各种手段违章搭建扩建，希望扩大面积、增加自身收益。各方均希望在古城保护中有收益、有利润、有实惠。各方利益最大化的追求和行动成为困扰古城保护的又一难题，同时也影响古城内民居修缮，道路等市政设施的完善工作的推进，对资金的良性运转和社会和谐、稳定都会产生不小的影响。

（三）古城保护技术支撑不够

（1）古城保护技术研究薄弱。古城保护既要重视传统工艺的传承、传统工匠的培养、传统材料的复制等，也要用研究传统技术，编制修复技术规范，提供专业培训等手段使传统建筑工艺不断发扬光大。同时要有专门的机构对文物进行预防性养护，古城内市政设施的改善，古建筑的维护与传统民居的节能等方面新技术也要进行研究。要对专门行业动态及时地了解，为新技术研究、引入和推广提供及时周到的服务。目前扬州这些工作也已启动，2007年12月，扬州市历史文化名城研究院专门设立了古建筑修复技术研究室，并组织专家学者编了《扬州传统民居修复技术规范》。2010年，有关部门举办了专门培训班，着手引入古建维修的准入机制，编制了《扬州老城区民房整修与保护技术导则》等。但与大面积的古城保护工作相比仍疏遏于薄弱。

（2）古城保护技术应用经典案例不多。扬州虽然古城保护成功案例不少，东关街整治、卢氏古宅等都可以算得上成功，但作为工程经典的案例还不够。特别是与努力把古城扬州作为中国文化的守望者的我们来说仍然显得过于举全市之力在做，没有可持续的推进模式。在这些模式中所积累的技术人才、施工经验过少，古建技术积累过于薄弱，多个细节存在不足，缺乏经典所需要的完美，创新创意也不到位。

（3）古城保护技术缺乏有力的推广执行机制。在参与古城保护工作的技术层次中，设计者与施工者之间也缺乏必要的技术保障依据、设计与施工理念的沟通机制。不少意图脱离实际，很难在施工中得到真实的反映。同时设计者缺乏对扬州文化的理解和文脉的认同，以及施工者对传统工艺也缺乏尊重。同时传统建筑工艺的市场狭窄，也使人才用武之地有限，研究出来的科技成果也没有有力的机制推广、执行，没有足够大的市场来激励。

（四）古城资料数据库建设尚未启动

这项工作目前扬州重视不够，许多工作尚未启动，个人以为需重点抓好以下两项工作：

（1）规范古城资料数据征集工作。随着第三次文物普查和古城保护工作的推进，唤醒了更多的人对扬州的记忆和关心，越来越多人愿意提供有关古城历史文化方面实物、影像和文字资料，需要有专门机构接受、保管、奖励、推广使用等。同时随着考古工作的推进，历史街区整治、古宅的保护等，有关的修缮、整治资料正在不断丰富和增加，需要分门别类，加快整理，规范存放，便于利用。目前有关部门启动现有历史建筑三维测量，但有不少因缺乏系统的档案管理，资料正在不断流失。

（2）拓展古城资料征集范围。作为城市文化之根的古城，文化内涵丰富，应有专人在做好上述工作的同时，还要不断拓展征集范围，包括扬州的工业遗产、历史建筑、乡土建筑、文化遗址等在内的保护遗产都需要完善测绘、登记入册，妥善保管。这些大量的基础性、预备性、资料性的工作目前均无专业人员、专门机构、专门地点，更无从谈起未来的计划性。要建立一套完善的古建筑修缮的技术、文字、图纸、图片、影像等档案体系，必须尽快明确数据库建设的责任主体，积极与相关部门展开合作和协作，加大征集力度，尽快建立一个开放、权威、系统的城市文化遗产数据资料库。为今后的工作少留遗忘和遗憾，使数据库能为今后日常古城保护工作服务。

（五）古城保护成为全民自觉行动尚有时日

（1）市民参与古城保护积极性不高。古城保护需要积极引导和宣传扬州市民、古城居民是古城保护的知情者、参与者、管理者和受益人的理念，宣传古城的文化价值和历史内涵等，增强民众对古城的认同感和责任感，培养人们对古城的古树名木、古井古宅、古街古巷、古典园林等的感情，并延续、传承下去，将外在的要求变成市民内心的自觉。古城只有民众倾心地、持久地、充满责任地呵护和爱惜，只有更多民众广泛、多层次地参与到古城保护工作中，只有民众让将古城保护成为自己自觉的、积极的、主动的行为，成为所有人爱家园的集体行为，才会有古城应有的尊严，古城保护才能有持久的动力。

（2）古城保护宣传工作尚须加强。在古城保护工作中要建立起正常的宣传工作机制，用各种宣传方式发动人、鼓舞人、激励人来共同参与到古城保护工作中，通过各种传播手段和媒体宣传其中感人的细节和故事，激发更多民众自觉参与。还要加强名城解读工程的推进工作，更深层次解读古城文化内涵。生动、丰富和多形式的宣传会让更多的人知晓古城内一砖一瓦在内的价值，并会有更多人参与其中。目前扬州在宣传方面的手段和投入显然不够。

二、申报世界文化遗产工作的难点

扬州正在受大运河沿线城市和国家文物局的委托牵头负责大运河申遗工作，同时又在负责大运河扬州段和盐商历史建筑群申报世界文化遗产（以下简称申遗）的工作。2014 年又是 2500 年城庆，申遗工作的成功与否对城庆、对古城保护的方向等都有重要的影响，对扬州今后的城市文化战略定位和社会经济文化的全面和谐发展也至关重要。对申报世界文化遗产工作困难的剖析实际上也是对古城工作保护困难的佐证，加之二者又有着多种多样的联系和关系，所以有必要对其困难进行分析。

申遗要真正做到高效率、高质量的成功，确实存在许多客观上的困难和许多不可预知的因素。我们对此要有清醒的认识，并要进行针对性研究，加强解决好这些困难的能力，并准备好相应的预案。

（一）对扬州申报项目在世界文化体系中价值普遍性与独特性确认的困难[④]

（1）遗产在世界文化体系中地位确认的困难。扬州目前申报项目不管是大运河，还是大运河扬州段，抑或是扬州盐商建筑群等必须是能让联合国教科文组织相信它是具有世界文化意义，代表着人类某一时期的创造性智慧的杰作、代表着人类价值的重要转变，是人类历史上的重要文化范例，是世界文化体系中的唯一遗存，唯一真实的遗存，唯一具有代表性的遗产。其文化、科学、艺术价值需要明晰、科学、准确，同时还需要具有足够说服力。这必须选准角度，用好条件，要真正做好可谓困难重重，不是一件简单的文字写作的事情。

（2）文化价值语言表达的困难。个人感到最为困难的是把在汉语中清晰的解释、诠释给具有不同文化和知识背景的遗产委员们及各国、各地区代表予以接受、认同，其中的困难会超越我们想象。要写出一个大家公认的扬州文化申报项目的价值标准的说明书本身就需要从浩瀚的资料中判断、分析，其困难和复杂程度已属不易，更何况那些对于中国文化、扬州文化知之甚少的外国人，要把扬州的资产文化价值说清、说透、说明，其复杂性、艰巨性可想而知。目前，扬州已委托国内一流专家，且具有申遗工作经验的内行撰写相关文本。文本如果顺利得到专门机构和考察专家的认可，申遗工作就迈出了最为坚实的一步。

（二）保护技术手段尚不完整

申报世界文化遗产的目的是为了更严格地保护、更完整地传承。旅游开发、人气骤增、知名度提升、民众受益、城市增强竞争力发展旅游等都只是申遗相应的副产品和相关效应。这并不是申遗的真正目的，也不是世界文化遗产的初衷。所谓更严格地保护、更完整地传承在扬州目前情况说来说既有技术手段的缺乏，也有法律手段的缺乏。

（1）缺少古城保护与文化遗产保护法律的保障。世界文化遗产丽江、平遥的《古城保护条例》都是由省级人大常委会通过。扬州的瘦西湖、古运河、古城在内的所有文化遗产目前缺乏较高层次严格的法律手段保障。市政府 2010 年 12 月 20 日出台的《扬州市扬州古城保护管理办法》，计总则、保护、管理、利用、法律责任、附则六章 48 条[⑤]，这已经迈出了一大步。但与世界文化遗产所要求的最严格的保护所需的相应法律层次相比还不够，操作层面的精细性等也有差距。

（2）城市规划及名城保护规划有关城市文化遗产保护的内容过于笼统、线条式，操作性不强。现在的相关保护规划没有从保护、利用、改造、复兴等各个层次去阐述。现在 4 个历史街区、12 个街坊、147 处文物保护单位，30多个古典园林等遗产尚没有操作性强、控制有力的详细规划，长远利用的总体规划。特别目前正在申报项目，更需要制定符合世界文化遗产标准的，高水平、前瞻性强，符合未来理念的保护规划。保护规划目前在发挥引领、统领古城保护方面的作用还不是很大，特别是利用、复兴层次缺少指导性、前瞻性、操作性，而这种准备是需要长期精心的、严肃的、认真的研究及深入的、广泛的调查论证。

（3）财力保障。古城保护与申遗需要大量资金的长期投入。目前的困难在于：一是古城保护是一个系统的社会工程，无法计算出整个系统工程所需的资金总量，更无法在有限的财政上安排足够的资金保障；二是资金投入很难短期见效，回报率也无法测算，多元化融资渠道不畅；三是老龄化的古城⑥如何复兴，特别是产业安排上，如何使古城进入良性可持续、生态良好循环、仍缺少城市与区域需要行业的设计和方向。

（4）智力保障。申遗工作需要大量的既懂文化遗产保护技术，又懂世界文化遗产申报运作；既对扬州文化有研究，又善于外语表达精通；既懂城市规划与建筑，又对文物保护与利用有研究；既对城市发展战略有思考，又对古城发展做过探索等的人，这在扬州，甚至在全国也不多见。在申报及古城保护工作中专业人才缺少甚至比资金筹措困难更大。其外在申遗工作中的各个环节都需要人才的支撑、智力的保障，包括申报文本的准确翻译、装帧设计、宣传片制作、保护理念的宣传等，智力缺乏将是申遗工作的又一难点。

（三）世界文化遗产申报竞争的空前激烈

（1）世界各国与中国在申遗项目的竞争。在过去的几年时间里，中国是唯一连续6年都有项目列入世界遗产目录的国家，拥有数量为41处，名列世界第三。这种状况引起了许多国家的关注，对中国申报项目的保护管理状况、文本编制规范及未来的使用前景等都提出了更严格的要求。随着中国竞争力加强和国际地位的提高，许多国家感到了中国的强大，文化遗产申报又增加了极为复杂的政治、文化因素。加上地域内的各洲之间、各个国家之间的平衡性，今后要保证中国每年都有项目成功申报确实困难。

（2）国内城市的申报项目之间互相竞争。自2004年开始，随着各国、各城市申报世界文化遗产项目意识增强，积极性的升高，世界遗产委员会要求各国凡拟正式申报世界文化遗产，必须首先列入本国的"世界文化遗产预备清单"，这份清单也是这个国家5～10年内的申报计划。列入我国预备清单的遗产城市更是抓紧这5～10年内的机遇、想方设法、开动脑筋，将可能的途径、办法发挥到极致，加上申报项目不成功以后就不能再次申报，申报城市的重视度前所未有。目前北京、重庆、厦门等多个申报城市更是不遗余力全力推动这项工作。国内城市的这种相互竞争给每个参与申遗城市的工作者们带来了空前压力。当前国家文物局又将调整申报世界文化遗产预备名单，这对扬州来说既是机遇，更是挑战。

（3）扬州各申遗项目孰先孰后的次序。扬州作为大运河申遗的牵头城市，首先要服从国家战略大局和利益，全力确保大运河作为人类民族优秀文化遗产申遗的成功，为国家谋取最大利益，不辜负各沿线城市在内各方面的信任，为扬州赢得荣誉。同时对大运河扬州段、扬州盐商建

筑群，包括最近正在启动的海上丝绸之路在内的申遗项目要进行认真研究，怎么处理好三者关系，怎么处理时间的顺序，怎么安排好工作的重点都有很大的研究空间。作为有着2500年完整建城历史，并数度成为中国经济、文化中心之一的古城，有一个以上的项目是完全可能的，但应把最有优势的选取出来，参与竞争，放大效应。

（四）当前运河沿线城市现状与申遗标准协调工作量大

（1）当前运河沿线城市现状要符合申报标准需要强有力的协调、推动。扬州目前申报项目的现况要符合世界文化遗产体系的理念、标准还需要大量的工作，让其成为人类的独特文化遗产和景观更有许多事情要做，古城区内人口压力，令人担忧的盐商住宅群保护状况，运河两岸历史建筑对外展示的复杂性，城市建设中文化内涵的注入，文化建设中城市风貌与个性的凸显，文化博览城建设的后劲和可持续的动力等，需花费大量的人力、物力和时间协调，以求城市建设与古城保护、文化传承追求和进入到世界文化遗产体系等行动的一致性。

（2）长达数千公里的运河沿线城市之间工作协调量大，其他运河城市的遗产现状与扬州也差不多。大运河沿线有8个省、市，35个城市，各个省、市之间如何协调，既有省级层面，也有市级层面，有的还需要中央层面出面协调。各省、市对申遗认识也不可能完全一致，重视程度不可能完全一致，行动节奏不可能完全一致，投入资金数量不可能完全一致，技术层面不可能完全一致等，这些都需要耐心、务实的协调，在国家文物局的支持下，扬州已成功完成相关工作。但越到后期冲关时，协调量之大也是可想而知。

（3）部际、省、市内的部门之间的协调。大运河的申遗，包括发改委、水利、交通运输、文物保护等多个部门都必然参与其中。除涉及这些业务部门外，还有外交、宣传、教育等部门。这在中央层次需要部际协调。在各个省和城市的相关部门也需要协调。扬州的申报项目也需要县、市区联动，各部门合力，才有可能把工作做好。

三、提升古城保护与申遗水平的对策建议

如何以申遗提升古城保护工作水平，如何以古城保护支撑申遗工作推进，如何将古城保护通过申遗可持续化，真正由城市拥有的文化资源变成城市发展的文化资本。针对上述难点，参照当前工作提出对策建议如下：

（一）切实制定好古城保护的行动纲领

在世界文化遗产保护体系中的保护概念是指所有用于了解遗产的行动，包括了解遗产的历史意义，保护其材料，以及在必要情况下的修复[⑦]。扬州应该以古城保护为主体切实制定《扬州市古城保护行动纲领》，统领相当长时间内古城保护的一切行动。纲领应该贯彻世界文化遗产保护的所有标准：包括真实性、完整性、可读性、可持续性、人民性、文化性、生态性、伦理性等。既有短期的目标，也有长期的方向。目的是要确保每一项工作都不破坏文化遗产项目的艺术价值和历史信息、文化内涵和技术元素。区别于古城保护行动计划、规划，着重行动及目的，用以支撑的古城保护技术手段和理念体系。要阐述清楚，古城保护循环机制、复兴计划、利用方案，用来指导今后的行动。同时纲领对扬州古城在中国文化未来发展中所扮演的角色和长三角区域内的文化角色分工应有所阐释，要以宏观的视野为扬州实现古代文化与现代文明交相辉映的名城目标提供理论指导，也要为扬州走向世界提供必要的引领。

（二）切实编制各种技术规范

古城保护工作要做到高标准、严要求，需要科学的依据，需要有各种技术规范，编制规范时要注意以下几点：

（1）规范的全覆盖性。保护工作的规范对保护文化遗产至关重要，色彩、体量、风格、风貌、街巷体系、城市肌理等都应有自身保护的规范。特别扬州古建筑类型多、时代不一，对此要在深入研究的基础上制定出民居、园林、寺庙等不同类型的修复规范。对各种地面铺装、外墙、门窗等也要有专门的保护与修复规范，强调文化区域性和独特性。将城市的历史文脉在新城、新区建设有意识地加以传承和弘扬，把防止千城一面、精致扬州落实到细处和实处。北京规划委员会有一个建筑风貌艺术委员会，定期审查新建筑风貌是否符合古都风貌。扬州应该有这样一个机构从事此项工作。

（2）规范的科学性。作为技术规范是严肃和严谨的，必须在大量调研的基础上，本着科学的精神认真分析实物案例与历史资料，广泛吸收各方专家的意见，动员社会人士积极参与到制定规范中。技术规范还要经过一定的专家多层次、大范围的讨论而制定，尊重反对的声音和意见，用开放确保科学性。同时还要积极借鉴国内外较好的案例，成功的经验，先进的理念，确保规范的科学性。

（3）规范的可操作性。国家先后出台《历史文化名城名镇名村保护条例》、《城市紫线管理办法》、《历史文化名城保护规划编制规范》、《中国文物建筑修复技术规范》等，对保护方法和方向作了明确。作为一座城市，具有个性特色和地域特点，必须在这些框架外，概括出自己的元素，制定出更详尽适合自己城市特色的规范。规范一定要经过必要的行政程序通过，确保有一定的强制性，能够在实践中得到执行，并有机构加以监督，确保规范的操作和实施。

（三）更加强调古城保护的原真性

联合国教科文组织世界遗产委员会对文化遗产保护中的真实性特别强调，1994年11月委托专家进一步研究，28个国家的45个专家齐聚日本奈良，讨论了真实性定义和评价复杂问题。专家讨论的结果编入了《奈良真实性宣言》。这些对扬州当前古城保护显得尤为重要。

（1）真实性是保护工作的基础。《宣言》强调真实性是文化遗产价值的基本特质，对真实性的了解是所有关于文化遗产科学研究的基础，也是保护及修复规划和上报世界遗产委员会或列入其他遗产名录的基础。所有关于文化遗产价值及其相关信息资料可信度的评判，各种文化之间是存在差异的，即使在同一文化中也存在不同看法，因而很难根据统一的标准评判其文化价值和真实性。另外，对所有文化的尊重又要求所有遗产必须根据其所属的文化背景进行评判。因此，最重要和最迫切的是与文化背景相关的真实性判断必须联系更大量的信息来源，包括形式和设计、材料和质地、用途和功能、传统和技艺、位置和设置、精神和感情，以及其他内外部因素。通过对上述各方面信息来源的利用可以对文化遗产从艺术、历史、社会和科学的角度全面进行解读。对扬州的文化遗产价值判断要依靠真实的来源进行鉴别，首先必须确保古城内存有大量真实性的历史遗存。

（2）在古城修复中更尊重真实性，《奈良真实性宣言》承认了必要的修复对遗存保存的必要性，专家提供了三个可供参考的案例。一、芬兰劳马（Rauma）老街在1991年列入世界文化遗产名录。1682年的大火几乎使城市毁灭。目前所建的木结构建筑，大部分建于公元18～19世纪。建设者按过去的地图与文献资料，重现中世纪城镇的基本面貌，除教堂外，绝大多数建筑和以前一样完全采用木结构，使其成为北欧最大的木构建筑聚落，然其却几乎是重新建造的房子。此案例为"真实性"提供了更多的想象空间。二、泰国苏可泰历史名城及其附近相关的历史城镇其指定范围非常广，包含周围相关的城镇。苏可泰在被列为世界文化遗产后，开始驱逐城内的穷人，认为他们有碍"历史名城"的身份，因而衍生出一些社会问题。苏可泰的保存计划是由考古学家及城市规划师共同担任主导的角色，此点也可提供扬州重新参考。三、奥地利的萨尔茨堡的历史地区坐落在萨尔察赫河左岸，著名作曲家莫扎特诞生于此，是著名的音乐城。此地区于1996年被列入世界文化遗产名录，其指定的原因并不只限于建筑、山川而已，最主要的是这座城有太多的历史事件发生于此，人文荟萃。整个城内的建筑使用规划非常严格，任何商家的招牌门面、设计均需与老街的面貌相配合。整个城的样貌被完整地保留下来。扬州应该在这三个案例找到自己的理解，引发古城真实性的讨论，形成保护行动的共识。

（3）真实性是建立在对历史的尊重基础上。在古城保护中要有对历史的敬畏，尽最大努力将更多真实的东西留存下来，少建多保，少扩多留，少动多存，少搬多固。在古城内不仅不能大拆大建，甚至小拆小建都要慎重，都要研究，不能主观臆想，要有整体历史风貌的环境意识、生态意识，这对古城保护工作尤为重要。扬州的古街巷、古民居等每年都在不断消失，扬州的古井、古树也由于自然的原因不断的湮没、枯死，扬州的诸多文化元素如生活方式、传统行业等也会在现代化、城市化中慢慢被遗忘。对这些要有敬畏感，希望多留存一些给后人。

（四）更加强调古城保护的专业性

古城保护要在各个环节注意到专业性、技术性，特别要注意以下几点：

（1）行动的专业性。古城保护是一项技术性和系统性很强的工作，人才的专业性，决策、实施、研究机构的专业性，各项理论和技术的专业性，宣传的专业性等。要支撑起这些技术强的复杂工作，只有行政部门、工程技术部门、学术咨询部门内的专业人员是不够的，更需要既有大量的实践经验，又有专门理论知识的复合型专业人员。在目前的情况下，在涉及古城保护的部门都应该有一些视野开阔、知识面广的专业人士。同时要更加注意对各方、各行业专家意见的听取和尊重，并尽可能吸取到实践中强化古城保护工作的专业性和系统性。

（2）工作的专业性。古城保护工作要有可持续的推力，必须有一个强有力，具有执行力的综合专业职能部门来进行。如果将扬州古城作为城市的品牌，其工作就要和新城西区、蜀岗瘦西湖景区、开发区、化工园区一样，设置高规格的专业管委会，专门从事古城保护工作，履

行政府在古城内的职能，这样才能将古城保护工作真正持续性地推进下去。如果只靠协调来推进古城保护，许多工作无法落到实处，行政效率也会大打折扣，从而影响古城保护工作的推进和水平的提升。

（五）更加注意古城保护与申遗工作的协调

在今后工作中，要有意识地积极地将古城保护与申遗结合起来做好协调工作。

（1）申遗与古城保护工作的协调。申遗与古城保护工作各有侧重，目前也分属于文物与城建两个部门。申遗工作着重对外沟通、资料、征集、文本准备等方面，古城保护侧重于民居整治、街巷翻修、政策制定等。二者工作的目标、方向应当一致，工作的对象都是古城及其中的文化遗产，方法和手段也是一样的。两项工作彼此应互相促进，互相加分，互相支持。怎么去做好常态性日常协调，需要进行认真的研究，包括目前的古城保护联席会议如何能更加有效、更加权威。如何将各自的工作目标理解成自身工作的行为，积极配合需要双方加深对其各自理念、意识、技术的理解，更需要站在一个更高的高度、更宏观的大局去理解、执行。

（2）申遗成功后的相互协调也要予以先行研究。申遗成功仅仅是开始，世界文化遗产有着严格的濒危警告机制、退出机制。管理的责任更大、保护的要求更严、受到的监管更细，有非常具体的考核量化指标，如何用世界文化遗产的标准对应古城保护的具体工作，用更严格的制度、更先进的理念、更好的技术确保古运河和古城的世界文化意义和价值，真正使扬州成为中国文化守望者的代表。其目标的实现必须有大量的工作协调。

（六）更加注意古城保护与申遗专业资料的积累

（1）提高对此项工作重要性的认识。高质量的保护需要足够的历史信息和资料支撑，有足够的记忆提供查询。古建筑、古民居在内的古城一切符号应该有一个完整的记忆，都应该加以认真的保存。如果没有20世纪50年代同济大学建筑系的测量，今天扬州许多建筑都无法修旧如旧；如果没有皇宫档案中清代扬州园林的一些资料，我们现在所有恢复也只是想象，像一场复古的试验，能否成功是一个未知数。如果没有一些老照片作为佐证，古城内古宅的环境就无法恢复。所以要围绕古城保护尽快启动建立一个数据库或档案馆，将信息数字化、记忆电子化，用现代数字压缩技术、计算机数据库技术、高速扫描技术将专业资料数字化。

（2）强化古城保护资料征集。要加强行政手段，使目前在扬州的古城的文字、图像等资料不能再流失，加大征集力度，特别在古城保护新发现的资料要有专人保存、专人登记、专人监督。同时还要加大投入，征集社会上、市内外有关历史资料，不断地丰富库藏，同时努力将有关古城数据库、档案馆、图书馆发展成为专业机构。多个专业机构互有侧重、互相补充、互相支撑。

（七）更加注意建设细节中的研究

古城的文化价值就在于细节的完美，精致扬州的内涵也在于对细节的考虑周全周到，细节决定成败。因为细节的尽善尽美扬州才会如诗如画般的精致、独特、优雅、古典。每项成功的经典工程都是一个又一个精致的细节累积起来得以传承下来。古城保护中的细节更是不胜枚举，从工程策划设计到建筑材料选配，从高度到宽度，从与周围环境协调到内部装饰装潢，从功能配置到设施配套、从艺术到文化等都要加以研究、细化、概括。特别在认为有必要对古城内进行整治、整修、复建的传统建筑更要注意各种细节的传承。

无论古城保护还是申遗都是一项艰巨、复杂、系统性很强的工作，需要有一种平和的心态，科学的精神、认真的态度，还需要理论、政策、技术、资金、人力等方面的全力支撑。从业者对这项工作的艰巨性要有冷静、正确的认识，否则也会好心办坏事，切忌急躁，产生建设性破坏。要加强各项工作先行性、可行性、复杂性等方面的研究，要有多种方案进行比较，充足的精神与物质准备迎接各种困难。

四、对古城保护与城市建设矛盾解决的思考

古城保护（包括申遗工作）在理论上和城市建设方向、目标和技术上都是一致的，是为了城市文化的传承，为了居民的生活方便、居住条件的改善，为了城市的发展和人民的共享。但不可否认，其两者在方法上、在形式上并不完全一样，其中在阶段性上还会有冲突、矛盾之处。我们必须清醒地认识到这一点才会冷静、理智地对待它们不一致的地方。对这些矛盾要清醒地有所认识，只有对其充分的认识，两方面工作才会顺利开展。同时要加强对下列矛盾的探索。

（一）古城保护的文化传承性与居民生活现代要求的矛盾

从文化传承来讲更强调真实性价值，强调原生态，强调少变化，而人们内心对幸福的向往却一直在追求着变化，希望能跟上社会的发展节奏和时代的前进步伐。特别是生活在古城里的居民，他们既有追求幸福生活的要求，也有共享受社会进步和发展成果的权利。古城保护和保持历史文化名城的特色需要更多地保存古城的原真性。维持古城的现状显然与以人为本的民生执政理念和民众的需求存在不少矛盾之处，新与旧的对立影响着政府的决策和民众诉求的满足。这对矛盾在古城保护的各项工作中尤为突出。这种矛盾始终困扰着古城的保护，困扰着执政者的政策制定，科学新技术的利用等。当前扬州古城中古宅的节能、古街巷的消防、古城的空间利用、古城的生活方式保持等与原真性无不有矛盾之处。

（二）文化遗产的脆弱性与现代科技无坚不摧的矛盾

（1）文化遗产的脆弱性。千年古墙、城市遗址、历史建筑、传统民居、古典园林等文化遗产在经过自然界的侵蚀、人为的破坏，坚强地保存到今天实属不容易，但在现代异常强大并在不断进步的科技与经济力量面前显得异常脆弱、无从对抗甚至不堪一击。针对文化遗产许多人提出过保护想法，国务院参事崇崇岭先生把遗产保护提出作为第三国策[8]，住房和城乡建设部仇保兴副部长称它为高等资源[9]。把这种资源提到很高的层次去讲就是因为它的脆弱，它的不可再生性。千年古墙经不住推土机轻轻的一推、千年古木经不住条件的恶化、千年古宅经不住烟火缭绕等，对脆弱的遗产保护要常怀敬畏之心，对文化遗产的尊重就是对先人和历史发自内心的敬重。

（2）现代科技的强大性。在现代古城保护中当前已经存在和使用了太多的、过度的现代科技手段，将来还会更加广泛。将古建筑无限制地复制，将风貌无限地外延，将古建筑材料高科技地复原，将古代的文化元素不加识别地使用等，使得我们在古城众多文化遗产中留下现代科技发展的痕迹，其中的一些历史信息也会大量流失，一些无限的复制造成了审美和视觉的疲劳，从而降低古城的文化价值。对古城保护中要求的可识别性原则未予严格遵守。现代科技的强大渗透力与古城保护的真实性，也是一对无法回避的矛盾。

（三）城市建设的阶段性与古城保护可持续性的矛盾

每年的城市建设都是一个又一个阶段性目标和任务组成的，每年都会有侧重。它们包括机场、火车站在内的重大基础设施建设和道路建设、水系整治、环境整治、景区拓展、人居建设、地下隧道、城市绿化、地下管网、

区域供水等，都可以成为年度的工作重点，这种阶段性的工作必须排在城市建设的首位，一是和政府的年度工作目标和承诺有关；二是和城市整体功能和品质提升有关；三是和解决民生，体现为民办实事有关；四是和上级具体要求与引导政策有关。古城保护是一个又一个五年规划，一户一宅、一街一巷地做起，每项工作又与历史信息保存、文化内涵挖掘有关，工作量大而繁杂，需要更长的时间，是一项耐心细致的长期性工作，需要持续的投入，持续的推动，古城保护不可能长期作为每年城市建设的重点工作，也不可能长期作为政府首要解决的问题。因而古城保护在财力保障、人力安排等方面就与政府关注的阶段性城建工作重点存在一定的矛盾。

（四）人文、生态、精致、宜居的城市个性与城市快速进程的矛盾

要打造扬州的城市特色和鲜明个性，建设成一个古代文化与现代文明交相辉映的名城，显然需要精当策划、精心规划、精致建设、精细管理，这些都需要足够的时间来保证工程的建设质量和标准。扬州城市区域空间不断扩大，城市作为经济、文化、社会等多个功能发展的载体，人口、资金等资源集聚速度和其他城市一样，快速城市化使城市日新月异。中国快速城市化成为21世纪影响世界发展的大事。城市化带来了城市建设的繁荣，伴随着房地产业为支柱的基础设施的飞速发展，城市建设为适应各种资源、资本的高速集聚而全面提速。城市的个性与特色要慢慢积淀。目前扬州在高速发展中始终保持平和心态，始终将城市个性定为人文、生态、精致、宜居，始终将个性与特色的建设放在首位，不比洋、不比高、不比大，应该说难能可贵。但如何在城市化快速发展中始终保持自身的特色，彰显城市的个性，甚至国际上通行的将慢城理念发展成为自己的定位与个性，这显然是需要认真研究，妥善处理慢与快的关系。

（五）更严格的保护与旅游开发的矛盾

古城保护与申遗的目的都是对人类文化保护承担责任，都是为了将城市文脉传承下去，都是为了让这座城市成为生活在里面的人留存给后人的集体记忆。因而需要更严格的保护、更精心的呵护、更虔诚的敬畏。扬州成为世界文化遗产后，或即使不能成为世界文化遗产，也会随着古城保护工作的推进，在城市品质的提升、城市环境的美化、文化价值的凸现、基础设施的完善，知名度得到提升。古城旅游也会越来越兴旺、繁荣，人流也会越来越多，古城内各种基础设施承载力也要随着旅游人数的增加不断得到相应提升，古城内的停车场、宾馆、道路等基础性设施要不断扩容。古城的承载力和容量总归是有限的，过度的饱和不仅影响市民的生活，还会影响城市的环境和功能。怎样使过度旅游不会出现，不会成为破坏古城风貌的推手，如何协调好古城风貌保护和旅游发展之间的利益冲突和矛盾，怎样把古城旅游发展带来的收益与古城保护相结合，使古城居民真正做到共建、共有、共享，都是需要探索的问题。

（六）古城绅士化与公众利益的矛盾

任何一个城区、街区、社区都应该是各种层次的人生活会聚的地方，但由于古城区基础设施的落后，留存下来都是弱势群体和老龄人，古城成功改造、整治后，相当一部分居民要搬出古城。由于老城地价升值、平房便利及学校、医院、商业圈相对集中等因素，势必只能是富人居住。在国外已经发生穷人出城，富人进城的绅士化现象[10]，应该承认，古城绅士化实际上是一个古城复兴的基础。但也要考虑到那些对古城有情感的原住民，本质上也是古城文化的一部分，怎么处理好古城原住居民的文化生态性、居住的合理性与古城复兴的关系，是古城面临的一大难题。在古城艰难的复兴过程中既要保持老城区必要的经济张力与社会活力，又要尽量多保障原住民的生活方式与权利，将包括生活方式的非物质文化遗产传承下去，将传统社区的和谐、稳定延续下去，这不是一个简单的问题。这对古城公共政策的制定确实有不小的影响，其中既有相互利益重叠，也有相互矛盾之处。如何协调确是我们需要研究的问题。

当然，古城保护让我们担忧的事情远不止这些，困扰多年的交通、影响着居民安全的危旧房屋、大规模古城保护对人们宁静生活的影响等等，都让人感到古城保护的复杂、困难、艰巨。但仍有许多工作值得古城保护工作者欣慰。扬州从来没有像这几年市委、市政府如此这样重视和关心古城保护和申遗工作，这么多人在从事古城保护，在这么高的层次研究古城保护，从来没有过如此大的力量投入到古城保护中，从来没有把古城保护与申遗工作提升到城市发展目标这样的战略高度，从来没有这样通过申遗、古城保护等工作主动宣传并如此自信地走向国际，从来没有这样对自己古城的未来有如此清晰的描述，从来没有过像"4·18"、"9·26"这样高水平的文化活动组织等。所有这些都是我们做好申遗与古

城保护的基础和动力。扬州在市委、市政府领导下，一定能成为古代文化与现代文明交相辉映的名城。

注 释
① 关于我国历史文化名城保护的历程可参见：仇保兴.中国名城保护六十年[J].中国名城，2009，3；曹昌智.中国历史文化遗产的保护历程[J].中国名城，2009，6 等。
② 扬州市档案局，扬州市地方志办公室.扬州印痕·钩沉[M].扬州：广陵书社，296-302.
③ 季建业.加强古城保护 彰显城市特色[J].中国名城，2009，8；王燕文.历史文化名城转型发展的实践与思考——以江苏扬州为例[J].中国名城，2011，7.
④ 郭旃.世界文化遗产的标准及申报方法和程序[J].中国名城，2009，2；
童明康.世界遗产发展趋势与挑战应对[J].中国名城，2009，10.
⑤ www.law.lib.com/law/law-view.asp?id=355231.
⑥ 李麦产.旧城区复兴、银发革命与养老产业的选择[J].中国名城，2011，1.
⑦《奈良真实性宣言》中作此解释。
⑧ 徐嵩龄.第三国策：论中国文化与自然遗产保护[M].北京：科技出版社，2005.
⑨ 仇保兴.C模式之一：应对机遇与挑战——中国城镇化战略研究主要问题与对策（第二版）[M].北京：中国建筑工业出版社，2009.
⑩ 张松.历史保护过程中的"绅士化"现象及其对策探讨[J].中国名城，2010，8.对古城保护绅士化的表现及危害作了剖析。

参考文献
1 中国历史文化名城研究会（筹）编.中国历史文化名城保护与建设[M].文物出版社.
2 朱隆斌等主编.城市提升——扬州老城整治战略[M].南京：江苏科技出版社，2007，11.
3 朱正海主编.图说"双东"[M].扬州：广陵书社，2008，4.
4 《中国城市发展与规划论文集》编委会.中国城市发展与规划论文集[C].首届中国城市发展与规划国际年会.北京：中国城市出版社，2006，6.
5 《扬州改革开放三十年》编辑委员会.扬州改革开放三十年[M].中央文献出版社，2008，12.
6 H.孟德拉斯.农民的终结[M].李培林译.北京：社会科学文献出版社，1983.
7 戴志中，刘彦君，杨宇振等.国外步行商业街区[M].南京：江苏人民出版社，2006.
8 丹尼尔·贝尔.后工业社会的来临——对社会预测的一种探索[M].北京：商务印书馆，1984.
9 何韶.城市设计十议[M].北京：科学出版社，2001.
10 凯文·林奇.城市意象[M].方益萍，何晓军译.北京：华夏出版社，2001.

11 倪鹏飞.中国城市竞争力报告No.2——定位：让中国城市共赢[M].北京：社会科学文献出版社，2004.
12 天津社会科学院技术美学研究所.城市环境美的创造[M].北京：中国社会科学出版社，1989.
13 王长升，傅崇兰.城市个性——威海市城市建设的理论与实践[M].北京：社会科学文献出版社，1998.
14 张鸿雁，张登国.城市定位论[M].南京：东南大学出版社，2008.
15 张鸿雁.中国式城市文艺复兴与第六次城市革命[J].城市问题，2008，1.
16 张鸿雁.城市经济与城市文化发展新论[M].沈阳：辽宁大学出版社，1993.
17 张鸿雁."大上海国际化都市圈"整合建构新论——中国长三角城市群差序化格局创新研究[J].社会科学，2007，3.
18 张鸿雁."循环型城市社会发展模式"：资源依赖型现代化的必然选择——社会学视角的理想类型建构[J].社会科学，2006，2.
19 张鸿雁."制度主导型"城市化论[J].城市问题，2006，2.
20 张鸿雁.城市形象与城市文化资本论——中外城市形象比较的社会研究[M].南京：东南大学出版社，2002.
21 张鸿雁等.循环型城市社会发展模式——城市可持续发展创新战略[M].南京：东南大学出版社，2007.
22 张鸿雁.城市文化资本论（第二版）[M].南京：东南大学出版社，2010.

049

作者简介

高永青，历史学硕士，扬州市历史文化名城研究院副院长、《中国名城》杂志社常务副主编、扬州市社会科学院客座研究员。主要研究方向为古城保护及文化史。

摄影／王艺玮

唐苑与汉陵文化意蕴研究

樊 娟 祁嘉华

摘要： "桃花源"与"大观园"是国人诗意栖居的最好居所，也是中国园林文化的两种模本，都体现了虽由人作，宛自天开的核心理念，遵循着曲折幽深，诗情画意的美学规则，与西方园林人力中心论的理念不同。古长安城南是秦汉唐王朝兴建园林的风水宝地，作为上林苑遗址的杜陵积淀了厚实的自然与文化资源。杜陵地区的唐苑与汉陵应在生态美学的指引下，尊重原有的自然与文化，运用艺术的准则设计，使中国园林的魅力重新绽放。如果说唐苑属于工笔式的设计，精致繁复，而汉陵的设计则要疏朗与粗犷，以白描的手法写意自然。

关键词： 低碳经济；西安园林文化；工笔画下的唐苑；写意画下的汉陵

Abstract: "Peach Blossom Spring"and"Grand View Garden"is a poetic dwelling people the best accommodation, but also two kinds of Chinese garden culture model of this.Although the people are embodied as, Naturalism core concept follows the twists and turns deep, poetic and aesthetic rules, and the center of the Western concept of human landscape differently.South of the ancient Chang'an Tang Dynasty is the construction of the Qin and Han Feng Shui garden, as Shanglin Parkland site Duling accumulated solid natural and cultural resources. Duling region with Han Tomb and Tang Court, shall be under the guidance of ecological aesthetics, respect the original nature and culture, the art of applying the criteria for design, the charm of Chinese gardens bloom again. If the style Tang Yuan are meticulous design, exquisite complexity of the design will have the Han Tomb Lichtung and bold, impressionistic approach to the natural line drawing.

Key words: Low-carbon economy; Xi'an Garden Culture; Painting under the Tang Court; Freehand draw the Han Tomb

在西学东渐的影响下，广场式的公园铺天盖地而来出现在中国各大城市，罗马柱、雕塑、喷泉、几何型的植物比比皆是。这样的公园具有开敞性与公众性，摒弃了中国园林的封闭性与私密性，使绿化资源让民众得以共享，可是这样的大尺度又使中国园林所特有的韵味与

情趣被抹杀。西方园林的设计理念源于现代工业文明指导下的人力中心论，它的主要特征是空间的几何化，用机械论的观点来解释自然，这与中国传统的"天人合一"的思想是完全对立的。而这一切在西安的园林文化中又呈现出怎样的状态呢？

一、西安园林文化的现状

由于中国特有的国情，一旦建立皇都，必然促进当地经济、文化发展。西安作为古都，园林文化很是发达，不仅有皇家园林、私家园林，也有寺观园林，而且文人园林也在此真正产生。当今园林又以另外一种形式兴盛起来，园林的样式已经进入寻常百姓家，成为通俗化的公园。西安南郊就新修了几个遗址公园，包括大雁塔遗址公园、秦二世遗址公园、寒窑遗址公园、曲江池遗址公园等。这些公园体量大，干净整洁，具有现代城市的气息与风格，自然要比兴庆宫公园、丰庆公园、莲湖公园、革命公园等更加时尚与大气，更能吸引人的眼球。园林通俗化自然有它的道理，可是一切都世俗化了，就失去了更高层次的审美价值。

西安的古园林因为历史等原因早已消失匿迹，新建的公园又多以西方化的模式为准则，那么西安的古园林还留下怎样的古遗迹与中国的美学规则呢？

二、西安古园林及其美学规则的遗存

（一）西安古园林的遗存

早在周代，周王朝就将杜陵地区及其渭河南岸的大部分地区，辟为专供帝王游猎之地的苑囿，即中国最早皇家园林的雏形。高台有通神的作用，成为帝王祭祀的重要场所。《诗经·大雅·灵台》中就记载了周文王修建灵台、游览灵囿的盛景，灵囿里有麋鹿、百鸟等飞禽走兽，还开有灵沼，沼里有鱼。园中还建有学校，不仅有游览与娱乐的功能，还有教育与政治教化的作用，体现出与民同乐的祥和景象，天地人在此完美统一。在今西安长安区的灵沼乡就包括了西周先祖灵台的绝大部分地方，而在户县秦渡镇北还有灵台的夯筑遗迹。

据《史记·秦始皇本纪》记载，秦始皇三十五年他在渭河南岸修筑了皇家园林——上林苑，象天法地，宏大奢华，皇家园林的体制得以初步确定。西汉时期继续沿用上林苑，在汉武帝时期，上林苑开始大规模扩建，其中种植了许多奇花异木，圈养了许多珍禽异兽，供皇帝或达官贵族观赏猎获。司马相如的《上林赋》通过描写皇家园林上林苑的壮丽及天子射猎的壮举，歌颂汉帝国一统天下的声威与气魄。作者也铺陈夸耀国都长安水利资源的丰富，说"终使灞、浐，出入泾、渭、津、漓、瘗、橘，纡余委婉，终营乎其内，荡荡乎八川，分流相背而异态"，这就是"八水绕长安"的由来。

到隋及盛唐时期，通过对杜陵及城南地区的完善，曲江已经成为著名的风景园林胜地，既有为皇家服务的芙蓉园，又有供平民百姓游玩的曲江池。"从《忆长安》等唐诗证明，在唐代诗人的城市印象中，唐都长安最具代表性的区域是曲江，不是龙脉所在地的大明宫与兴庆宫，因为曲江系盛唐文脉所在，处于龙脉与水脉的交汇处。龙首原是唐长安城的龙脉，曲江是唐长安城内最大的湖池，构成长安城的水脉[①]"。除了皇家园林，私家园林与寺观园林也已大兴。真正可以用"诗情画意"来描述园林，应该自唐代开始，那时真正的文人园林出现了。王维的辋川别业等私家园林，使园林脱俗为雅。苏轼在《书摩诘蓝田烟雨图》中说："味摩诘之诗，诗中有画；观摩诘之画，画中有诗。"而这诗画相通的源泉则是王维的辋川别业，诗画与园林早已不可分。

而白居易的《庐山草堂记》与《自题小草亭》都记录了他的一处私家园林庐山草堂，《池上篇》又记录了他的另一处履道里宅园。其中因势造园，取法自然；化大为小，小中见大；巧于因借，虚实相生；闹中取静，以幽克喧等造园法则至今对我们都很有启发。柳宗元在不完满的现实中写下了山水游记《永州八记》，在融入大自然的过程中排遣了内心的苦闷，也遗留了园林的艺术观。柳宗元的建筑观，注重社会价值，强调以节俭为本，在规划时也是旷奥相宜，值得借鉴。两座园林虽都不在西安，但都在唐文化的影响圈内，文化资源的遗存要多于自然资源，尤其养心自然的人性关怀与节约民本的人文关怀值得当今的园林建设者借鉴。所以当今的园林建设缺少民众的评价，没有文化学者的参与的确是欠缺的。唐之后，随着政治与商业中心的北移南迁，西安的园林也逐渐衰落，可是其中的文化规范与美学原则依然影响至今。

（二）西安园林文化中的中国美学规则

"桃花源"与"大观园"是国人诗意栖居的最好居所，也是中国园林文化的两种模本。桃花源更本乎自然，大自然是最好的造物主，而所有人文的设计在自然面前都是拙劣的。王国维说过，"以物观物，故不知何者为我，何者为物"。而今这种更为原生态的自然已经几乎绝迹，甚或没有，但却是人类永恒的梦。

而大观园是人化的自然，在人化的过程中遵循着美学的规则，属于园林设计的典范。那金陵十二钗的宅院更是各具特色，居如其人，每一个院子都带有主人的味道，形成不同的美学效果。潇湘馆的孤傲，蘅芜苑的典雅，秋爽斋的清爽，而李纨居住的稻香村是一处体现村落野

051

趣的院落。这应属于王国维所说的有我之境，"有我之境，以我观物，故物皆着我之色彩"。

可见，不管是"桃花源"还是"大观园"都体现了中国的美学规则：虽由人作，宛自天开的指导思想；曲折幽深，诗情画意的美学追求；山水花木，亭台楼阁的具体设计等。而中国园林不仅有自身的形式与美学，也带有每个时代特有的气象与氛围。

西安作为四大世界古都之一，永远是中国文化甚至东方文化魂魄的所在地。一个时代有一个时代的气象，汉代的气象与风格是大气、浑然、古朴。贾平凹所写的卧虎是守在霍去病墓侧的，也沾染着汉代的大气，"'卧虎'，重精神，重情感，重整体，重气韵，具体而单一，抽象而丰富，正是我求之而苦不能的啊！"这种拙厚，古朴，旷远之味影响着汉代所有的文学艺术等文化作品。而唐代的气象是大气得很恣肆，正所谓"盛唐气象"。

三、美学规则下的唐苑与汉陵

西安城南是历代王朝兴建园林的风水宝地，积淀了丰富的自然资源与文化资源。而今兴建的曲江属于国家级的文化产业示范区，尤其杜陵地区属于古园林的遗址，所以要重振中国园林的魅力，必须注重杜陵地区自然与文化资源的开发。从自然的角度来讲，这里有西安万亩都市森林生态园，可以改善西安空气与水的质量。城市不应只是高楼林立，而应佳木成荫。这里的文化资源也很丰富，诞生过很多历史文化名人，比如苏武、杜如晦、颜真卿、杜牧、韦应物等。

要重新绽放中国园林的魅力，就要遵循中国美学规则并在现代生态美学的指引之下造园构苑，营造诗情画意的唐苑与汉陵。生态美学虽由西方提出，却与中国古代文化息息相关，所以在这一点上有必要打通中西、融合古今，重新审视过于现代化的园林。园林不同于公园，所以艺术的准则更高。唐苑作为2011年西安世界园艺博览会的分会场，属于高起点的建造。苑里有古木、奇石、果木，也有锦鳞与盆景。而汉陵的开发要随物赋形，达到"虽由人作，宛自天开"的境界。如果说唐苑属于工笔式的设计，精致繁复，而汉陵的设计则要疏朗粗犷，以白描为主。

（一）工笔画下的唐苑

唐苑以"国际化、市场化、人文化、生态化"为发展理念，以古树、盆景、奇石、锦鳞、民俗艺术品、蓝天碧水等为元素，结合杜陵的自然与历史文化遗产，以弘扬中国盆景艺术为己任，最终建成中国北方最大的园林。事实上整个唐苑俨然是西安城的一个大盆景，怎样避免"病梅馆记"的病态理念，不拘一格将风光聚集于此，精致却又不失大气，体现出盛唐的气象与风格，应是唐苑思考的课题。

1.古树古意，刚健雄浑

树人与树木一样，是需要有历练与积淀的，成百上千年的古树是有灵性的，犹如年长的老者给人们以佑护。而树和人在一起时间长了，不是树影响了人，就是人影响了树，树与人的生命同在，因此毁树也就是毁人。唐苑移栽了两万多棵几百年到上千年的古树，有灞桥垂柳、关中古槐、秦岭黑松、神农紫薇、千年银杏、百年皂角，这些树使这座现代人建造的园林充满古意，而且颇具阳刚之气。而且这些古木也都承载着陕西风土人情与中国传统文化，灞桥垂柳承载的是古人折柳送别的情谊，关中的古槐虽不是山西的大槐树，却能勾起人们的家园之感，借以抒发思乡之情，在物欲化的都市生活中寻找新的根基。设计者要挖掘出这些古树的文化内涵，给品鉴者留下回味的空间。

2.奇石古器，姿态各异

（1）奇特的毛石

叠石堆山是中国园林建造的美学追求，所以有园不能无石。而且品石如品人，有痴、瘦、顽、丑之别。唐苑里的石头与瘦、皱、透、漏的太湖石不同，其毛石更厚重而且有历史故事，比如那"盘龙驾云石"，自然凸起的石纹下方如云雾缭绕，上方如巨龙盘旋，文人们由此演绎了一段汉宣帝的故事。还有霍光的太师石椅、王昭君的泪花点玉、汉宣帝的王者试箭。因地缘关系，这些奇石演绎的都是汉人的故事。

（2）朴拙的石像

石像主要有石羊、石虎、石狮等，这些石像并非出自名门，由学院派的艺术家雕琢而成，而是来自民间的手工艺人，自然就有一股来自民间的乡土气息，体现普通人对美的追求与向往，虽不精致，却很朴拙。这些石像是中国式雕塑，在力与美的较量中更多体现出浑然一体的意趣，而不是力量感与神奇性。比如，憨态可掬的石羊体现了国人祈求祥瑞之气的心愿。石虎与石狮的雕刻更加写意而非写实，西方石雕的狮子都比较威猛强盛，亲切不足，而这些石虎石狮则比较亲和，便于护佑国人的门户与风水。

（3）古朴的石器

唐苑里最让人欣喜的是它收集了很多农家石器，这些都是当年农家生产劳作时必用的器具，现在看来就很有历史感与农家味。那些拴马桩、饮马槽、石缸、石臼、石条、门墩、碌碡、磨盘等，自有一种野趣。而且马槽

摄影／王艺玮

里不撒草料，种植各种荷花、睡莲、水仙，别有一番风味。碌碡成为盆架，石条石碾石磨铺就的道路，较之现代柏油马路，具有很大的反差，意味深长。"在德国，一些人行道、露天停车场和公共广场，也常采用铺杂草的方式：露草方格砖，地砖草皮拼接型地面，这样既有利于植物生存，便于雨水对地下水的补充，又保持了环境的洁净[②]。"这样的理念在唐苑也有体现，而且运用得更加自如，既利于萋萋芳草的自然生长，又没有土路的泥泞，还显得古朴。拴马桩也从实用走向美观，成为装饰品。

3.湿水枯水，虚实相间

因为这里天然的水资源匮乏，所以只能用人工取水法取得活水，既有小瀑布，也有小溪流，里面还养有锦鳞。有了水，园林才有灵气。曲折自然的水岸，蜿蜒的小路，人与水的亲和，行走在其间更是怡然自得。

可是园林的设计毕竟要因地制宜，所以除了引用活水，还引入了枯山水景观，从而使得唐苑虚实相生，充满禅意。"枯山水景观的引入是唐苑因地制宜、弥补场地先天不足的一大亮点……其做法是用精心筛选的细砂在地面上铺设，形成虚拟水面，四周再用软管与藤条围成不规则的图案，象征为水岸；中间用几尊石块或片片草坪，虚拟为岛屿或方洲；或在干涸的沟洞抹上水泥、留有条痕、卵石或苔藓，虚拟成溪流河道等[③]。"

总之，唐苑是中国式的园林，不是现代化的西方园林，不仅有古意，还有野趣与禅味。可是，大唐风范在唐苑的整体气韵与风格中是如何体现的，还不太明了。

（二）白描画中的汉陵

中国艺术追求的最高境界就是传神。国画中最为传神写意的就是白描画，追求的是整体的意境与情趣。汉代的卧虎所体现的是整个时代的苍古之气，而苍古之境也正是汉陵构园的灵魂所在。因此既要从大处着眼，要有开阔的视野与胸怀，也要从小处着手，精工细作。

（1）汉陵的大忌：现代化的公园

尊重是一种态度，更是一种精神，汉陵的建设一定要有对历史的尊重，这应是一个基本原则。朱光潜说过，艺术化的人生是慢慢走，欣赏啊，而艺术化的园林自然反对人力的造作与穿凿，讲究的是曲折幽深而非直露夸张，在小中见大，以少胜多中慢慢地欣赏而非快速地消费，这样就可以使人在暂时远离沼气池中获得一种复得返自然的情趣，从而领略平淡朴讷的整体气韵与风格。

首先一定要最大程度的保护汉陵的地形、地貌、植被、石碑等，不能断了山脉，斩了龙脉，去了神气。除此之外，还要注意周围环境的和谐，这样汉家陵阙才会有生命与灵魂，不会在钢筋水泥的压抑下变成盆景。任何现代化建筑，诸如烟囱、厂房、高层建筑、电线杆子等都不能建在周围，不能挡了登上汉陵极目远眺的视线。

而在建设与汉陵有关的基础设施时，要慎重，不能喧宾夺主。新建筑体量要小，不能造成山小楼大，山低楼高的局面；不能把汉陵与生俱来的以土为主的苍古之意改成无土可见满口金牙的恶俗形象；地面道路避免修柏油路。要在新旧冲突中一定尊重古意，而非一味求新求变。

景点不宜贪多，如果设计了很多的景点，而每个景点穿凿附会的地方很多，并没有丰富的意蕴与情趣，那就不如精炼一些有意思的景点，达到以少胜多的目的。登上汉宣帝的陵园，要使游人发思古之幽情，对话古人，对话历史，反观现实。

艺术化的园林讲究小巧而非庞大。汉陵自然要大气，但大气并非靠大尺度的建筑来完成，大花厅、大道路、大广场、大喷泉、大餐厅、大宾馆等，以大为尚，无可厚非，但是这样的大如果更多传达的是一种平面化的感受，缺乏亲和力，没有含蓄蕴藉，没有达到景尽而意无穷的回味余地，则不可取。

粗制滥造易为，精致繁复难做，平淡朴实更难做。"恽寿平论画：'青绿重色，为浓厚易，为浅淡难。为浅淡易，而愈见浓厚为尤难。'造园之道，正亦如斯。所谓实处求虚，虚中得实，淡而不薄，厚而不滞，存天趣也。今经营风景区园事者，破坏真山，乱堆假山，堵却清流，易置喷泉，抛却天然而善作伪。大好泉石，随意改观，如无喷泉未是名园者[4]。"汉陵的山为土山，尊重原貌，水为远水，可以巧为因借。在西安市闹中取静，以静克喧，城市山林，两得其宜。汉陵如若建大门，不宜开门见山，须有前奏，缓步入园，起承转合，渐入佳境才为正道。这样就可以使人们在紧张的生活之余于艺术化的园林中得到暂时的缓解与休憩，尤其是在物欲化的都市生活中寻找新的根基，使园林成为人们的绿色家园。

（2）汉陵的大宜：有自然之理，得自然之趣

"南方才子北方将，陕西的黄土埋皇上。"得天独厚的汉陵是古人留给我们的一份无价遗产。古代皇都的选址是很讲究的，西安作为十三朝古都，背靠秦岭，面朝渭河，八水绕长安，历来就是风水宝地。而阴宅是安葬先人，庇佑后人的，所以也很讲究风水，包括地址、方位、走向、环境等，何况是一代帝王的陵墓。而今汉陵荫泽的不光是刘家，更是陕西人乃至国人。

名不正则言不顺，园名要讲究名副其实。"过去有些园名，如寒碧山庄、梅园、网师园，都可顾名思义，园内的特色是白皮松、梅、水[5]。"汉陵可谓汉陵原，这既符合其特点，又与其他园林相区别，也点出了西安的地理特征。西安地处八百里秦川，一马平川之上有很多的台塬，比如龙首原、乐游原、白鹿原、杜陵原等。况且"原"字又与"桃花源"的"源"、"大观园"的"园"谐音，可以通用。

在自然的开发上，西安城要原生态地保留一片土地，一片树林。"日本京都有一条河叫鸭川，这条河没有经过任何加工，河边也没有用水泥砌成一个庭岸，芦苇丛生，

河中心是一座座高低不平的裸石滩，而且河的这边到那边还有石跳，非常美。长沙有一个巨石州，它另一头是福加州，也是野性的，没有游客去，只有几座农舍，还有一片片农民的菜地，有大量野生芦荟和沙滩[6]。"我们应该对此加以借鉴，留住汉陵原的植物生态，比如野菊花、野酸枣等。

汉陵是土山，山贵有脉，要栽有特色的花木，形成自身的风格。这里的花木等宜古不宜新，一定要有姿态，这样才能经得起细细地品味与推敲。

造园要留有余地，以便读者细加品读。比如四季山川，应春有春意，夏有夏气，秋有秋色，冬有冬骨；一日的品味，清晨有清晨的清澈，午后有午后的暖阳，夜晚有远离尘嚣的静定，等等。除了鉴赏野趣，还要能品读历史，使自然开发与文化开发合二为一。为此可以在这里兴建古建筑，兴办传统的书院，教授传统文学，举办高层的文化论坛。此外还可以仿照古人的方式，把雁塔题名、曲江流饮等仪式重新开发出来，使这一文化资源有新的生命力，成为现代文人的聚集地。

除此之外，还应接通中国的文化血脉，活化中国传统的节日仪式。农历节日记录的是中国人的情感仪式，可是现在过节只是给嘴过节。古代重阳节素有登高望远的习俗，是文人的一种寄情方式，而这里的高台正是游览或解忧的好去处。因此在这里过重阳节，可以承载国人祭奠与怀古的情感，也是弘扬传统文化的一种很好的形式。

注 释

① 李令福.龙脉、水脉和文脉——唐代曲江在都城长安的文化地位［J］.唐都学刊,2006,4.

② 徐恒醇.生态美学［M］.西安：陕西人民出版社,2000.

③ 祁嘉华.醉眼看建筑（"建筑的三个看点丛书"之一）［M］.上海：同济大学出版社,2010.

④ 陈从周.说园［M］.济南：山东画报出版社,同济大学出版社,2002.

⑤ 陈从周.说园［M］.济南：山东画报出版社,同济大学出版社,2002.

⑥ 陈望衡.城市——我们的家［N］.光明日报,2008-12-11.

作者简介

樊娟，西安建筑科技大学文学院讲师。祁嘉华，西安建筑科技大学建筑文化研究所所长，教授。

世界商埠文化名城广州跻身"世界历史文化名城"之路径

杨宏烈

（广州大学广州十三行研究中心 广东 广州 510006）

摘要：从"历史"、"文化"、"名城"三方面论证了广州可谓千年海上丝绸之路的世界商埠文化名城，拥有海丝文化、华侨文化、革命文化、改革文化、岭南文化等个性特色，是当代中国海洋文化中最为活跃的部分。当代海洋文化必将对中国文化母体本身的发展与创新产生极为重大的影响。广州依靠商埠文化城市的优势，跻身世界历史文化名城之列，应该是可行的。

关键词：广州；商埠文化；世界名城；保护复兴

Abstract: This article proves the legitimacy of Guangzhou to be a world hub of commerce and culture on the Marine Silk Road from the perspectives of history, culture and fame. Guangzhou has a rich culture imprinted by the culture of Marine Silk Road, the culture of overseas Chinese, the culture of revolutions, the culture of reforms and the culture in South China. Guangzhou represents the most dynamic part of China's marine culture, which has a great influence on the development and innovation of Chinese culture. With its advantage of being a hub of commerce and culture, it is feasible for Guangzhou to become one of world famous cities of history and culture.

Key words: Guangzhou; culture of commercial hub; world famous city; preserving and reviving

055

摄影／王艺玮

"世界遗产城市"（World Heritage City or Town），是世界文化遗产的一种特殊类型，特指某一类历史地区（Historic Area）与其所代表的历史生活特征，以及所记录的某一时期的社会文明和多样性的文化活动。世界遗产城市，也是联合国教科文组织认定的，给予对人类具有重要历史和文化价值的城市的极高荣誉[①]。

世界历史城市联盟于 1987 年成立，是致力于全世界历史名城联合工作的国际性组织。

目前有 61 座历史名城加入该组织，包括库斯科（秘鲁）、东京（日本）、耶路撒冷（巴勒斯坦）、罗马（意大利）、雅典（希腊）、巴塞罗那（西班牙）、西安（中国）、伊斯法罕（伊朗）和非斯（摩洛哥）等。

广州能否成为世界遗产城市、世界历史文化名城，能否从当前广阔的社会背景出发对城市发展定位和发展道路作出这样的选择，需要深入研究。

一、准确的历史定位：中国第一商埠城市

对广州的发展定位曾提出过许多口号："国际化大都市"、"地域性中心城市"、"花园城市"、"山水生态城市"、"国家中心城市"。不难看出，这些称呼似乎都在说明：要让广州在全国、全世界占有一席之地，要有一个准确的定位。然而上述说法并没站在世界的高度，从历史文

化渊源的角度指明城市的精神实质、道出发展的来龙去脉，指明城市的目标特色，令人不知所终。

我们常常与其他城市比，比 GDP、比招商引资、比引进项目、比高楼大厦、比广场、比拆迁，那是比不出什么名堂来的。在现代城市发展中充分发掘历史文化的优势是历史文化名城首先应该做的，因而建设"世界历史文化名城"对中国名城来说，是一个富有远见卓识的、有重大意义的决策。"世界历史文化名城"的定位从一开始就强调了城市整体发展上的"争先进位"。在全球语境中，希望在新一轮的城市发展中胜出一筹，因而要求这一定位不但相对准确，还要十分科学及时。

城市特色是由一座城市的历史、文化决定的。每一个城市都有一定的历史记载，然而广州要想成为一座国际名城，必须站到世界的高度，认识自己丰富的历史文化特质，科学定位、定向、定性，给世人"广州就是广州"的印象，而不是某个随意的口号。

"世界历史文化名城"的"世界性"或"国际性"，更多的是体现在与各国名城所具备的共性规律及其个性特色的对比关系上，在乎将城市丰厚的历史文化转化为现实的发展要素、旅游资本、交流名片，并成为现代城市建设的本质灵魂[②]；在乎历史文化必须能带来城市的发展优势，参与 WTO，遵循世界通则，融入国际社会，用文化促旅游、促交易、促交流、促共赢。

广州——世界千年海上丝路第一商埠名城、帝国商都、中国门户、唐蕃坊、清"十三行"、鸦片战争、"西风东渐"、太平天国、康梁活动、黄埔军校，中西文化的碰撞地与交流的桥头堡、大陆文化圈与海洋文化圈的相切点，因商埠的开放性而成为中国近、现代社会转型的肇始地——这是历史凝聚成的广州城市文化本质特性（图 1）。

今后的发展方向、目标特征，虽有多元因素发生影响作用，但上述城市的文化本质，恐怕不会有大的改变。"广交会"、南方大港、"港澳台"联系、600 万华侨背景、汪洋大海似的"粤商"团队、世界流行的南粤语系等众多物质与非物质文化构成要素，依然把广州形象摆在中国"第一商埠"的展台上。打好"千年商都"这张名牌，亮出世界"海丝文化"的旗帜，勇敢地迎接改革开放的目标，广州将"中国第一国际商埠世界历史文化名城"作为自己的定位，可以毫不犹豫地肯定下来。

这一定位，对未来的城市发展可以起到引导、把脉、促进、扬长避短的作用。对国内某种随意性的"长官意志"、时髦性的"宏伟口号"、狭隘性的利益追求，可以度量权衡，检验是否符合这一"世界名城"的逻辑原理，从而

图1　广州：具有两千年海外贸易史的商埠城市

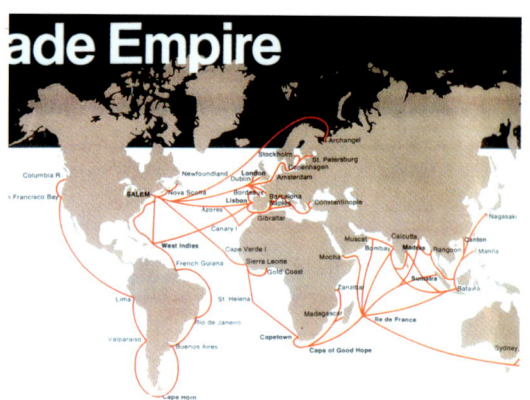

图2　广州是世界"海丝文化"网络上的重要商埠

获得少折腾、不折腾的效果。

二、特质的商埠文化，永远的世界名城

广州素有"四地"之说——岭南文化中心地、海上丝绸之路始发地、近现代革命策源地、改革开放的试验地。深化"四地"比较分析，广州的特质更应定义为商埠文化，永远的世界名城。

"丝绸之路"分陆上丝绸之路和海上丝绸之路。狭义的说法，后者就是借助中国特有的丝绸等商品沟通中国和西方的古代航（通）道，即中国的海洋文化发展之路。广义的说法，可引申为欧亚非美各洲各国的对外开放、文化交流、国际往来与通商贸易活动（图 2）。

从国际关系学的视野看，"海上丝绸之路"货通万里重洋，情系亚非欧美，两千多年来，对各国人民的友谊与世界文明的发展作出了伟大的贡献。广州是世界商贸链网上的一个有机组成部分。秦汉时期，广州即为岭南海上门户，"番禺（广州）其一都会也"（《汉书·地理志》）。吴晋南朝海上丝路形成，广州确立了南海交通枢纽的地位，"斯诚海岛膏腴之地，宜为都邑也"（郦道元：《水经注》浪水条）。隋唐"广州通海夷道"，所到之国 100 多个；海上丝路极盛，已成国际著名港口。蕃坊十万家，已有市舶使之设；国门敞开，条条道路通李唐（《唐会要》卷 62《御史台谏》下）。五代动乱，余广州，仓廪足。宋元时期，设市舶司，"夷舶往来，百货丰盛"。元代广州比

威尼斯大 3 倍，藩国 145 个之多（陈大震等《南海志》）。明清之际，广州是中国长期对外开放的环球贸易唯一港埠，"帝国商都、天子南库"。从近代社会到现代社会，依旧是按商埠城市的方向在运作、发展。

从国内城市分类学分析，广州是一座有着 2200 多年建城史的河海型港口商埠城市，具有悠久的海洋航运史，87 年的"一口通商"外贸史。开放的地理条件与活跃的人文思想，孕育了独具海洋特色的岭南文化，由此引来 100 多年的近现代革命沧桑史。历代城址相互叠压，文物古迹璀璨，于 1982 年被国务院公布为国家级历史文化名城。相比其他城市鲜明的外向型、包容性、先发性等特征，广州向世人更加凸显出"中国第一商埠文化名城"的形象。

从"四地说"的时空因果来看，只有"海上丝路始发地"一说属于最为本质的论断，它且具有世界性的空间概念，涵盖整个城市文明史的时间范畴，确定了与"策源地"、"试验地"的因果关系，厘定了"岭南文化"开放性、中心地形态的发展依据，由此形成了一个具有特征性的文化肌体——"海丝文化"体系。其他"三地"均受此"地"影响，并以此为前提条件。无论从广义还是从狭义的角度来看，广州的"历史"、"文化"、"名城"诸要素之内涵与外延，都宜归纳为"悠久的商埠文化，永远的世界名城"。其美学构成可有如下几点：

（一）越是地方的，越是世界的

海丝文化为中国文明古国对外交流、发展做出了重要贡献。广州有许多美丽的传说，标明了这里的人民很早就进入了文明的时代，使广州成为岭南文化的中心地。"穗城"、"羊城"、"五羊城"、"仙城"、"花城"，这一系列雅称、美名，蕴涵着广州无限的魅力和丰富着人们美好的想象。独特的区位和自然条件本身也是一种名誉资源。凡有粤语必唱粤曲。独特的粤语乡音，是联系世界客侨粤民的纽带。广州在这样的一个语境中生存和发展，是任何其他力量动摇不了的。广州语言景观是地方的，同时又是世界的。

（二）越是历史的，越是生机勃勃

广州老城的国际形象是古代城市近代化的宝贵历史文化遗存，是中国骑楼建设史上巧夺天工的杰作。"五岭北来峰在地，九州南尽水连天"，"六脉皆通海，青山伴绿城。"广州古城山水相依、内外融合，大气又秀丽、刚性又柔情。汇集（东江、北江、西江）三江文化即珠江文化之精髓，以独特的地理优势赢得历史对"越城"、"坨城"、"任嚣城"的肯定，对顺其发展之势而形成的"东

西双城"、"宋三城"、合大风水的"明清城"等的赞誉。世界航海时代国际认定的东方商埠"Canton"的城市景观，就是以此为特征而发展的。众多的海丝文化古迹遗址，构成一部活着的海外贸易史。没有古城，就没有商埠文化；没有古城，新城就显得肤浅、缺乏厚重感。

（三）越富商埠性质，越易融入世界

广州是中国具有国际性影响的海上丝绸之路始发地与首善文明之区。十三夷馆的滨江风光享誉全球；"十三行"在世界贸易发展史上、中西文化交流史上发生过重要作用。素有"千年商都"之称的广州因海上商贸活动，造就了 600 多万华侨分布世界各地[3]，同西方 100 多个国家长期的亲情及商务来往，使广州在国际上具有相当的地位和影响。广东会（省）城是一艘永不沉没的大海船，首先驶入了商品经济蓝色的海洋时代。今后广州也可成为完全性国际化自由贸易城市，"中国第一通商口岸城市"非广州莫属。

（四）越是先进的，越是普适的

因为口岸城市先得民主意识的熏染，广州才成为中国近现代革命思想的孕育之地与革命之举的策源地。撕碎两千年封建社会大僵局的鸦片战争发生在广州，带来了中国社会的大变局。城市格局与骑楼建筑的兴造，体现民主建国、发展商业、关注民生、科学强国的开放思想。摧毁 5000 年封建制度的民主思想的萌发和鼓动，发动对封建专制统治复辟的冲锋战斗，也都多次发生在广州。康有为变法、太平天国运动，孙中山领导辛亥革命、北伐战争……等无不说明了广州乃接受人类先进思想、放眼世界文明窗口，为推动中国社会的发展，起了划时代的作用。

（五）越有个性的，越是多元的

因为毗邻同声和气"一国两制"的港澳，因为具有长期海外互动关系的优势，当长期封闭禁锢的绳索一旦解除，广州则释放出巨大的活力，产生了对全国乃至世界性的影响。还是由于商埠城市的特质，广州演绎了"改革开放"试验地的故事，成为中国经济的先进模式。"得风气之先，开风气之先"这样一种喜人的社会现象，正是广州作为一个长期的世界商埠文化城市本应具有的历史使命。

三、保护名城文化遗产，制定世界名城战略

"说不清"的城市往往是缺乏特色的城市，任何世界

名城都有自己的特色④。像水上之都威尼斯、港口之都鹿特丹、旅游之都夏威夷、建筑之都罗马、音乐之都维也纳、雕塑与绘画之都佛罗伦萨、电影之都洛杉矶、时装之都巴黎、啤酒之都慕尼黑、博彩之都拉斯维加斯、狂欢之都里约热内卢、汽车之都沃尔茨堡、会议之都日内瓦、金融之都苏黎世、大学城之都海德堡、论坛之都达沃斯、会展之都汉诺威、钟表之都伯尔尼、文学与艺术之都爱丁堡、赛车博彩邮票之都摩纳哥、体育与酒店业管理之都洛桑、软件之都硅谷、新艺术之都毕尔巴鄂，等等，无不具有自身的特色。那么如何寻找广州的城市特色呢？

城市主题文化定位是建立在城市宏观层面的政治、文化、经济与国际化城市讨论基础上的，一种更加精确、更加精炼、更加精准、更加核心的基本概念与表达方法。城市特色是城市最本质的特性、最生动的个性化反映，也是城市最现实的形态、最特殊的资源，更是城市最鲜明的发展主题。城市有了主题文化定位，就极有可能在世界城市符号谱表中占有清晰的位置，在万千个城市中瞬间被人识别出来，在世界万千个城市意向中具备独一无二的品性，在人们的标志识别系统中，具有过目不忘的形象——与玻璃大厦无关、与 GDP 无关。

058

因此，广州名城的保护与建设，必须做到"先挖掘再论证，先论证再规划，先规划再建设"；如此保证选择准确的题材、把握正确的体裁，使广义的"商埠城市"思路不走题。

（一）突出岭南特色，全力维护海洋文化的城市建筑风貌

海洋文化有待未来发扬光大。百越海洋文化之盛，可见《山海经·海内经》："梁谣生番禺，是始为舟"。西汉时的广州就以海岸名城列为九大都会之一。广州应突出海洋文化的城市形象，保持特定的城市文化行为和开展相应的城市文化活动，使之成为广州城市形象推广的重要内容。南海的天文地理是"花城"的根源。广州的南海神庙（祠）、圣怀寺、妈祖阁等民间航海祭祀活动，与"水"相关的人文传播内涵丰富。老城的建设要用减法，突出做好"山、城、江、田、海"的景观与千年商都的有机结合，重视古海岸地理要素遗存、遗址公园建设。新区的开发，也要注重塑造城市的商埠特色，努力使建筑成为艺术，成为可供观赏的景点。具体项目中分布全城的骑楼街（图3）、黄埔古村的外贸古港景观（图4），本身就是商埠开放的产物，可以鲜明的特色反映古城商都的地域特质与生活风情，展示出广州浓郁的亚热带风

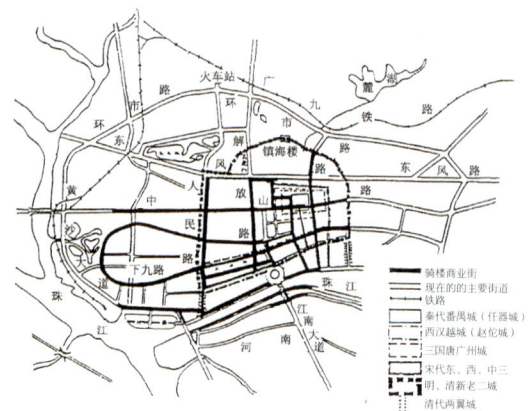

图3　分布全城的骑楼街：典型的商埠城市景观特色

图4　黄埔古港：商埠城市的外港，并孕育了联系全球的"黄埔文化"

光与商业氛围，成为国际化自由生活之城、免签国际自由旅居之城。

（二）运用历史遗存，全力彰显"海丝文化"的艺术魅力

广州古城、西关是广州几千年文明的积淀，省级以上文物古迹有63处，市级文保单位169处，这是创建世界历史文化名城的宝贵资源。因与"海丝文化"联系密切，须进一步挖掘整理，以多种方式亮出来、露出来，使之成为广州向世界展示的一张张名片，以文气聚人气增名气。特别是十三行夷馆遗址商埠文化博物馆的兴建，可以将当年繁荣昌盛、万国旗飘的十三行国际性风光再现出来（图5），弘扬 WTO 传统精神，促进广州同世界各国持续性的通商往来。除了夷馆遗址，所有与十三行相关的历史文化保护区或文物遗存：百千海舶停靠的粤海第一古港、悲金悼玉的行商园林海山仙馆、位于南华西街的行商家祠潘家大院、当年外商海员定期游玩的海幢寺及花地湾遗址、各个时期的粤海关大楼建筑遗址遗存、会城三塔遗址公园，中国第一个外资企业——科拜船坞修造厂（图6），都应该适时适地加以保护开发利用起来。欣闻广州欲与泉州、宁波、蓬莱、扬州等通商口岸城市联合申报"海上丝绸之路"世界文化遗产，一旦这一申报能够获批，则广州成为自由贸易港口城市指日可待。

十三行遗址
商埠旅游资源的闪光点

图5 十三行夷馆：一道风靡全球的风景线

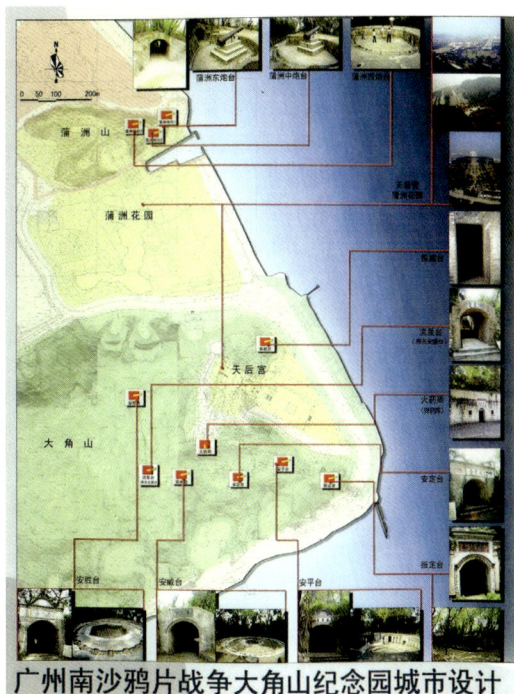

图7 炮台群大遗址公园：记载着一次重大的国际事件，影响上下五千年的中国

（三）通过传承创新，展现一批有国际影响的名人名事遗迹

影响社会进步的重要历史人物、事件往往世界著名。广州有鸦片战争遗存的与众多民族英雄人物相关的从虎门到广州沿江数百座炮台串联而成的线性文化遗产（图7），有康梁"万木草堂"遗址、有世界名人孙中山先生的十多处革命胜迹景点，有享誉世界、联络全球的黄埔军校旧址，有东方的释迦牟尼六组遗迹；有世界著名铁路工程师詹天佑故居及其设计的火车南站，有与世界对话的历代国门窗口"广交会"系列遗址（图8），有流传海内外、根脉紧系广州的粤剧粤曲八合会馆……这些珍贵古迹亟待抢救复修。从事历史文化遗址的保护，再现这些历史文化奇观，打造既具有心灵归属感、又具有国际影响力的自由宜居生活港，用名人文化品牌，日益扩大名城效应。

（四）敞开城市胸怀，多方面推动积极进步的华侨文化建设

中国华侨，特别是广东、广州的华侨，不但为中国的社会近代化、民主革命进程，发挥了关键的作用，做出了不可磨灭的贡献，而且在广州产业近代化、工业化、

图8 当代广交会：开放的国际市场 传承着千年商脉

广东的乡村城镇化、城市化，广州城市建设的近代化、早期现代化，以及改革开放的后现代化启动与发展过程中，作出了不朽的贡献。广州与华侨的关系密切、普遍、多元、深刻、历史悠久，而且还留下许多纪念性、代表性、甚至是划时代性的文物建筑遗存或革命丰碑（图9）。是他们带来了海外新思想、新观念、新技术和雄厚资金，帮助和支持国内的革命和建设，同时也将中华传统文化传播到世界各地，促进了世界文明的发展。广州是国际商埠城市，华侨文化表现特别突出，华侨的贡献也特别大。做好华侨文化事业，可以为打造广州世界名城发挥更大更好的桥梁纽带作用。

图6 科拜船坞：中国第一个外资企业

059

广州南沙鸦片战争大角山纪念园城市设计

图9　近代革命纪念性陵园：记载着海外华侨的丰功伟绩

（五）通过文化杂交⑤，努力营造国际性视野的城市文化氛围

文化是演绎城市环境氛围最好的内容与手法，也是文化交流传播的最好形式。一个城市文化景观的内容除一些具体事物外，还有一种可以感觉到、而难以表达的无形气氛。它往往与宗教教义、社会观念和政治制度等因素有关，给人一种抽象的观感⑥。应该使这种感觉让所有到达广州的游人从名城仅有的历史街区的环境艺术之中情不自禁地感受出来。她的雅称可能很多——岭南花城、千年羊城、南国明珠、骑楼之城、粤剧之乡、会展之都、南方大港、万邦口岸、天子南库、帝国商都、首义之区、改革之地、自由旅居之城等。这些方方面面集"万千宠爱在一身"，抓住城市主题文化特色——国际千年海上丝绸之路中国第一商埠世界文化名城，统领全局，广州可望跻身"世界历史文化名城"之列。

四、结论

商埠文化就是海洋文化，开放性、普适性、交流性、公正性是其特色。这是广州取之不尽、用之不竭的"城市文化资本"⑦。海洋文化将在黄土文化的背景上崛起。具有千年海丝文化的广州实乃中国第一商埠名城，近代始虽在产值上让位于上海，但本质特征并没有重大改变，始终活跃在世界商贸舞台上；作为中国式"文艺复兴"之城，或许在新一轮的社会政治体制改革中，再次发挥"得风气之先，开风气之先"的历史使命先锋作用。秉承中

国海洋文化即当代中华文化中最为活跃的部分，必将对中国文化母体本身的发展与创新产生极为重大的影响⑧。城市以文化论输赢。"改革开放"的文化事件将使广州永久立名于世界。保护复兴广州商埠文化的岭南本土化形象特色，从广义上打造世界自由商埠历史文化名城将是一个正命题。

注 释

① 南京市委宣传部．关于把南京建设成世界历史文化名城的总体研究［R］. http://www.sina.com.cn，2004 年 03 月 05 日 16:31 龙虎网．

② 朱晓进．"世界历史文化名城"是一项系统工程，需要确立阶段目标分步推进［N］. http://www.sina.com.cn，2004 年 03 月 05 日 16:31 龙虎网．

③ 冷冻，赵锟，庞洁．民国时期华侨华人与广州社会经济发展研究［M］. 广州：广东经济出版社，2010，7．

④ 幽兰操．城市文化景观［J/OL］. http://blog.sina.com..cn/kkbrs，新浪博客．

⑤ 李晓明．"杂交"亦为文化发展之要旨——张忠培《文化杂交：广州的过去与未来》读后［J］. 中国文物报，2011，8．

⑥ 城市主题文化与名牌城市战略［J/OL］. http://blog.sina.com..cn/kkbrs，新浪博客．

⑦ 张鸿雁．深圳城市发展战略定位的批判研究：中国改革试验场再创新（上）［M］. 中国名城，2011，4．

⑧ 广东炎黄文化研究会．岭峤春秋——海洋文化论集［M］. 广州：广东人民出版社，1997．

作者简介

杨宏烈，广州大学广州发展研究院旅游文化研究所所长，广州十三行研究中心副主任，建筑与城市规划学院教授。

CUR

Urban Industry Space and Urban Regeneration

城市产业空间与城市更新

天津滨海新区文化建设的策略展望*

刘华龙　肖　菲

摘要：本文从天津市滨海新区文化建设的角度，在分析天津市文化渊源的基础上，对滨海新区文化建设的物质、制度和精神等三个层面的策略实施进行了展望，大胆提出，新区的文化建设应放弃以海河为源头的内敛型文化，即放弃以海河漕运思想为代表的平民文化，彻底摆脱小富即安而不求上进的心理，建构起以渤海为起点的开放型的先进文化。本文指出，文化建设全方位的创新，无论是对天津这座城市而言，还是对依附天津而生的滨海新区来说，其意义深刻而悠远，定会提升滨海新区乃至整个天津市的城市文化品位及天津市的国际影响力。

关键词：海河；滨海新区；文化建设；扬弃；创新

Abstract: Firstly, from the view of TianJin city's new coastal region culture construction, based on analysis of cultural origins, the paper gave an outlook for the material, institution and inspirit three aspects construction of new coastal region. Secondly, the paper proposed boldly that the new coastal region culture construction should abandon the lower-class culture dross whose typical representative is HaiHe canal transport thoughts, and completely get rid of the being content for a little happiness; seeking no improvement parochialism, also should construct open and advanced culture which origin from BoHai sea. Thirdly, the paper point out that the culture construction comprehensive innovation is profoundly significant for new coastal region attached to TianJin, and the construction will promote the new coastal region even the whole TianJin's civic-culture quality and it's international influence.

Key word: Haihe River; new coastal region; culture construction; sublation; innovation

062

一般说来，作为商品经济发展到一定阶段产物的现代城市，其发展是与经济活动的方式和规模密不可分的，并一定会随着区域经济的发展与经济重心的转移而演变，但如果从城市的整体功能及影响力来看，则文化在城市发展中的机制或核心作用万万不可忽视。对此，奈斯比特在《2000年大趋势》一书中早有预言："在新世

摄影／张鸿雁

063

纪，文化的经济意义将远远超过人们的预料，其对地方整体经济具有乘数效益，将使城市发展大受裨益①。"另外，美国著名学者芒福德教授在其所著的《城市文化》一书的前言中，也对文化在城市发展中的作用作了概括，更重要的是对城市文化研究在学理上进行了深入的分析，他指出，城市经济的研究已受到"芝加哥学派"、"法国大学学院派"等的影响，"研究城市经济必然要涉及城市的文化，即城市空间、阶层群体、文化传统、移民迁入等很多方面的因素，尤其是在当代，对城市经济的研究要更加注重从文化的角度进行"②。也就是说，在经济与科技为主导的城市发展进程中，其竞争力势必会在文化上有所表现，而且文化也许是超乎寻常的因素。

在我国，一批中心城市已赢得了世界声誉并具备了建设国际大都市的基础，其中北京、上海、广州和天津等城市的综合实力突出，已经实现或基本实现了以发展工业经济为基本特征的第一次现代化，进入以发展知识经济为基本特征的第二次现代化。由于这些中心城市的迅速发展，我国也已相应逐步地形成了环渤海地区、长江三角洲、珠江三角洲三大经济圈或城市连绵带，表明中国的城市化发展战略已经越来越成熟。由于天津毗邻中国的政治中心城市北京，而且天津作为我国北方重要的工业基地，地处环渤海中心地域，是我国近现代工业的发祥地，具有较强的综合实力，尤其是具有雄厚的工业实力，对周边地区的辐射力和带动力自不待言，应该说已具备了发展成为重要国际化大城市的强有力基础。根据国家的战略部署，作为天津这个现代化国际港口大都市标志的天津滨海新区的建立，必将影响东北亚地区乃至世界经济的发展进程。但是，当我们紧锣密鼓地展开滨海新区的经济建设时，滨海新区的文化建设也必须提上议事日程。

俗话说一方水土养一方人，尤其是河流的影响更为重要，河流往往是孕育一个民族及其文明的起点，这一点已被历史所证明，譬如尼罗河孕育了埃及文明，恒河滋生了古印度文明，而黄河则是我们中华民族的发祥地。同理，作为天津人民形象甚至文化标志的海河，与这个已有 600 年历史的城市及其经济、文化也有着千丝万缕的联系。提起历史上的拱卫京畿，漕运江南，联洋开埠，无一不与海河有关。海河向东奔海而流，河边的人和海边的人共饮一河水，河通海，海连河，将天津市区与处于下梢的沿海各区连在一起。就是述说天津起源的"先有大直沽后有天津卫"以及"三岔口内孕天津"的民谣，也没有离开海河，而事实上天津在地理位置的构建上就是一个依海河的流向而布局的城市。

天津市是缘于明朝政权拱卫京城的目的而建立的军事卫戍机构，先军后民，再后就是由于开漕商运，商贸辐射数省，从而形成经济重镇。从文化基因的角度看，其整体文化传统中，无疑打上了守城军人之保平卫安的烙印，并进而形成了僵化与怕事的心态，而这种心态随着岁月的积淀，也就不可避免的发展成为"守土恋家"的思维定势。尤其是自明代以来历经几百年来天灾人祸而流落此地的难民，选择在这方土地扎根成家，一旦有了一个相对稳定的社会环境，很容易满足于现状，习惯纵向对比，容易小富即安，再加上无目的遍地广施的大杂院的建立，极具天津城市文化特色的平民（市民）文化由此发端。这也就是说，所谓天津的平民文化，无不以此发端。

与天津建卫的历史契机、地理位置、市民社会角色的历史演变等密切相关。

进入二十一世纪的今天，经 30 年改革开放的巨变，天津市已初步成长为国际化港口大都市。但令世人不得不感慨的是如今的海河已经今非昔比，往日九河下梢、连樯万里的天津经济早已不再独依海河，昔日诗人眼中的"晓日三岔口，连樯集万艘"的河上繁华胜景，已被两岸林立的高楼抢去了风头，一身集"七十二沽春水活"的海河，现而今只能作为旅游点以加强外地人对这个城市的认知，以及本市人对儿时吸吮母乳般的记忆。但无论如何，海河还在，城市传统依然，对于天津这个城市来说，海河从历史走来，造就过曾经的辉煌，但它必将流向未来，去创造更大的奇迹，而不论是从人文抑或是地理的角度而言，滨海新区都是必然的选择。尤其是面对文化的继承和创新，无论是对天津这座城市而言，还是对依附天津而生的滨海新区来说，其意义深刻而悠远。

一、滨海新区文化建设物质层面的策略展望

城市文化的物质层面，表现为一个城市的物质表象，是由城市外在有形的物质元素与符号构成的静态文化，包括城市建筑风格、道路设施乃至中心广场、园林雕塑等人工自然环境等，而最集中的体现就是城市的规划与建筑。从城市传统的角度看，城市的物质表象是城市文化的静态凝固或历史积淀这样的说法并不为过，这是因为城市的外在物质元素与符号不仅仅是一种凝固的音乐、立体的绘画、实用的雕塑，同时也标示着城市居民对外部社会的认知以及对自身心态的内省。这也就是说，城市文化所表现出的物质层面风格必然存在深刻的社会因素和地理因素，如生产方式的构成、经济基础的组合，以及地貌、河流、气候等，当然也就具有了鲜明且丰富的人文、经济、地域与时代的文化内涵特征。

海河的漕运曾经给天津带来经济的兴起，尤其是近代以来的通商海外造就了海河两岸商贸的繁华与文化的前卫。但是自改革开放后由于天津泰达经济开发区的崛起，客观上已形成天津市经济中心的东移，即经济中心离河靠海已成定势。此种情势当然也就不可避免的致使天津城市经济的结构调整，并成果斐然。而对于经历了近代以来工业重镇辉煌和荣耀的天津市民来说，思想意识与文化状态却仍停留在谨慎内敛与保守狭隘的巢穴之中。而滨海新区则不然，在保守传统还是开创未来的观念博弈之中，应断然选择后者。从新区文化建设物质层面的角度看，虽然历史给天津留下了丰厚的建筑遗产，

老城中既有赏心悦目的洋楼，也有平民色彩的大杂院，但一定要把握在传承的基础之上创新的原则。这是因为，新区城市文化物质层面的建设，不仅积淀于城市建筑之中，同时城市建筑反过来还会对新区市民的思维观念和行为方式起着或有形或无形的影响，至少是审美意义上的影响。也就是说，文化是城市的生命，也是城市建筑的魂魄，因为城市的发展过程一定伴随着城市文化的产生、传播、积淀及与外来文化的交融，而这些肯定会在城市的建筑中表现出来，于是，定会构成特定城市表现在外的文化特色。这说明，文化是塑造城市建筑特色的主要依据，著名建筑学家阿尔居说过：城市建筑的"特色是生活的反映，是文化的积淀，甚至是民族的凝结。"不仅如此，还影响着城市理念的铸造乃至城市性格和情操的陶冶并培育着城市的亲和力、创造力及竞争力。

滨海新区是建立在渤海岸边上的一座新兴城市，它依赖于海河而生，但它更面向东方，拥抱大海，尤其是泰达开发区所采取的完全是一种放眼世界的作为，因此在滨海新区文化物质形态的建设上，应该顺从这一趋势，要能够从传统的市民文化的窠臼中脱颖而出。也就是说，滨海新区的建筑形态，应更多地采用现代的公众化符号。而事实上我们在滨海新区的确看到了象征透明的玻璃幕墙，象征开放的大广场，象征新型政府形象的政府服务中心，以及象征公平与正义的高大庄严的罗马式柱廊。这一切不禁让我们想起华盛顿城以国会山为中心向四周伸展的民主象征意义，以及雅典卫城所表现出来的庄严而又不失亲民色彩的城市文化精神。由此我们完全有理由相信，在新区人民的辛勤努力下，滨海新区的城市文化物质层面的建设走向，必将立足在抛旧创新，但又不失传统的基础之上。

二、滨海新区文化建设制度层面的策略展望

简单地说，城市文化的制度层面是指城市制度管理中所蕴涵的文化因素，其中城市理念是城市制度文化中最本质的因子。这一点不难理解，因为城市理念通过制度直接外化为城市管理的职能组织和领导作为、城市整体的文化方向和文化成果、城市市民的文化倾向和人文素质，甚至外化为城市的规划和建筑。另外，城市理念也受着城市社会心理及意识形态的影响，所以一定有着对城市历史、文脉和传统的继承，但同时，其也制约着城市传统中的糟粕并创造着新的文化元素。当然，这与城市及其文化的开放度、包容度有关。

滨海新区制度层面的建设是一个系统工程，应建立

起既要符合精神文明建设的规律，又要符合滨海新区进一步开发开放要求的理念，坚持积极引领、反对消极顺应的方针，这既是贯彻落实科学发展观的题中应有之义，又是全球化语境下坚持人文精神和人文关怀的需要。这说明，城市的管理制度与城市理念是密不可分的。城市是在一系列的制度规范下运转的，尤其是在市场经济条件下，城市的经济活动往往受制于经济制度与经济政策，而经济制度与经济政策必然会被打上一定城市的文化理念烙印，这也就决定了人们往往通过城市理念来理解制度与市场的关系，也即通过城市理念来调整和适应与制度和政策的关系，所谓"文化搭台，经济唱戏"的本意就是如此。也就是说，文化理念的推动作用犹如铁轨之于火车，影响并推动着政府推行自己的制度和策略，所以从这个意义上来看，城市文化实际上所体现的是一系列的政府制度，而制度所表现出来的又是城市理念。由此可以这样认为，滨海新区文化建设在理念上的问题是最主要问题，这正如北京大学杨开忠教授所指出的那样："环渤海地区与长三角和珠三角的差距不在于经济实力与潜力，而主要在于文化观念所直接导致的体制上的保守，也即缺乏现代的文化意识[3]。"这种现象，不能不说是与政府所倡导的文化理念有着直接的关系。文化理念渗透在政府管理之中，从表面上看，政府的管理延伸向社会的各个层面，直接或间接地控制着我们的社会运转，然而文化却渗透在我们生活的各个层面，同时也影响着社会整体的发展方向。还应指出，滨海新区也是引进外来优秀文化的前沿，因此，滨海新区的制度层面的文化建设应以先进文化为主导，注重社会化、全民化以及国际化的理念。可以预见，文化的开放性与交流性应在新区内得到充分体现。滨海新区也定会成长为环渤海地区乃至中国北方的中外文化交流中心。

滨海新区作为新型模式的新城区，其城市文化的发展必须以发挥城市文化对社会活动与经济活动的规范调节作用为理念，使城市居民把对自我利益的追求建立在先进文化的基础之上，并将其引向正常的、良性的发展轨道。天津市政府及新区政府当以建立全新的文化理念为目标，对影响社会正常运转的各个层面，运用文化理念的影响力加以引导，从而达到完善与补充政府职能，进而达到和谐社会风气的目的。这就在客观上要求滨海新区的政府管理，在考虑以继承和弘扬本土文化中的优秀成果进行区域性文化制度建设的同时，下决心放弃其中的糟粕，展现面朝大海吸纳百川的胸怀，并把这种辩证的"扬弃"文化理念纳入到政府行政管理的构建之中，

摆脱落后的狭隘心理，在各项体制上以培育和支持"先进性"为主导，通过引进、吸纳、包容外来的先进文化因素的途径，促进个体先进文化素质的进步及整体先进文化的提升，推动滨海新区小社会小区域人文环境的形成，并进而带动整个天津市文化的脱胎换骨。在这种行政制度所包含的城市文化理念的作用下，城市居民的文化参与性定将不断加强，城市居民知道自己是国家的公民，对社会管理负有公民的责任，也定将让城市居民对自己城市的文明感到骄傲，进而对自己城市的管理制度感到自豪。更重要的是，城市居民也就愿意以文化的方式表达并实现自己的政治愿望。

三、滨海新区文化建设精神层面的策略展望

城市文化的精神层面是一个复杂的系统，至少包括了意识形态的因素（规范性）和社会心理的因素（非规范性），但这并不妨碍我们把城市文化的精神层面理解为城市文化的内涵或动态文化④。

滨海新区属于天津，更属于中国，但也属于世界。因此，滨海新区应根据国际交往的新需求、新挑战，建构与国际港口大都市相符的人文环境，以推进社会经济和生态环境的协调发展。具体到文化建设的精神层面，应该在弘扬优秀文化传统的同时，吸纳和包容能够代表世界上最能体现当代政治经济发展新要求的、最新时尚的、健康的外来文化，在此基础上构建与国际大都市相匹配的社会文化结构与时代精神风貌，培育具有国际先进水准、不断变革创新的冒险精神，以及开创充满活力与现代素质的开放化及包容性的人文环境，并将此与城市布局、城市景观以及人文生态系统有机结合起来，不断提高城市的人文环境质量，促进城市人文、资源环境与社会经济的可持续发展。无疑，做好这些方面的工作，定会提升滨海新区乃至整个天津的城市文化特征及其城市理念的国际影响力，其实这也是国际化大都市竞争力评判的重要人文标志。由此，在客观上就要求滨海新区精神层面的文化建设，必须认真考量原有城市文化中优势与劣势，发扬本土文化中"亲和、包容"的特质，放弃内敛型的文化糟粕，从而建构起全新的外向型文化。可以这样认为，滨海新区精神层面的文化建设既要有社会主义先进文化的内涵，又要有区别于其他城市和区域的特质。滨海新区，堪此重任。

相对城市文化的物质层面、制度层面而言，城市文化的精神层面无疑最能体现城市文化的精神内涵及个性特征，将其看做整体城市文化的非物质产物的总和也并

不为过，因为其中所包含的不仅是城市居民的思想观念、心理状态、知识水平、价值取向、艺术欣赏能力，同时也蕴涵着城市的伦理道德、传统风尚等。这就要求滨海新区在文化建设的策略中，必须充分考虑城市文化先进性的要义。这是因为，滨海新区的文化建设是随其历史而演进的，不可以也不可能一成不变。随着新区开放力度的加大，经济的发展及文化传播方式的丰富，文化本身也必然会衍生新的因素，所谓先进文化也就在其中了。谈到先进文化当然离不开创造，也即文化需要延续，更需要创新。不过，创新应以尊重城市历史文脉为基点，并以开拓城市未来发展为原则。这表明，滨海新区整体的文化建设，必须以提高城市居民的思想道德素养和科学文化素质为最高的价值取向。以"科学发展观"为指导，用辩证的眼光，对依海河而滋生的天津市原有文化中的历史糟粕进行坚决的扬弃，将滨海新区文化建设的未来走向定位于外向型，即以海纳百川的胸怀包容和鼓励各种先进文化的植入，并将滨海新区文化建设的具体操作定位于内造型，即从小区域、小环境、小社区入手，致力于新区居民思想道德素养和科学文化素质的优化，以此来指导、影响和支配城市居民的行为规范，并以此促进城市居民价值观及行为方式等的全方位提升。

注 释

*基金项目：本文为天津市艺术科学规划项目《天津市社区文化建设评价指标体系研究》（项目批准号：2010E10011）阶段性成果之一。作者为课题负责人。

① 约翰.奈斯比特［美］.大趋势［M］.北京:中国社会科学出版社，1984，2: 157.
② 路易.芒福德.城市文化［M］.北京:中国城市出版社，2003，10: 109.
③ 杨开忠.天津滨海新区建设研讨会侧记［N］.中国工商时报，2007，12.
④ 刘华龙.城市文化刍议［J］.天津城市建设学院学报，2004，2.

作者简介

刘华龙，男，天津城市建设学院教授。
肖菲，女，天津城市建设学院副研究员。

摄影／张鸿雁

精致扬州文化建设的
发展路径与模式*
——城市定位前提下的可持续发展创新的范式

邵颖萍

一、精致扬州的内涵提升：精致扬州综合体

精致，是历史赋予扬州的个性禀赋和文化基因，是扬州城市有别于其他城市、屹立于世界城市之林的符号标签，是扬州的生长烙印和成长轨迹。自 2009 年 12 月 20 日市委五届八次全会正式提出建设"三个扬州"的战略构想以来，"精致扬州"的建设围绕如何通过改进和加强城市规划、建设、管理工作，建设高品质精致城市的核心问题，主要涵盖以下八方面的内容：1）有效传承人文精髓；2）空间

布局精当紧凑；3）城市环境精美宜人；4）城市建筑精工建造；5）城市设施精湛完备；6）城市管理精细有序；7）城市服务精心温馨；8）城市发展精明增长。同时，参考全国文明城市和生态园林城市的评价指标体系，借鉴国内外城市建设的成功经验，立足扬州的历史人文、资源禀赋、城市发展等实际，具体构建了"精致扬州"的评价指标体系，分为客观和主观两大部分：客观评价指标分城市规划、城市基础设施、城市环境、城市管理 4 个方面，28 项指标；主观评价指标分人文传承、空间布局、城市环境、

公共设施、城市建筑、城市管理、城市服务、城市发展 8 个方面，30 项指标。在"精致扬州"的核心理念指导下，扬州在城市保护与建设的子系统方面已经取得了相当可喜的成就，在世界范围内获得了一定的影响力，正在逐步形成独特的经验和模式。

英国著名人类学家爱德华·泰勒早在 1871 年就在《原始文化》一书中对"文化"进行了经典的界定："所谓文化或文明，乃是包括知识、信仰、艺术、道德、法律、习俗以及包括作为社会成员的个人而获得的其他任何能力、习惯在内的一种综合体①。"扬州文化即是在扬州这片地域生活共同体中，经过数千年的历史积淀和社会变迁，逐步积累、生成和发展起来的，具有中华汉民族特征和扬州乡土文化特色，并取得地域内群体强烈认同和地域外世界普遍认可的文化形态和人文精神的要素集合——其核心便是"精致"。正如扬州文化作为一个系统或者综合体具有内涵的完整性和外延的多向性，扬州文化的核心"精致"也不应当是单一维度或某一层面的，其必定表现为多元化、多层次、多面向、多梯度的复合逻辑结构。

扬州在国内率先提出"精致城市"建设口号并将其作为阶段性城市发展战略，"精致扬州"的理念本身就是一种创新，这必须基于对扬州城市清晰的内视和对世界城市清醒的外观，以及不断的再思考和完善——精致扬州建设在前期取得了一定成果的基础上，必须明确认知到：精致扬州并不仅仅局限于城市规划与建设工程，其外延覆盖精致文化建设、精致产业建设、精致教育建设等各个方面，是一个城市的整体精致化设计和过程，其核心是把城市当做艺术品来打造。因此，在充分挖掘扬州城市地方文化资本，有效提升城市特色竞争力的核心驱动下，在"创新扬州"、"幸福扬州"的联动发展需求中，基于扬州自身的城市文化特质，吸纳世界先进文化城市的建设经验，"精致扬州"的核心内涵需要在原有的基础上进一步提升：

坚持以精致为扬州城市发展的战略入径和动力原点，遵循文化主导型的城市发展模式，结合"人文、生态、精致、宜居"的城市特质和"开放、创新、精致、优雅"的市民精神，将精致辐射到文化、产业、科技、教育、服务、管理等扬州城市发展的各个领域，形成多元化、多层次、多面向、多梯度的"复合型城市精致文化生产场域"，实现扬州城市的精致和扬州人的精致共生共荣、和谐共进，构建并完善"精致扬州综合体"的系统建设。

二、精致扬州的路径选择：精致扬州运动

"精致扬州"必须走出单一的城市建设，进入不同的城市生产场和服务系统，从均好发展、人性关怀、无缝对接、细节谋划等概念思考出发，着手推进精致城市建设、精致产业引导、精致管理覆盖、精致文化弘扬、精致生活集成、精致教育融合、精致行为导入七大"精致扬州运动"。

（一）精致城市建设运动：构建循环社会型城市发展模式

精致城市建设运动要为扬州保留城市身份、城市遗产和城市公共空间，在提升保护城市历史记忆的基础上，谋求创意发展的精致道路，塑造扬州城市当代形象，形成古代文化与现代文明交相辉映的城市空间意象，构建循环社会型城市发展模式。

1.承古厚古，渐进更新：古城保护的核心理念

一是坚持古城肌理的保护修缮。全面加强城市大遗址保护，编制完成《扬州城大遗址保护规划》，对勾勒大遗址四至框架的各类城门遗址（宋大城西门遗址、唐宋东门遗址、宋大城北门遗址、扬州城南门遗址、宋夹城遗址）严格保护、发掘展示。按照"护其貌、美其颜、扬其韵、铸其魂"的保护思路，遵循整体性、原真性、可读性、永续性的原则，全面保护古城的历史街巷体系，保护古城的建筑风貌，保护古城的人文景观、古宅名园、古树名木，努力在建筑风貌、空间形态、城市景观等方面保持浓郁的历史文化特质，最大限度保护古城风貌的原真性和整体性。

二是实现"文脉可持续的老城更新"。遵循就地改造、修旧如旧、渐进式的原则，以小规模、可持续的方式，从经济、社会、文化等方面全面推动古城改造更新项目，实现古城居住社区与历史街区中社会网络和社区文脉的继承和发展。

三是推广公众参与和社区行动计划。推广扬州琼花观社区文化里改造模式，在城市更新的过程中以过程导向的方法替代项目导向的方法，建立长期有效的机制；采用居民和社区参与方法②，以社区行动计划为引导，共同创造社区的未来图景，实现长期和短期的策略，并形成社区的个性。

四是完善通史式的城市建筑人文景观。提升城市建筑品格，重点加强新老城区交接处、城市出入口、主次干道、河道沿线的景观塑造，设计彰显扬州文化特色的城市景观，使城市景观能够与街道、节点的历史背景相衔接，充分表现出地名文化和地点概念，打造通史式的城市建筑景观系统和城市街道景观系统，塑造扬州城市的可读性。

2.精明增长，顶层设计：城市发展的价值选择

一是施行城市顶层设计的战略模式。吸纳世界先进文化城市的建设经验，跳出扬州看扬州，对扬州的城市发展有整体的认知；从中国及经济区域体发展方向来看，对扬州不同层面的城市定位也必须有清晰而有计划的创新化、精细化认知。制定一个50年以上的扬州城市发展规划，统领扬州的城市建设子系统——扬州的城市顶层设计必须围绕精致为核心，通过一个科学数据支撑的、与扬州整体资源相匹配的发展分析，形成一个跨领域、跨地域、跨学科、跨时空、跨权力关系和跨观念的城乡一体化平衡发展的战略，并能够真正形成法律效应。

二是遵循精明增长的城市发展理念。围绕"一体两翼"的城市发展格局，深入研究各板块之间的交通体系组织和区域内功能配套，按照"结构有序、功能互补、整体优化、共建共享"原则，打破行政壁垒，加强资源整合，推进组团发展，促进集约开发，避免城市空间连片扩张和无序蔓延，实现城市格局由单核线型向多核组团发展、精明增长转变。

三是完善精致城市建设的保障监督机制。强化城市规划的管理机制，建立城市建设的协同推进机制、创新城市建设投融资机制、项目质量控制机制、城市规划建设高端人才集聚机制等。

3.园在城中，城在园中：生态宜居的全城动员

一是以循环社会型城市社会发展模式[③]统领生态城市建设。城市现代生活体系与"原生态自然体系"共生共存，创造现代都市景观与城市田园风光共存的情境，实现：①水能源的循环利用；②空气能源的循环利用；③风能源的循环利用；④生态能源的循环利用；⑤垃圾生产的循环利用；⑥经济生产过程的循环利用；⑦产品逆向物流资源的循环利用；⑧城市、建筑和文化符号等"城市文化资本"的循环利用；⑨各能源与资源的相互循环利用等。

二是系统推进城市环境整治创新工程。全面整治瘦西湖，实现瘦西湖景区扩容，全景展现"两堤花柳全依水，一路楼台直到山"的胜境。推进城区水环境整治，抓住"保护水资源、改善水环境、建设水景观、弘扬水文化"四个关键，实现扬州水体改善与生态保育、文化传承的有机统一，重现"水城共生"。实施"绿杨城郭新扬州"工程，首创"城市永久性绿地保护制度"。

三是持续完善城市生态建设的奖惩监督机制。在强制性法律法规和环境制度标准的行政性管理基础上，推广发达国家排污交易、财政补贴、征收生态税、押金退款等经济激励性手段。强化推行自然资源的集约利用和再生循环，促进相关污染检测技术的科学研究，加强城市环境的监控治理，健全环境污染事故的预警预报系统。效仿巴黎大区以法律的形式颁布噪声标准分布图、绘制空气污染峰值的时间和空间图。

四是创新开展"扬州厝"乡村生态项目建设。效仿宜兰乡村治理经验，根据扬州地方文化氛围和自然环境特色，设计建筑风格标准一致、细节设计各具特色的"扬州厝"建筑，并以此为核心推动乡村地区的生态治理，打造扬州精致乡村生活样态，与扬州精致的城市生活样态相衔接，实现"精致扬州"从景观环境到生活理想的城乡全域覆盖。

（二）精致产业引导运动：鼓励产业发展促进文化传承模式

精致产业引导运动效仿法国巴黎的先进经验，遵循产业发展促进文化传承的思路，有选择地扶持彰显扬州城市特色的地方传统手工艺品产业，发展与扬州城市性质相吻合的高新技术产业集群，推动扬州城市文化创意产业和会展业的有效介入，从不同的维度雕琢扬州城市的"精致产业"。

1.施行城市文化与经济融合的创新型战略，以产业促进文化传承

以文化主导城市的产业创新和经济发展，以产业进一步发扬和提升城市特色文化，形成城市文化的"产业传承模式"。

一是对城市不同类型的产业进行精细化设计，制定分类发展目标。对于石油化工、汽车造船、机械加工三大主导产业，以高端化路径实现精致发展；对于新能源、新光源、新材料等高新技术产业，以规模化路径实现精致基础；对于服装、日化用品等传统产业，以品牌化路径实现精致提升。

二是积极落实产业自主创新的精细运作。努力改进传统优势产业的技术与产业链，走科技创新道路，向研发、设计、品牌营销、供应链管理、售后服务等环节延伸。加大自主知识产权和自主品牌的建设，增加企业品牌的技术含量和附加值，由扬州制造转变为扬州智造。

三是促进产业经营方式的集约型转变。大力发展循环经济，建立产品清洁生产、资源循环利用和废弃物高效回收的生态经济体系。优化企业外部管理制度，严格环境准入，严把项目落户、审批关，通过审批关口，引导发展精致产业。引导企业内部建立健全现代企业管理制度，鼓励采用新技术、新工艺改进生产流程，提高生产效率④。

四是推动产业集群的"六个集中"。推进工业产业向开发园区集中，高新技术产业向高新园区集中，新兴产业向专业园区集中，传统特色产业向集聚区集中，补链扩链项目向产业核心区和龙头企业集中，生产服务业向功能配套区集中，以产业集聚促进精细化流程操作。

2.保护性扶持地方性传统工艺品产业

一是以"工业园区式集群发展"模式引导"扬州工"的创新发展思路。将工艺美术产业与旅游业、商贸业紧密结合，构建工艺美术产业多元化发展平台，建设集设计、生产、展示、销售与品牌推广于一体的综合性工艺美术交易市场——扬州工艺坊，形成陶瓷、乐器、刺绣、漆器、雕刻工艺品等十大功能区。

二是延伸扬州琴筝、雕版印刷、漆雕、玉雕等传统工艺品产业的上下游。加强传统工艺产业内部或与其他相关产业融合发展，包括艺术鉴赏、古玩收藏、拍卖中介等。

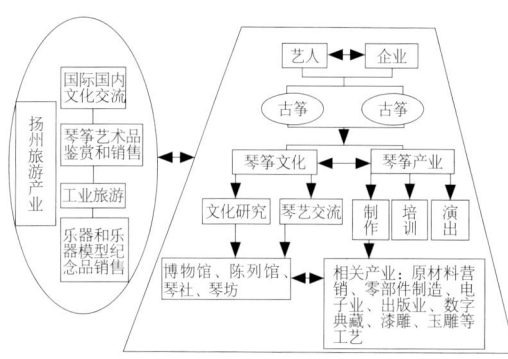

图1 扬州琴筝业发展现状

图片来源：王继慈. 弘扬琴筝文化 发展琴筝产业. 秦响扬州旅游.扬州旅游网，2010-05-19.引用网址：http://www.yangzhoutour.com/yz/cn/news.jsp?newsid=1185&categories=15&subCategories=31

三是鼓励传统工艺品产业的技术创新。将传统技艺与现代工艺相结合，创新设计思路，促进扬州工艺品的生产、设计、制作、工艺与国际接轨，与时代接轨。

四是加强工艺师与企业家的沟通合作。

3.鼓励性发展未来型高新技术产业

一是积极发展"三新产业"。新能源，打造太阳能光伏为代表的新能源产业；新光源，用LED照明取代普通照明；新材料，重点发展碳纤维产业。

二是延伸发展智能电网。着眼于绿色新能源产业链上的延伸发展，建设智能电网的示范城市。

4.选择性推动文化创意产业和会展业的有效介入

一是将精致产业与文化创意产业相结合。提升精致

产业特别是传统工艺品产业的附加价值，在保证核心技艺原真性、完整性的继承前提下，引导精致产业向时尚化、个性化、市场化需求适度调整，寻求精致艺术和精致产业的共同发展。

二是将精致产业与会展业相结合。以烟花三月扬州国际经贸旅游节为核心的会展业为契机，安排不同层次精致产业的展销演艺推介活动。

（三）精致管理覆盖运动：建立客户型服务政府模式

精致管理覆盖运动以建立客户型服务政府为核心，强调人性化、系统化、细节化、多元化的城市管理模式的构建和创新。

1.建立客户型服务政府

以满足居民要求为导向，立足公共服务，借鉴西方先进经验创造"客户服务型政府"。从增强公共服务意识、简化公共服务机制、提高公共服务效率、降低公共服务成本、创新公共服务模式、满足公共服务需求等角度出发，引入主动服务体系的建构、365天24小时全时间服务、信息化数据库服务、定制性服务、快速服务、无差错服务、补位型服务、超值服务、额外服务等⑤核心文化元素。

2.完善数字化城管新模式

一是全域网格化管理。扩大数字化城市管理内涵和覆盖范围，将建成区范围全部纳入网格化管理。

二是问责到人的城市管理责任机制。健全"以块为主、重心下移、权责配套、严格考核"的城市管理责任机制。

三是全面引入城市管理市场化运作机制。进一步强化部门协同和快速反应机制，提高现场处置能力，真正实现城市管理的"全覆盖、经常化、高水平"。

3.规范城市服务设施和业态

一是规范城市家具和设施布点。对公用电话亭、邮政报刊亭、公交站台、治安岗亭、指示路牌等各类城市家具进行统一设计、更新，将供电、电信配电、配线箱、各类杆线等设施布点纳入城市规划管理。

二是加强道路商业业态管理。积极对商业业态混乱的重点路段实施结构调整，引导和鼓励发展与区域功能定位和周边环境相适应的商贸服务业。加强对流动摊点的管理，结合住宅小区建设和老城区改造，规划建设一批小贩中心、小吃中心，引导摊贩划入市。

4.强化城市管理制度建设

一是研究实现城市长效管理的规章制度。加快制定《城市沿街建筑定期清洗管理办法》《城市环卫保洁设备、保洁人员管理办法》《城市车辆停放管理办法》等规范

性文件，使城市管理有章可循。

二是强化城市管理的目标考核。积极实施《城市数字化管理考核办法》，推行城市管理保证金制度，完善评价考核机制，增强城市管理考核工作的权威性和可操作性。

三是健全城市管理投入机制。加大对城市家具添置、工作人员经费保障、市场化外包等的经费投入。

四是加强城管队伍建设。增强城管执法力量，提升城市管理软硬件水平。

五是完善城市管理的预警机制。制定城市管理的危机处理应对策略，系统准备危机处理的预备方案，有效实行危机处理的档案管理。

5.鼓励居民参与城市管理

一是居民参与城市管理的平台建设。支持市民通过市长热线、12319、网络媒体等平台，反映对城市管理的意见和建议。

二是居民社区参与的组织建设。引导社区居民参加社区发展计划、项目等各类公共事务与公益文化活动，完善社区自治。

三是居民归属感的心理建设。强化居民主人翁意识，鼓励居民参与城市管理，给予居民以"市民"的自主身份，是居民对城市产生心理归属感和依恋感的有效途径和方法。

（四）精致文化弘扬运动：完善文化精品系统建设模式

精致文化弘扬运动以构建文化精品工程为主要形式，建立精致扬州的档案管理、理念推广、文化传播和沟通链接模式，是精致扬州内审式发展的系统需求。

1.建立"三个扬州"精致管理档案库

一是建立"三个扬州"档案库。整理"三个扬州"推广实施过程中的各类资料、讯息、措施和反馈，电子化信息管理，分类有效整合。

二是建立"三个扬州"数据库。将能够集中体现"创新扬州"、"精致扬州"、"幸福扬州"的核心理念、策略方针的政府发言、会议资料、建设项目、新闻报道等集中整理。

三是建立"三个扬州"的"一百"系列工程。例如总结精致扬州的100个细节、创新扬州的100个突破、幸福扬州的100个承诺等。

2.开展精致城市解读工程

一是挂牌解读。对古城300多处反映扬州历史文化特色的文物古迹、名人故居、名人名园、古树名木、特色街巷，通过标牌、立碑等方法对其历史史实、文化特点和审美价值进行诠释。

二是领养解读。通过个人、企业或学校等组织的团体领养模式，将扬州古城的文物保护和资源保护内容真正深入到民众中。

三是基金解读。建立扬州精致城市推广基金，接受社会各界的捐助，用于精致城市建设。

四是宣传解读。创新扬州城市宣传片、推广语的不同形式，根据受众的不同偏好，设计复古、现代、漫画、剪纸等不同系列，全面推广扬州形象。

3.开展精致艺术推广工程

一是注重对非物质文化的传承、展示和以保护文化传承人为主的活态保护。对扬州清曲、扬州评话、扬州漆器工艺等民俗技艺项目进行重点保护。通过设立大师工作室、政府制度化奖励"师带徒"等方式，给传统工艺注入新的活力。

二是促进无形文化与休闲旅游的有机融合。加大对各类具有地域风情、地方特色的民俗文化的挖掘、整理和展示。

4.开展精致沟通衔接工程

一是区域层面的充分融入，无缝对接。积极融入宁镇扬都市圈、长三角都市圈，积极贯彻区域同城化战略、一体化机制。

二是国际层面的有效沟通，积极联系。引入国际化的先进城市建设经验和发展趋势，申请、争取国际城市建设人力资源、经费资源、项目资源，有效传递扬州城市精致发展的理念。

（五）精致生活集成运动：创造城市艺术生活体系模式

精致生活集成运动是扬州诗意生活的具化体现，把城市当做艺术品来打造，创造生活艺术和艺术生活的体系。人生只合扬州居，精致生活集成运动通过打造精致审美生活、精致呼吸生活、精致餐饮生活、精致休闲生活、精致交通生活、精致养老生活构建独属于扬州的"精致生活链"，全方位阐释扬州宜居的理由。

1.建设文化博览城，打造精致审美生活

一是建设一百个城市博物馆。制定文化博览城建设规划纲要，加强对各类文博资源的整合与开发。政府重点投资建设公益性博物馆，社会力量主要开办行业博物馆和民俗博物馆。

二是完善多样化公共服务设施。建成图书馆新馆、美术馆、音乐厅；加快建设科技馆、青少年活动中心、妇女儿童活动中心、城市安全教育中心以及城市规划展示馆、市民中心等重大公共服务设施。

三是开展多类型的文化艺术活动。依托学校、社区、

071

企业、政府等多元组织参与形式，通过文化讲座、歌舞演出、体育竞技、娱乐选秀等主题活动丰富民众生活。

2."漫步扬州"游园建设，打造精致呼吸生活

一是合理布局城市街头游园。注重绿化布局的均衡性、普惠性，每年新增街头小游园5～10个，确保市民出行300～500米有休闲绿地。

二是强化建设绿色综合廊道。规划建设2～3条融绿化、旅游、休闲、健身等功能于一体的城市绿色廊道，拓展城市绿化功能。

三是大力发展屋顶绿化和窗台文化。鼓励机关、企事业单位在庭院门前补绿，引导和鼓励居民在阳台、屋顶养花植草和进行墙面立体绿化。

3.维扬菜系品牌引领，精致餐饮生活

一是充分挖掘维扬菜的文化内涵。深入挖掘维扬菜和扬州盐商的渊源，整理维扬菜的历史传说和民间故事，充分整合进餐饮文化的宣传建构中。

二是扶持本地餐饮品牌的特色经营。构建扬州餐饮品牌的集群效应，扩大扬州餐饮的辐射范围。

三是积极引导美食街区的规划建设。合理布局特色餐饮街区、特色文化美食店，充分促进餐饮与休闲、娱乐、购物、旅游等产业业态的融合。

4.娱乐服务多样发展，精致休闲生活

一是休闲服务业的规范经营。统一扬州休闲服务行业内部标准，规范扬州休闲服务品牌建设。

二是休闲服务业的特色经营。鼓励洗浴、脚艺等扬州特色休闲服务行业的差异化特色经营和品牌连锁经营。

三是休闲服务业的文化提升。注重休闲服务行业的文化注入和文化提升，营造高品位的城市休闲生活环境。

5.创造平等、舒适、安全和人性化的城市交通，精致交通生活

一是将公共交通作为市民福利。结合常州BRT快速交通、北京低价公共交通及香港市民优先城市公交体系的经验，构建现代扬州市民优先交通运营模式，并把公共交通提升到作为市民福利的一部分来开发管理。

二是倡导低碳公交。学习新加坡以经济手段控制小汽车增长速度，提高环保交通工具的使用率；鼓励自行车交通和电瓶车交通。

三是完善公共自行车租赁系统。效仿巴塞罗那的城市公共自行车租赁系统，在环瘦西湖和环大运河地段设置公共自行车租赁服务点。

四是普及人性化交通。设计适宜行走的街道和人性化尺度的街区来强化行人交通；将人的安全需求和便捷需求纳入交通设计中；完善无障碍设施。

6.鼓励发展老年服务产业链，精致养老生活

一是普及精致养老的社会责任理念。提倡精心护理、精致服务、精细管理的城市养老理念，向全社会宣传尊老、爱老、敬老、护老的中华民族传统美德。

二是创新多层次的养老保障制度。进一步优化和完善以居家养老为基础、社区服务为依托、机构养老为补充的社会养老服务体系；建立养老服务体系持续性财政投入制度保障，鼓励民间资本参与。

三是鼓励发展老年服务市场。丰富老年服务产品的分层化和多样化，创新老年商场、养老地产等专业化服务产品，统一行业标准和管理体系。

（六）精致教育融合运动：实现公平教育特色模式

精致教育融合运动围绕"全面实现教育现代化，建成人力资源强市"的战略目标，关注差异、关注过程、关注细节、关注未来、关注生命，实现教育过程的连贯化、教育资源的均衡化、教育帮扶的柔性化、教育管理的创新化、教育环境的信息化和教育沟通的国际化，保证扬州精致教育逻辑和精致城市气质的融贯和契合。

1.教育过程连贯化：多方位延展教育链条，建立终身教育分类机制

一是高水平发展基础教育。将学前教育纳入现代国民教育体系，强化政府责任，通过经济社会发展规划和城镇建设规划配套安排，逐步实现就近入园入托。推进义务教育均衡发展示范区建设，努力扩大并均衡配置优质教育资源。推动普通高中特色发展项目建设，逐步推广小班化教学，丰富完善地方课程体系。

二是创新发展职业教育。提升职业教育发展层次，着力推进公共实训中心建设，初步建立以就业、创业和技术创新能力为核心的职业教育培训体系。全面推进职业教育创新发展实验区建设，组建多种类型、多种形式的职业教育集团，推进职业教育集约特色发展。提升职业教育专业结构与地方市场产业结构的契合度，引导职业学校调整专业设置，重点打造与新能源、新光源、新材料、智能电网、电子书、软件和信息服务、节能环保等新兴产业契合度高的专业。

三是优化发展高等教育。推进扬子津科教园区转型升级，建成融生态、科技、文化于一体，职教特色鲜明的高教园区。支持高校主动融入区域技术创新体系，与地方政府、行业企业共建产学研战略联盟和合作基地。

加强与高层次科研机构和知名高校的合作交流，招引国内外知名院校、科研院所来扬共建研究院、科研所、实验室、开发中心、博士后流动站。

四是加快发展终身教育。建立与终身学习、终身教育、终身发展相适应的教育发展新模式，加快学习型社会的建设，大力发展自学考试、远程教育、职工技能培训、地方特色教育，提供广覆盖、多层次、多形式、开放便捷的教育与培训服务。加快社区教育机构建设，形成以社区培训学院为龙头，乡镇（街道）社区教育中心为骨干，村（居）社区服务站为基础的社区教育网络。构建以老年大学为骨干，以社区教育中心为依托，以网络教育为重要形式的老年教育体系。

2.教育资源均衡化：消除城乡二元教育结构，建立优质教育资源共享机制

一是基本公共教育服务均等化。强化各级政府的公共教育职能，推进公共资源向农村地区、薄弱学校倾斜，逐步缩小区域、城乡、校际教育发展差距，实现城乡学校建设标准、办学经费、教育技术装备、教师编制四个统一。

二是城乡教育机构一对一帮扶共建。坚持推广城乡学校三大结对工程，包括城乡教师结对交流活动、"三送"结对送教活动（送课堂教学下乡、送教学案设计上网、送教学光盘到教师）和城乡学校网上结对工程。

3.教育帮扶柔性化：缩小教育对象个体差异，建立弱势群体教育帮扶机制

一是集群式教育帮扶。进一步支持市教育局和社区合作建起的学习辅导站、专门招收贫困家庭子女的宏志班，推广全国首倡的扶贫助学"扬州模式"。增加书法、美术、舞蹈、乐器等素质教育的集群式帮扶内容，弥补弱势群体及其子女在家庭教育方面的缺失。

二是政策性教育帮扶。关注农民工子女学前教育和高中教育的同城待遇，允许其在暂住地参加高考。

三是特殊人群教育帮扶。保证残疾青少年15年免费教育，支持各级各类学校接受残疾人入学，完善随班就读保障体系。积极开展残疾人、下岗人员、农民工群体的职业教育及技能培训，增强其就业能力。引导刑满释放人员、劳教人员的再教育和再社会化，强化心理辅导、社会适应教育和职业技能培训。

4.教育管理创新化：完善知识创新服务体系，建立教育动力推进创新机制

一是施行人才强教战略，建立集群教育人才培养机制。首倡区域性整体推进教师队伍建设的全方位系统工程，进

一步推进师德师能建设双"百千万工程"。采取省、市、县、校四级联动方式，实施市级教学能手、中青年教学骨干、学科带头人、市特级教师和省特级教师"四大培养工程"。积极推进"教育家办学"，创新教师管理制度，建立科学的教育评价机制和完善的教师绩效考核制度。

二是贯彻科研强教战略，建立多元参与教育合作机制。完善知识创新和知识服务体系，推进教育与科研、产业紧密结合，增强教育服务全市经济社会发展的能力。推进多种形式的联合办学，逐步形成若干区域合作、规模适度、结构合理的教育教学集团。依托大中型企业和高校，联合建立"双师型"教师培养培训基地，加强职业学校"双师型"队伍建设。完善中小学教师继续教育证书制度，建立中小学教师继续教育管理平台。

三是推动精致校园建设，建立教育精致管理服务机制。坚持精致校园的环境建设，创造具有扬州特色的校园文化景观。坚持人性化的校园管理模式，强调师生之间伙伴关系的营造。坚持地震、水灾等紧急事件逃生教学，培养学生全面生活意识。坚持"常规管理百校行"等教育督查工作，实现精致校园的精细监督。

5.教育环境信息化：衔接智慧扬州发展战略，建立教育信息网络覆盖机制

一是数字化校园建设。把教育信息化纳入全市信息化发展整体战略，超前部署教育信息网络，促进教育内容、教学手段和教学方法现代化，促进优质教育资源普及共享。

二是移动学习环境建设。以数字图书馆、数字化学校为依托，建设市级教育资源超市与数字图书馆，建设覆盖全社会的数字化教育公共服务体系，为全体市民提供灵活、多样、开放的网络终身教育服务。

三是教育信息化平台建设。建设基于互联网络的"学校—社区—家庭"互连互动的教育信息化平台，完善教学资源搜索引擎建设。

6.教育沟通国际化：接轨世界先进教育资源，建立地方教育国际智慧机制

一是推动教育国际化进程。积极参与双边、多边和区域性、全球性教育交流与合作，在全球实现"扬州友好学校效应"。

二是扩大教育国际化规模。加大引进境外智力的力度，引进先进的国际课程和教学方法。拓展与国外合作办学的领域，有计划有步骤地发展高质量的中外合作办学机构和中外合作办学项目。

073

三、精致行为导入工程：培育现代公民养成模式

精致行为导入工程旨在为精致扬州培育知礼仪、懂礼节、尚礼俗、践礼行的现代公民群体，通过文化自觉、行为规范、社交礼仪、服务细则、企业文化等从"理念—个体行为—群体行为"的实现路径形成扬州现代公民的养成模式。

（一）精致文化自觉：群体的文化自觉，才能培育城市的文化自觉

一是精致文化认定。对于普遍意义上的精致文化、精致品位、精致生活、精致行为进行系统的宣传，在广大市民心中形成关于精致的笼统认知。

二是精致理念植入。详细梳理精致扬州的内涵和表现形式，将其作为地方文化资本的重要元素和地方性知识教育的重要方面在广大市民中强行推广。

（二）精致行为规范：行为精致的城市，是一座高贵的城市

一是编辑《扬州市民精致行为手册》。积极倡导健康文明生活方式，将"开放、创新、精致、优雅"的市民精神转化为广大市民的自觉行动，引导市民积极参与生态环保行动、爱国卫生运动、科学素质行动和全民健身行动，革除乱扔垃圾、乱贴乱画、乱穿马路、随口吐痰等陈规陋习，养成文明生活习惯。

二是推广扬州市民精致行为课程。大力倡导继续教育、终身教育，开展学习型社区、学习型家庭、学习型城市创建活动，重视开展市民个体素质教育，免费为市民开设书法、音乐、舞蹈、礼仪等精致行为系统课程。

（三）精致社交礼仪：让对方感受精致，让客人感慨精致

一是将社交礼仪纳入地方性课程。通过学校教育、职业培训、社区推广等形式使得基本社交礼仪得以普及。

二是对社交礼仪进行社会性宣传。通过系列宣传片、知识讲座、城市广告等形式起到全民动员学礼仪的效果。

三是根据社交礼仪举行各种普及推广活动。举办扬州精致社交礼仪大赛、扬州精致礼仪社交酒会等活动，对精致社交礼仪进行概念强化。

（四）精致服务细则："精致零死角"的全面打造

一是出台精致服务细则。邀请专家学者编辑制定《扬州精致服务总则》，对精致政府服务、精致企业服务、精致社区服务等方面进行相关的界定，并分行业规范精致服务的认定。

二是实行精致服务考核。根据《扬州精致服务总则》，定期对全市范围内的政府单位、相关企业进行分组考核，设立"精致服务先进单位（组织）"、"精致服务先进个人"等荣誉。

三是举办精致服务评比。定期举办精致服务的评比活动，可采用网络评比、现场比拼、绩效考核等多种形式相结合，深入推广精致服务。

（五）精致企业文化：共性的精致，个性的企业

一是精致企业集群化。鼓励在扬企业将精致内涵融入企业文化中，打造扬州精致企业群，可定期举办交流、联谊等活动。

二是精致企业内涵化。精致企业必须在精致服务、精致管理、精致工作等方面表现突出，能够充分展现扬州城市精致的文化内涵。

三是精致企业福利化。受到扬州市政府颁牌认可的精致企业，可优先享受与政府的相关合作机会。

注　释

* 本文为中国国家社科基金重大项目"特色文化城市研究"（12&ZD029）的部分成果。

① 泰勒.原始文化［M］.上海：上海文艺出版社，1992：2.

② 朱隆斌等.城市提升：扬州老城保护整治战略［M］.南京：江苏科学技术出版社，2007：85.

③ 张鸿雁.循环型城市社会发展模式——社会学视角的理想类型建构［J］.社会科学，2006（11）：71-83.

④ 朱雪梅.提升城市品质中的产业定位和产业特色.扬州政协网.［2010-09-29］.http://www.yzzx.gov.cn/article.asp?articleid=12765.

⑤ 张鸿雁.城市化进程中的社会问题治理与控制论——城市管治与客户服务型城市政府的理论与行为创新［J］.南京社会科学，2010（1）：74.

作者简介

邵颖萍，博士生，南京大学社会学院，南京大学城市科学研究院。

摄影／张鸿雁

摄影／张鸿雁

城市功能及其空间结构
和区际协调

075

陈柳钦

摘要：城市功能是指城市这种特定的组织形式对经济文化等社会活动产生的影响及发挥的作用。城市空间结构决定城市功能模式，而在城市空间结构的基础上形成的城市内部功能分区，以及不同功能区之间的相互关系形成城市功能的空间结构。区际之间开放协调是城市功能优化的重要途径：一是与周边地区的协调，二是区域协调；三是全球协调。

关键词：城市功能；城市主导功能；城市功能结构

Abstract: Urban function refers to the influence from a city, a special type of organization, to social activities, such as economy and culture; urban function has features of entirety, structural, understanding hierarchy and openness. The leading function of a city is always a strut for the city and a motivation promoting its development. Urban space structure decides for the mode of urban function, while the space structure of urban function form from functional districts inside a city and among cities, which are based on city space structure. The openness and coordination between regions are the major way to optimize urban function: first is the coordination with surrounding areas, second is regional coordination, third is global coordination.

Key words: urban function；cities' leading functions；urban functional structure

　　城市是人类社会步入文明时代的标志，是人类社会大分工和商品经济发展到一定阶段的产物，也是人类物质文明和精神文明在一定时间和空间的聚集。现代城市是近代工业革命以及由此而带来的工业和商业发展的产物，从这个意义上说，城市的发展始终是人类文明程度的标志，同时也是社会生产力发展的标志。人类社会自从有了城市，就出现了对于社会具有引导和推动作用的经济、政治和文化中心，正如列宁所指出的："城市是经济、政治和人民精神生活的中心，是前进的主要动力。"城市是经济社会活动开展的地域依托，在城市的形成过程中，社会就赋予了城市一定的功能，使城市成为社会"前进的主要动力"。城市功能是城市发展之本，其转型发展影响决定着城市的盛衰存亡。自人类创造了城市聚落以来，城市功能的演替转型就永不停息。在城市主宰世界、主宰人类发展的21世纪，城市发展备受关注，适时探讨城市功能内涵、城市功能转型问题，意义非凡。

一、城市功能的内涵

功能是事物作用于他物的能力，即系统作用于环境的能力。《汉书·杜钦传》的"观本行于乡党，考功能于官职"记述中的"功能"之意为"能力"；在表达器官和机件的功能时，功能之意为"功效"、"作用"；而在自然辩证法中，"功能"同"结构"相对，指有特定结构的事物或系统在内部和外部的联系、关系中表现出来的特性和能力。由此推理，从自然辩证法视角分析，城市功能是指具有特定结构的城市系统在内部和外部的物质、信息、能量相互作用的关系或联系中，所表现出来的属性、能力和效用，包括对内功能和对外功能两部分。城市功能作为一种属性，表现在城市经营管理过程中各实施要素的性质及其相互间的关系；作为一种能力，是城市运营对城市自身发展和区域发展所产生的影响强度；作为一种效用，必须依赖于特定的城市实体地域及其经营管理过程，同时表现在其对国家或地区及其自身的政治、经济、文化生活中所产生的关系、能力及作用，是城市生命力之所在。

由《辞海》中"功能"的辞意，推论而得的城市功能是一种静态的表达。但城市是社会经济发展的活力细胞，其矛盾冲突和变革发展，将决定区域社会经济的盛衰。因此运用发展观阐释动态的城市功能表达是必要的。城市发展演进历史表明，城市功能是驱使人类集聚于城市的生活需求、愿望在更高水平上的实现，并且是一种没有内部矛盾，能够促进人类发展的新型聚落。可见，城市功能是一个历史的概念。随着时间的推移，城市自身的发展条件和外部环境都会发生变化，从而导致城市功能有可能发生变化；另外，城市发展也有其内部规律性，随着城市规模的增长，一些城市功能随着城市规模增长逐渐加强，一些城市功能逐渐变成为城市自身服务，城市功能的复合性和等级性会发生变化。因此，城市功能

在某一历史时期相对稳定，但随着历史发展，城市功能有可能发生改变。

城市功能是由城市这种特定的组织形式的各种结构性因素决定的机能或能力，是城市在一定区域范围内的政治、经济、文化、社会活动所具有的能力和所起的作用。城市功能是城市科学里的专门术语。不同学科对城市功能有不同的界定，社会学中功能主义学派认为，城市为人类提供重要的生活环境，是现代人类文化创造和传播的中心，他们将人类社区视为一个整体，城市社区的各种制度规范以及习俗相互配合，以维持城市生活的协调进行。文化人类学者强调城市的文化功能，城市的文化功能是指一座城市的科学、教育、文化、卫生、体育机构及其思想产品、文化遗产，在全世界或全国的地位和作用。他们认为城市功能在于对人类文化的保全、整合传递乃至创造。城市历史地理学认为，城市功能变迁是城市兴衰的决定性因素。因为一个城市发生了变化，我们一定可以从城市的政治功能、交通功能、经济功能、文化功能的变化上找到最后的答案。城市管理学理论则提出城市功能主要体现在其所具有的承载体、依托体、中心主导性、职能特殊性等方面，认为城市功能体现为文化承载体、社会生活依托体和经济中心。城市地理学和城市规划学认为，城市功能指某城市在国家或区域中所起的作用或承担的分工。从经济基础理论来看，一个城市的全部经济活动包括基本部分和非基本部分，其中城市功能的着眼点是经济活动中的基本部分。城市功能是一个复合体，包含城市承担的功能类型和功能作用的空间范围。不同类型的功能具有不同的服务空间范围。因此，在不同的空间尺度上起主导作用的城市功能类型不同。不同的功能类型与其服务空间共同构成城市的功能体系。城市经济学的观点则提出，"城市是一个坐落在有限空间地区内各种经济、市场、住房、劳动力、土地、运输等要素相互交织在一起的网状系统"，认为城市就是市场的集合，城市存在的最大功能是服务于交易的实现。亚当·斯密在《国富论》中就论述了分工导致城市的出现，城市的扩张促使分工的细化，进而使城市的经济功能逐步显现。可以看出，城市功能是内生于城市经济发展，不同的城市经济发展会产生不同的城市功能与之相适应。随着经济社会的发展，城市功能也在发生深刻的变化。

尽管各种理论都从不同侧面反映出城市的特定功能，但城市经济学从城市的形成和本质来界定其功能，具有更深刻的内涵。城市经济学指出，城市的形成过程集中体现出两种经济效应，即区域①经济效应和集聚效应，城

市功能正是在这两种效应基础上得以实现。城市将一定地区的人口流、智力流、物质流、能量流、资金流、信息流聚集起来，通过城市活动满足城市内部需要并向其他地区扩散，此即城市功能的本质。

最早提出区域经济效应的是法国经济学家弗朗索瓦·佩鲁（Francois Perroux），他于1955年发表在《经济学季刊》上的一篇题为"经济空间：理论与应用"的论文中首次提出"增长极理论"，指出增长并非在所有地方同时并进，而是集中在一些增长点上。各个增长点的引力和斥力各不相同，通过不同的发展途径，向各自的经济腹地扩散，并对一定的区域产生不同的影响，同时各"增长极"自身产生"城市化趋向"[2]。城市成为人流、物流、资金流、信息流的集散地，其增长极作用便凸现出来了，这就是佩鲁所说的，"城市作为地理上集中的综合产业既改变了它直接的地理环境，而且如果它足够强大，还会改变它所在的国民经济的全部结构。作为人力、资本、资源的积累和集中中心，它促进了其他资源集中和积累中心的产生。当这样两组中心通过物质的和智力的高速公路相互联系在一起时，广泛的变化在生产者和消费者的经济视野和计划中就显示出来了"。佩鲁的增长极理论虽然涉及产业和企业的不平衡发展，但最终归结为城市和区域的不平衡发展。并且强调聚集和吸引效应，扩散效应以及地理、区位和中心优势。他的理论打上了德国地理学家瓦尔特·克里斯塔勒（Walter Christaller）的"中心地理论"[3]的烙印。后者指出了关于城市区位的抽象理论和城市布局的具体模式，并根据市场原则、交通原则和行政原则，研究在均质平原区域内如何形成以城市为中心，由相应的多级市场区组成的网络体系，强调城市趋向于设置在六边形市场范围的中心，由此能有效地组织物质和财富的生产和流通。这是增长中心理论的雏形。增长极（即城市）带来的区域效应表现为通过资源与产业的集中来提高经济效益和降低社会成本，带动地区发展。集聚经济效应是指因集聚而造成的有利环境。当人口和产业在地理上集中于一定的范围，公共设施和基础设施的费用就比处于分散状态要低廉得多；同时，集中的产业和资源为经济个体提供了更多的交易信息和交易机会，降低了交易费用，而信息外溢（information spillovers）也需要较近的空间集结，其效应随着空间距离的增大而迅速递减。英国城市经济学家K·J·巴顿（K.J.Button）将城市的聚集经济效应划分为10个方面，即"增加本地市场的潜在规模；减少实际生产的费用；降低'输入'本地区原料及延伸的费用；促进辅助性工业的建立；积累起职业安置制度；有才能的经营家和企业家集聚；金融等行业机构条件更优越；提供范围更广泛的设施如社交、教育；工商业者可以更有效地进行经营管理；能给予企业很大的刺激去改革"。城市在本质上是聚集经济，聚集经济分三个层次：第一个层次是企业内部聚集经济，其形成原因是企业内部规模经济，第二个层次是企业外部、产业内部的聚集经济，也被称为"区位经济"，主要是通过产业功能联系所获得的外部性而形成；第三个层次是多个行业（产业）向城市地理集中形成的聚集经济，也称"城市化经济"，形成的原因主要是产业间的外部性。城市经济学强调城市中产业规模和空间分布的均衡点是积极外部性和消极外部性相同的时候。在城市化达到一定规模之前这些优势会产生一种拉力效应，拉动产业向城市集聚。社会生产力带动社会分工，加速了城市产业的形成与发展。城市完善便利的交通和服务设施，充分的经济要素，使产业聚集在城区。这种集聚效应有利于利用城市经济资源以及生产协作、配套与专业分工，节约劳动成本，提高劳动生产率，城市产业的聚集增强了城市作为经济中心的作用。

根据城市经济所体现的集聚效应和区域效应，可以将城市功能分为对内、对外两个层面：对外指城市对特定区域内资源发挥吸纳作用，并随城市发展对社会经济、文化等诸多方面产生辐射和带动作用；对内城市功能则表现为市场环境功能、服务环境功能和服务能力三个层面。城市功能的经济实质就是提供各种外溢效应。城市外部功能实现的前提是内部市场功能的实现，而外部吸纳功能的强化又进一步提升其内部各项功能。城市对内对外功能是其基本功能，在这一基础上还可从不同角度细分城市功能，如根据城市主导产业划分为制造型城市、服务型城市等；根据资源环境特征划分为资源城市、旅游城市等，但这些划分只体现具体城市提供产品的类型和城市职能，是城市基本功能的扩展。

二、城市功能的基本特征

第一、整体性。城市功能是各种功能相互联系、相互作用而形成的有机结合的整体，而不是各种功能的简单相加。各种城市功能作为城市整体功能的一部分，按照城市整体功能的目的发挥着各自的作用。而且，各种城市功能的性质和作用是由它们在城市功能整体中的地位和规定性所决定的，它们的活动受整体和部分之间关系的制约。因此，必须着眼于城市全部功能的整体性和系统性来对待城市整体功能中的每一个功能要素。

第二、结构性。城市的整体功能是由其内在结构决定的，这种城市的内在结构是指城市系统的经济、政治、社会、文化等各要素之间、各要素与系统整体之间互相联系、互相作用的方式。城市内部包含着多种要素，而且城市的每一个要素都表现出一种功能，城市各个要素有机结合才形成城市的整体结构，各个要素表现的功能的有机结合才形成城市的整体功能结构。

第三，层次性。城市功能是一个空间的概念。一种特定的城市功能对应着一个特定的服务范围。不同的城市功能类型具有不同的服务区域。高级功能具有较大的服务区域；低级功能具有较小的服务区域。功能体系的复杂性导致服务范围在区域上的复杂性。城市功能具有明显的层次性，城市功能是由不同层次的子系统构成的大系统，其中城市功能的子系统相对于它的下一层次的小系统而言又是母系统。城市功能系统和子系统隶属关系不同而形成的等级，就是城市功能的层次。不同层次的城市功能既有共同的运动规律，又有自己特殊的运动规律。不同层次的城市功能既互相依存、互相作用、又互相区别、互相制约。

第四，开放性。城市的各种功能都是相对于一定的外围区域而言的。扩散是城市的一个显著特性，扩散与带动作用是城市的基本功能。主观上，城市作为一个确定的利益主体，它总会不断地以自己所具有的实力拓展自己的腹地空间，为自己的产品、服务寻求足够大的市场；客观上，城市以其技术、资金、管理、观念、生产体系等优势提高和带动腹地的经济发展，从而进一步确立对腹地的主导性作用。伴随着经济发展，一定区域内的物流、人流、资金流、信息流通过各种方式汇集于城市，经过城市的优化组合产生了能量聚集效应和放大效应，从而形成了城市的各种功能。而城市功能的发挥过程，实质上是城市与外部发生物质、能量和信息交换的过程。因此，城市功能的形成和发挥作用的过程，是全方位开放的过程。

三、城市主导功能定位：城市发展战略的关键

在城市的功能定位方面，1933年国际现代建筑协会（Congrès Internationaux Moderne，CIAM）在雅典发表的有关城市发展的《雅典宪章》（Charter of Athens）[④]中，提出了城市与周围地区共同协调发展的整体性概念，提出了城市的基本功能在于解决城市居民的居住、工作、游憩和交通四大活动的问题。1978年12月该协会又在秘鲁开会通过了《马丘比丘宪章》（Charter of Miachu Picchu）[⑤]，充分肯定了《雅典宪章》的城市发展理念，并着重提出在城市急剧发展中应有效地使用人力、土地和资源以及如何协调

城市与周围地区的关系、生活环境与自然环境的和谐问题，使现代城市规划更具有人类生态学的意义。上述两个"宪章"对于现代化城市规划理论以及城市功能定位产生了重大影响。一个城市的功能定位往往是对城市与其他区域所要建立的经济关系的一种前瞻性的把握，是对将要发生的经济和社会作用的一种科学预见。在确定城市功能类型的基础上对其进行细致、准确地区域定位，是城市发展规划制定过程中的首要环节。

一个城市可以同时具有作为工业中心的生产功能，作为科教基地的文化功能，作为贸易中心的商业功能以及作为信息中心的服务、管理功能等。城市的功能是多样的，可把城市的各项具体功能看作系统的组成要素，包括经济功能、政治功能、社会功能、文化功能、生态功能。现代城市的功能是综合性、多元化的。合理的城市功能结构有助于单项功能的发挥，并强化主导功能，产生协同效应。城市的各种功能并不是等量齐观、平分秋色的，而是存在一般功能和主导功能之分。一般功能是指一切城市都具有的生产、流通、分配、社会、行政等共同性功能，是所有城市都具备的功能，表明的是城市的共性，区分的是城市与乡村的界限。城市的特殊性或个性决定了城市的特殊功能或主导功能，这种功能构成了区分这一类城市与那一类城市的主要根据。在各国城市发展的进程中，城市的主导功能定位一向是城市发展战略的关键。主导功能是指在城市诸功能中处于突出地位和起主导作用的功能，影响或左右城市其他功能的运行，甚至决定着城市的性质和发展方向。一个城市的主导功能往往是这个城市的支柱，是城市经济起飞的动力，通过主导功能，形成城市在区域城镇体系中的优势行业、优势产品，并利用主导功能的相互渗透开展经济交流，更好地发挥多功能的作用。

城市的主导功能有与其物质内容相一致的两大特性：一是对城市发展的决定性。即对城市的形成和发展具有支配作用，城市因其盛而盛，因其衰而衰；城市的性质是城市发展的灵魂，决定着城市发展的方向、城市功能的选择和培育以及城市功能的布局，而城市性质主要决定于城市主导功能。二是对区域作用的外向性。即该城市的特殊功能是以满足自身以外区域的需要而发挥其主导作用的，它是城市经济成长的基础。

城市只有一般功能的基础上，有主导功能，才能更好地发挥其在社会经济生活中的中心地位和作用。因此，城市不能盲目扩展规模。世界城市发展的历史警告我们："一个大城市，盲目扩展、壅塞的结果，便是将逐

渐丧失它吸引与聚合多种构成因素的一些特有功能，完全变成一群乌合之众，看起来活跃热闹，实际上日益解体。"马克思和恩格斯在《德意志意识形态》中明确指出："城市本身表明了人口、生产工具、资本、享乐和需求的集中，而在乡村里所看到的却是完全相反的情况，孤立和分散。"倘若说这种"集聚性"是城市存在和发展的基本条件，是城市发挥各项功能的基础，那么我们得出这样的结论：城市的一般功能是相对城市周围的乡村而言的，主导功能则是相对其他城市而言的。

在城市功能关系结构中，主导功能与一般功能之间的关系最为重要。主导功能是一个城市的优势所在，是决定一个城市整体功能的主要因素，而非主导功能则是围绕主导功能来发挥作用。一个城市的主导功能往往是这个城市的支柱，是城市经济起飞的动力，通过主导功能，形成城市在区域城镇体系中的优势行业、优势产品，并利用主导功能的相互渗透开展经济交流，更好地发挥多功能的作用。

城市功能，尤其是城市的主导功能是由分工决定的。城市所处发展的不同阶段，其分工和分工所决定的功能也就不同。因此，分工和分工所决定的功能是动态的、发展的。分工产生了不同城市的城市功能，确立了不同的城市定位。美国芝加哥大学地理学家哈里斯（C.D.Harris）曾把美国的988个城市分为8种类型，即大学城、观光和休闲城市、批发城市、制造业城市、运输城市、零售城市、矿城和杂业城市。原苏联学者B·C·霍列夫按照经济职能的分类标准，将城市分为工业中心、交通中心、多职能城市、地区组织中心、疗养中心、其他6种类型。日本学者小笠原义胜按照城市的主导功能，将城市分为商业城市、矿业城市、工业城市、交通运输城市、水产业城市、公务自由城市和其他产业城市等7类（见表1）。

表1 世界城市功能定位分类

分类	名 称	说 明
1	综合性城市	城市的政治、经济、文化等职能均很突出
2	工业城市	包括多门类的综合工业城市和单一门类的工业城市
3	商业城市	包括零售商业城市和批发商业城市
4	交通枢纽城市	包括港湾城市
5	文化娱乐城市	包括音乐城、电影城、旅游城、疗养城、赌城、古城
6	科研教育城市	包括科学城、大学城
7	行政城市	与综合性城市比较，它的政治功能十分突出
8	卫星城	包括郊区城市、居住城市（卧城）
9	农牧渔业城市	包括农垦型城市、牧业城市、水产城市
10	联合国城	

资料来源：黄继忠，夏任凡. 《城市学概论》[M]. 沈阳：沈阳出版社，1990：58.

每一个城市都要有自己的主导功能，在不同的发展阶段，由于各种社会、经济、历史条件的不同，城市的主导功能也应有所变化，功能辐射强度、作用范围也各有差异。可以说城市的主导功能是不断发展变异的。所谓变异就是指已有的主导功能被新的主导功能所取代，使整个城市的结构发生质的变化，从而也使城市的性质发生了显著的变化。正是在变异进化过程中，城市功能得到进化，城市得到发展。主导功能变异进化是城市功能发展过程中的一个重要规律，只有变异，城市才有生命力，城市才有发展前途。城市主导功能的变异表现为城市主导产业的变异，造成主导产业的变异通常有三个原因：一是自然资源优势的变化，二是地理区位优势的变化，三是产业结构的变化。

城市主导功能优化就是要适应时代的变化，不断寻找并培植新的经济增长点，以实现城市的可持续发展。城市经济功能的形成与发展要有相应的产业来支持，实际上城区经济功能的演化是城区产业不断分化升级的过程。城市经济功能的完善迫切要求城区构建与之相适应的合理且高效的产业结构。

从城市经济学分析，区域的生产、贸易、投资、金融等经济行为以及经济要素的空间聚集与扩散更多是在城市与城市之间进行，并且是以城市产业联系作为载体来实现的。但在一定时期，城市的功能、主导功能是一定的，寓于城市的产业即城市功能必须通过产业结构体现出来。因为产业，特别是工业制造业，是形成城市的最主要的经济基础。城市功能与城市产业相辅相成。

有什么样的功能，就必然会创造这些功能的产业，有什么样的产业，一般就具有相应的功能，并且主导功能往往是由城市的优势产业创造出来的。如钢铁城鞍山、石油城克拉玛依、汽车城十堰、旅游城桂林、日本的科学城筑波等都是围绕主导产业、优势产业发展起来的。明确并且处理好主导产业和其他产业的关系，配置最佳的产业结构，是发挥城市功能作用的关键所在。

产业结构是产业类型及各产业间技术经济联系的有机整体，产业结构决定着生产要素资源在城市各产业间的配置方式，决定着产出的类型和产出的水平，从而也决定着城市功能的性质和水平。首先，产业结构的性质决定了城市功能的性质，确定了城市的"能性"。人们在确定城市功能类型时，都是通过对主导产业的甄别进行的。其次，产业结构的水平决定了城市功能的辐射强度，规定了城市的"能级"。高水平的产业结构往往由生产效益较高、创新能力较强、带动力较大的产业充当主导产业，

079

产业间的投入产出链条环环相扣，基础产业部门和非基础产业比例协调，基本上不存在"瓶颈产业"，城市经济系统整体运行效率较高。高水平的产业结构能够促进城市经济的高效率增长，使城市经济总量迅速扩大，城市的竞争力迅速提升，城市功能的辐射力迅速增强，城市的区域地位不断提高。最后，城市产业结构通过基础产业（主导产业）地域分工专业化的发展,确立了城市的"能位"——依据个体城市专业化与城市群（带）整体综合化的互动发展模式，构建以城市体系为核心的区域网络经济框架。今后，产业发展与城市功能空间耦合程度将进一步加大。城市功能的发育发展需要产业发展予以支撑，产业空间与城市空间、人口分布的关联程度进一步加深，城市功能的实现和产业的发展需要专业化空间承载。

四、城市功能的空间结构：提高城市的综合效益

城市功能依附和源于城市结构[6]，但城市功能的演变也会推动城市结构的部分演变，城市发展，直接依赖城市功能的强弱、城市竞争力的大小，但根本则在于城市结构的合理性和先进水平。城市发展的过程和历史，就是城市结构演变的历史。城市结构的演变引起城市功能的转换，而城市功能的转换，又在一定程度和范围内引起城市结构的变化，这是结构和功能相互作用的结果，也是其相互作用的条件。城市功能是城市竞争力的内在表现，不断提高城市竞争力，需要不断强化城市功能，而为此就必须不断地调整和提升城市结构。这就是说，城市要依一定的结构条件选择培育城市功能，再按照一经选定的城市主导功能去调整和完善结构。如此循环反复，推动城市螺旋式发展。

城市功能结构的转变及空间结构的分散是现代城市发展的趋势。第二次世界大战后，随着高速公路的发展及计算机的广泛使用，美国城市化由聚集转向分散的郊区化时期，在这一进程中，人口、传统的制造业及传统的服务业由城市（市区）向郊区转移，城市则由制造业中心转变为智力中心。郊区的扩散及城市地区多中心布局的形成，有力地推动了城市化向极其广阔的空间扩散。城市空间结构是城市一切生活赖以运转的基础。没有合理的城市规划、设计及合理的空间布局，将给城市的经济生活、政治生活和文化生活带来各种困扰。不仅影响城市的经济功能、政治功能、文化功能，也影响城市的社会功能，甚至破坏城市的生态功能。

进入20世纪后，西方发达国家人口向城市迁移的速度加快，土地资源变得紧张，用地功能竞争激烈，城市内部出现了工业、商业、行政、居住区前所未有的功能区空间布局结构。越来越多的学者，尤其是美国学者，对城市结构提出各种理论，解释城市结构的发展过程和形成方式，解释功能分区的特点和分布规律。正是功能区的出现和发展，促进了城市结构的优化。

城市空间是城市功能的地域载体，城市功能组织在地域空间上的投影，是城市的政治、经济和社会等因素组合的综合反映，城市空间结构决定城市功能模式。优化城市空间结构是优化城市功能的重要手段。城市空间结构主要指城市中各物质要素的空间位置关系及其变化移动中显示出的特点，是从空间的角度来表述城市形态和城市内部相互作用的网络。从这个定义可以看出，城市形态与城市内部的相互作用是城市空间结构的两个重要内容。城市形态就是研究不同规模层次的城市基础几何元素，其目的是定量化地描述这些基本元素和它们之间的关系。同时，城市内部各组成要素之间联系紧密，其中一个要素的变化可能会对其他要素乃至整个城市系统都产生影响，城市内部的相互作用描述的就是城市系统内各要素之间的联系。城市功能的空间结构是指在城市空间结构的基础上形成的城市内部的功能分区，以及不同功能区之间的相互关系。城市系统内部各种要素按照自己的特性在城市空间中有规律地分布、运动，这样就形成了城市功能的空间结构。空间结构反映城市功能在城市内部不同地区的分布，如城市空间布局决定，如政治功能往往相对集中，社会功能则相对分散，与居民分布相协调。合理的空间结构有助于充分释放城市功能潜力。出于社会经济活动的需要，每个城市都会形成诸如CBD（中央商务区）、居住区、工业生产区等不同的功能区。然而，由于每个城市的自然条件、历史以及城市发展程度不尽相同，所以其功能分区的空间形态也各具特色。现代城市空间结构越来越呈现多层次、复合式特征，不同层次的城市有不同的功能。目前，世界的城市一般分为四个层次，第一层是世界高等级，是全球性的信息、金融领导控制中心，如纽约、东京；第二层是区域性的金融、管理和服务中心，如香港、上海等大都市；第三层是具体进行生产和装配的城市，就是大工业基地；第四层是局部地区的加工、交换中心。

城市是现代区域社会经济要素及产业的核心空间载体。现代城市形成的本身就是产业要素空间积聚的结果，城市群落在地理空间上如何分布，既取决于现代化大生产产业要素的流动和组合规律，也取决于地理、历史等因素。城市为产业要素的流动和配置提供了空间平台，正是不同

产业要素与不同经济地理相结合形成了具有不同空间结构的城市类型，在这些不同城市类型的相互作用下形成的城市网络，处在不同地理空间中的城市又表现出不同的城市功能。现代经济学理论认为，城市的发展（区别于增长）的主体动因是新兴产业的不断出现，夕阳产业的及时淘汰，即，产业结构的调整与优化是推动城市发展的核心动力，现代城市发展的过程是产业结构持续优化与升级的动态变化过程。城市产业结构的持续升级不仅促进城市发展能力的增强，而且是现代城市化的重要推动力，产业结构的升级促进城市化模式、城市地域形态的有序变化。另一方面，产业结构的升级变化离不开城市空间扩展、城市新区开发、城市职能体系变化等城市化诸多方面的空间支撑和需求拉动。城市功能的空间结构是由城市产业结构的空间分布决定的。因此，城市功能的空间结构优化主要是通过城市的产业结构调整实现的。产业结构的升级变化也离不开城市空间扩展、城市新区开发、城市功能体系变化等城市化诸多方面的空间支撑和需求拉动。产业结构的调整不仅能强化城市的辐射功能，而且还会引起城市功能系统在空间分布格局上的巨大变化。当城市产业结构由第二产业主导型向第三产业主导型发生转变时，生产方式也会相应地由劳动密集型向资本、技术密集型过渡，这种经济结构上的根本性转变一方面使得进一步的聚集发展变得不经济，另一方面也为扩散式发展提供了可能。因此，城市功能系统所承载和赖以发展的，是产业结构调整的扩散作用所形成的产业在城市内的重新分布。从西欧、美国传统制造业城市的衰落到以计算机等为代表的新兴产业城市的兴起；从我国"东北现象"、"西南现象"到东南沿海城市的蓬勃发展，都雄辩地证明了产业结构与城市功能之间存在着同兴同衰的联动关系。这种联动关系并非单向传递的，而是双向互动，区域发展对城市功能提出的要求也会对产业结构的发展产生导向和推动作用。

城市功能不是虚无缥缈的，它有服务的区域，同时还要有这种功能的空间载体，即要落实到城市的某一地块。而落到地块上的城市各种功能类型间具有相互作用，这种相互作用可能是相互促进，也可能是相互排斥。相互排斥的城市功能类型，若在空间上安排得当，能够共同发展、互不影响。因此，相互排斥的产业，只要空间安排得当，可以在同一城市布局。因此，城市产业结构的调整，势必需要城市土地利用结构做出相应的调整。20世纪60年代美国经济学家威廉·阿朗索（Willam Alonso）提出的级差地租理论，反映了城镇空间结构增长是市场竞争的结果这一基本原理。城镇土地级差收益

的客观存在，必然吸引各类空间经济要素的向心集聚。按市场供求均衡的原理，城镇中心区段的地价就会上升，从而产生排异现象，将附加值低的产业依次向聚集体外围排斥，以控制城市集聚规模的自动平衡和保持集聚结构始终处于高效益的运行状态，从而使各类用地布局按产业的不同呈现出明显的区位特征。

城市功能空间结构的优化，实际上也是城市用地结构的优化。不同性质、职能的城市以土地为载体的产业配置是不同的，从城市整体布局上对其合理化程度的要求也各不相同。在我国许多城市的土地利用结构不合理，而且各种用途的土地在城市内部的空间分布结构也不合理，城市土地配置效率低下。这就要求对城市用地结构进行有效的调整，一般来讲，第三产业适宜分布于市中心区、工业区、住宅区，高新技术开发区则宜分布在城区边缘。这样有利于实现城市土地价值，提高城市的综合效益。比如，从上海城市空间结构的现状、单一城市功能带来的后果及世界大城市地域空间发展的趋势来看，上海城市地域空间结构优化重点在于优化城市的用地结构，搞好城市用地平衡以及扩大城市用地规模，选择好城市空间伸展轴，以提供更宽敞的空间，使城市产业、人口、土地开发与环境容量相协调，实现可持续发展。重点是依托长江三角洲的各城市，建设一个包括浦东在内的主城—辅城—县城—中心镇构成的"多心、多层、组团式"的城市空间形态结构。

五、城市功能的区际协调：提升城市价值的重要途径

20世纪80年代以来，迅猛出现的经济全球化趋势，使全球产业空间布局发生了根本性改变。其最重要的表现至少有三：一是随着发达国家产业资本的外移和大量的FDI流入发展中国家，制造业呈现出更加分散化的全球配置特征；二是发达国家越来越集中于产业链的高端环节，其城市的生产要素配置也越来越集中于现代服务产业，从而使这些国家服务经济的特征更加鲜明；三是跨国公司出于对分散化运行的产业的指挥和控制的要求，在信息技术的支撑下，把以现代服务业特别是高级生产者服务业（APS）为主的城市作为全球化的节点或据点，使发达国家与发展中国家的城市之间形成不同的等级体系，并在这个有机体系的内部形成紧密的要素联系。在经济全球化背景下，区域与城市空间联系不断加强。城市一般都是人口与生产力高度密集的地区，在区域经济发展中处于核心地位，发挥协调组织的市场及行政作用，

其发展对周边的资金、信息、技术和人员等集聚和辐射功能强大。经济全球化和区域经济一体化正日益凸现出城市特别是大城市的重要性，经济功能是城市的主导功能，反映了这些城市在区域经济发展中所起的作用、地位和分工状况，体现着城市经济的辐射力和影响力。城区经济是城市经济发展的心脏所在，而基于功能导向来发展城区经济的优势产业是城市经济持续、稳定、健康发展的内在要求，有利于实现经济要素的有效配置，形成强大的内聚力和辐射力，带动相关产业的发展与升级，促进城市竞争力的提升以及活跃区域经济。

开放协调是提升城市价值[7]和城市功能优化的重要途径：

一是与周边地区的协调。城市带和城市群是相邻城市协调发展的有效形式，处于同一产业链上的不同集群分布在同一城市群内的相邻城市，这种现象很普遍。相邻城市要素禀赋相似，城市功能状况相当，通过城市间的功能协调能共同促进产业集群的形成和发展。城市群区域内各城市之间密切的经济、政治、文化、社会等多维联系通过人流、物流、资金流、信息流和技术流等城市流的空间流动得以实现，这是城市群体空间功能联系的产物和表现形式。城市群体空间的产业形态表现出产业链经济和产业集群经济并行不悖、交错发展的新趋向。从而，城市群体空间内部产业整合的方向不仅在于形成垂直分工的产业链，而且水平分工的产业集群将日益成为城市间分工的主要模式。例如，组团式城市群就是走出传统的高度集中、大一统的城市规划观念，按照局部与整体协调、分工与整合相统一的城市发展新理念，突破原有的城市空间，根据地缘特点将城市整体功能分解为相互联系的不同局部的组团功能，实现城市功能在大空间上的重新整合。组团式城市的出现扩展了城市的空间概念，特别是在现代交通、通信技术的支持下，不仅可以使高度集中的城市功能进行分区设置，形成明显的分区特色，同时也不影响各分区对城市各种功能的共享，由此形成了大空间范围内多元功能相互组合的现代组团式城市。

二是区域协调。中心城市是相对于经济区和城镇体系而言的，对于一般城市来讲，是指在经济上有着重要地位，在政治和文化生活中起着关键作用的城市，它具有较强的吸引能力和辐射能力以及综合服务能力；从区域的角度上讲，区域中心城市是经济区域中经济发达、功能完善，能够渗透和带动周边地区经济发展的行政社会组织和经济组织的统一体。中心城市是经济社会发展到一定阶段的产物，是区域经济的一个极核点；从规模

上和结构上表现为区域经济的增长中心，它是周围城市的增长极。中心城市要发挥自己增长极的作用，通过自身经济的辐射和扩散，与周边城市加强资源、市场、人才等要素的交流与合作，引导其他城市主动向都市圈经济靠拢，逐步形成都市圈区域经济一体化。都市圈的出现，改变了资源配置的空间，形成了都市圈中不同类型城市之间的优势互补，扩展了城市间的社会分工体系，使产业要素在更大空间和更高层次上进行优化配置成为可能。在经济全球化背景下，大都市圈成为提升中心城市竞争力和地区竞争力的主要途径。在经济全球化发展的今天，一个国家、区域的竞争主要取决于中心城市的竞争，都市圈最大的优势就是可以实现资源优化。大城市为什么能够吸引那么多的企业？原因就是公共设施、产业生态链等配套比较完善，还有周边产业的支持，产业之间可以实现互补，从而大大降低企业运作成本。区域要形成一定的产业集群，需要有一个特大城市的辐射，否则难形成固定、强大的产业集群。只有强化中心城市的市场和服务功能，成为功能完善的服务中心、繁荣活跃的市场中心，才能够带动周边城镇的共同繁荣。如能打破行政区划的限制，前瞻性地统一中心城市和周边城市的发展规划，有意识地引导中心城市和周边城区实现对接，则无疑既有助于产业的集聚与整合，也有助于城市的发育及其功能的增强。

三是全球协调。城市功能全球化，既是一种不以人们的主观意志为转移的趋势，又是一种取决于多种因素综合渐进的过程。经济全球化进程使现代都市及其城市群的中枢作用非常突出和显著。现代城市群的本质特征是拥有全球的控制能力，随着全球化影响的逐渐深入和更加广泛，现代城市群在全球经济中的地位和作用也愈加显著。以中心城市为核心的城市群将越来越控制和主宰着全球的经济运行，新的国际劳动地域分工格局将进一步演变。现有的具有全球性经济、政治、文化交流等作用的综合性城市群有以伦敦为中心的英国城市群，以巴黎为中心的法国城市群，以纽约为中心的美国东海岸城市群，以芝加哥为中心的美国中部城市群，以东京为中心的日本城市群，等等。在全球化背景下，城市功能定位与发展日益考虑全球范围内的协调，发展中国家通过城市功能有针对的调整，以集群的形式接收国际产业转移，是融入全球经济的重要途径。由于区域和全球化的联系日益增强，区域创新体系不是封闭的，而是开放的，要与其他地区和全球产业价值体系相融合，使创新要素进行跨区域和全球流动。城市产业的发展也必须与全球

摄影／王艺玮

产业链或全球市场的大背景相结合，只有融入更大区域乃至全球产业价值链体系，不断朝着全球价值链（Global Value Chain，GVC）⑧的高附加值环节攀升，城市产业才具有持久的生命力。

注 释

① 区域不仅仅指一个空间范围，还包括区域内的各种经济社会资源要素组合，区域格局中的区位与区域内其他城市的相互联系和城市之间的竞争协作关系。区域要素组合具有内部复杂性，因此，区域要素的综合分析对于城市功能定位具有重要意义。只有对其进行充分的认识，才能够对城市功能做出合理的定位。城市功能孕育于区域，同时，又反馈于区域。

② 增长极理论（Growth Pole Theory）最初由法国经济学家佩鲁（Francois Perroux）提出，后来法国经济学家布代维尔（J.B.Boudeville）、美国经济学家弗里德曼（John. Frishman）、瑞

典经济学家缪尔达尔（Gunnar Myrdal）、美国经济学家赫希曼（A.O.Hischman）分别在不同程度上进一步丰富和发展了这一理论。增长极理论认为：一个国家要实现平衡发展只是一种理想，在现实中是不可能的，经济增长通常是从一个或数个"增长中心"逐渐向其他部门或地区传导。因此，应选择特定的地理空间作为增长极，以带动经济发展。

③ 中心地理论又称"中心地学说"，是研究城市空间组织和布局时，探索最优化城镇体系的一种城市区位理论。中心地理论产生于20世纪30年代初西欧工业化和城市化迅速发展时期，是1933年由德国地理学家克里斯泰勒（W.Christaller）首先使用的。德国地理学家克里斯塔勒对德国南部城市和中心聚落进行了大量调查研究，他发现一定区域内的中心地在职能、规模和空间形态分布上具有一定规律性，中心地空间分布形态会受市场、交通和行政三个原则的影响而形成不同的系统。

④ 《雅典宪章》（Charter of Athens）是1933年8月国际现代建筑协会第4次会议通过的关于城市规划的理论和方法的文件，这个文件对建筑学产生重大影响。会议在一艘邮船上举行，航程从马赛出发开往雅典再返回马赛。文件是在雅典讨论通过的，因而被称为《雅典宪章》。《宪章》是在当时协会的主持

人勒・柯布西耶直接参加下产生的。中国在 1951 年出版了这一文件，中译本名为《都市计划大纲》。《雅典宪章》共分 8 章：定义引言；城市的四大功能；居住是城市的第一功能；工作；游憩；交通；有历史价值的建筑和地区；总结。《宪章》是对 19 世纪后期以来城市规划理论和方法较为系统的总结。《宪章》的基本精神是重视现代城市的功能，批判那种追求"纪念性排场的效果"的规划思想。它把城市规划从单纯的空间艺术构图中解脱出来，置于科学的基础上。《宪章》所阐明的思想及其对现代城市规划所提出的许多具体原则，在以后几十年世界各国的规划和建筑实践中起着重要的作用。

⑤ 1977 年 12 月，世界各国建筑界和城市规划界著名人士在秘鲁利马集会通过的《马丘比丘宪章》，对《雅典宪章》作了历史的评价，并根据新的情况，在一些方面修正或发展了《雅典宪章》的思想和原则。《马丘比丘宪章》是在对《雅典宪章》问世 40 余年后城市规划实践中的应用进行评价的基础上，展示城市规划观念新变化的宣言性文件。《马丘比丘宪章》认为，《雅典宪章》中提出的某些原则是正确的，许多原理将继续在城市规划中发挥作用。但是，近几十年世界工业技术空前进步，极大地影响着城市生活以及城市规划和建筑，无计划的爆炸性的城市化和对自然资源的滥开发，使环境污染到了空前的、具有潜在灾难性的程度。根据这些新的情况，《马丘比丘宪章》认为，《雅典宪章》的某些思想和观点应该加以修改和发展。《马丘比丘宪章》共 11 节：城市和区域；城市增长；分区概念；住房问题；城市运输；城市土地使用；自然资源和环境污染；文物和历史遗产的保存和保护；工业技术；设计和实施；城市和建筑设计。

⑥ 所谓结构是指组成某一系统的各种要素之间的排列与组织的方式，除了要素之间相互组合的比例以外，更重要的是它们之间相互关联的方式；功能则是系统与外界环境的相互作用能力，是系统结构动态过程的外部表现。结构是系统保持整体性及其有一定功能的内在依据；功能是各结构要素之间相互作用的产物，是结构的外在表现。一定的结构总是表现出一定的功能，一定的功能总是由一定的结构产生。也就是说，结构决定功能，功能反作用于结构。

⑦ 城市价值是城市在一定时期和一定区域范围内产生的各种贡献的总和，大体上可分五大类：经济价值、政治价值、文化价值、社会价值和生态价值。城市价值是当前价值和未来潜在价值的统一，城市价值的大小还可以通过城市效率来衡量，城市效率体现为城市的资源配置效率、集聚与辐射效应及其促进社会可持续发展的能力。

⑧ 全球价值链（Global Value Chain，GVC）是为实现商品价值而连接生产和销售等过程的全球性跨企业网络组织，涉及从原料采集和运输、半成品和成品的生产和分销，直至最终消费者的整个过程，包括所有生产者和生产活动的组织及其利润分配，并且通过自动化的业务流程和供应商、合作伙伴以及客户的链接，以支持机构的能力和效率。在全球范围，有"纽约—伦敦—东京"的金融联系，有"硅谷—新竹—珠三角城市（带）"的生产联系，此类联系超越了地域的邻近关系，从非本地联系、全球联系来研究区域产业集群创新管理问题恰恰是国际学术研究的一大热点。

参考文献

1 孙志刚. 城市功能论［M］. 北京：经济管理出版社，1998.

2 冯云廷. 城市化过程中的城市聚集机制［J］. 经济地理，2005（6）.

3 赵红军. 从演进经济学视角解读城市形成原因［J］. 城市问题，2006（1）.

4 葛海鹰等. 产业集群培育与城市功能优化［J］. 大连理工大学学报（社会科学版），2004（4）.

5 李丽萍，郭宝华. 城市化形成及演进机制的比较［J］. 改革，2006（3）.

6 原毅军，葛海鹰. 城市价值与城市功能优化［J］. 中国城市化，2004（4）.

7 关春玉，吴建林. 强化城市功能的若干问题探讨［J］. 西北民族大学学报（哲学社会科学版），2004（2）.

8 王书汉. 现代城市功能结构的优化思路［J］. 鞍山师范学院学报，2006（5）.

9 阎小培. 广州城市 CBD 的功能特征与空间机构研究［J］. 地理学报，2000（4）.

10 任宗哲. 城市功能与城市产业结构关系探析［J］. 国土开发与整治，1999（3）.

11 赵民，陶小马. 城市发展和城市规划的经济学原理［M］. 北京：高等教育出版社，2001.

12 ［美］K・J・巴顿. 城市经济学：理论与政策［M］. 北京：商务印书馆，1981.

13 陈玉英. 城市功能及其服务转型趋势分析［J］. 学理论，2009（5）.

14 张复明. 城市定位理论的理论思考［J］. 城市规划，2004（5）.

15 高宜程等. 城市功能定位的理论和方法思考［J］. 城市规划，2008（10）.

16 黄继忠，夏任凡. 城市学概论［M］. 沈阳：沈阳出版社，1990.

17 梁玉芬. 城市空间结构决定的城市功能模式探讨［J］. 中共山西省委党校学报，2005（3）.

18 张登国. 城市定位模式与方法的理性思考［J］. 上海城市管理职业技术学院学报，2008（1）.

19 周一星. 城市地理学［M］. 北京：商务印书馆，1999.

20 张建新. 城市功能演进与主体功能区建设协同发展的实证研究［J］，长安大学学报（社会科学版），2009（3）.

21 马克思，恩格斯. 马克思恩格斯全集（第 3 卷）［M］. 北京：人民出版社，1956.

22 CD Harris.A Functional Classification of Cities in the United States ［M］.Geographical Review, 33 January 1943.

23 William Alonso.Location and Land Use toward a general theory of land rent[M].East−West Certer Press Honolulu,1966.

24 Camagn,i Roberto,Gibell,iMaria Cristina,Rigamont,i Paolo. Urbanmobility and urban form: the social and environmental costs of different patterns of urban expansion[J].Ecological Economics,2002(40).

25 Francois,Perroux.Economic Spaces:Theory and Application [M]. Quarterly Journal of Economics, 1955,64（1）.

作者简介

陈柳钦，天津社会科学院城市经济研究所教授。

CUR

Urban Humanistic Thinking

城市人文思考

当代中国城市形态问题的人文反思*

秦红岭

摘要：从人文视角对当代中国城市形态发展中存在的问题进行了阐述与反思，提出当代中国城市形态的问题主要表现在六个方面，即城市空间破碎化导致的城市文脉淡化现象；城市形态趋同化导致的城市特色危机现象；城市形态的历史文化和精神内涵的表面化和浅薄化现象；城市形态发展中市民视角和人性空间的缺失现象；城市整体生态环境的恶化现象以及城市形态存在一定程度的效率与公平失衡现象。

关键词：城市形态；城市特色；人文反思

086

Abstract: This article describes the problems on the development of Chinese urban form from the humanistic perspective. It points out that the problems of Chinese urban form mainly in six areas, namely, fragmentation of urban space due to urban context dilution phenomenon; deficiency of urban characteristics due to convergence of urban form; superficiality in terms of its historical and spiritual meaning of urban form; lack of public space and human nature on the process of urban form development; deterioration of the overall urban ecological environment and imbalance of efficiency and equity of urban form to a certain degree.

Key words: urban form; urban characteristic; humanistic reflection

近几十年来，中国城市化与城市建设的发展规模与速度空前，城市在推土机与挖掘机的轰鸣中，呈现出日新月异的面貌，取得了有目共睹的成就。但是，在繁荣与发展的背后，也出现了一系列的问题，甚至有的问题对构建人性化的城市而言是致命的打击。若我们不能以科学发展观为指导，深刻反省并扭转"以物为本"、"以资本为本"和效率至上的城市发展模式，其代价将是城市的不宜居住和人文断裂的严峻后果。从人文视角审视，体现在城市形态方面的问题，主要表现在以下六个方面。

一、城市空间破碎化导致的城市文脉淡化现象

城市文脉是体现一个城市的历史积淀和独特气质的文化遗产脉络，是城市彼此区分的重要标志。正如一代又一代的生命需要祖先的血脉得以延续，城市的延续也离不开其历史铸成的独特"血脉"。因而，在城市化进程中，我们一方面要避免毁掉那些与城市文脉一脉相承的优秀

传统建筑与街区，另一方面，在城市更新中更要强调新建筑与周围环境的和谐，尤其是与城市传统特质的和谐。然而，这些年来，我国许多城市包括一些历史文化名城，在大规模、无章法的城市开发建设下，使原先比较连续的城市肌理被分解割裂，城市文脉持续不断地淡化。

在许多城市，大量的新建筑，尤其是一些所谓的标志性建筑或"偶像建筑"，往往以自我为中心，与城市空间环境的关系失去平衡，城市景观的连续性被一些位置随意、毫无特色的高层建筑肆意切割，城市原有的整体风貌显得支离破碎、杂乱无章。曾长期参与中国城市规划工作的美国注册规划师苏解放（Jeffrey L.Soule）认为，好的城市应该以绝大多数建筑作背景，由此界定城市的公共属性，就如同一支军队需要成千上万名优秀士兵排成整齐威严的队列，却只有几个将军一样。而现在的北京，几乎被变为一个充满了"建筑将军"的城市，每个将军统领只有一个士兵的军队。一处处"震撼效应"迭加起来，结果就是城市形态的自我"休克"[①]。被誉

为"新加坡规划之父"的刘太格认为："一座城市是由很多建筑组合而成的，就像一个建筑的合唱团，大多数建筑都是谐音，只有一两个是领唱，那合唱团的歌声听着才能入耳。城市也是这样，如果每幢建筑都想领唱，都标新立异，那肯定就全乱了②。"建筑学家郑时龄则针对当下中国城市建设"地标情结"盛行的现状，认为那些求"高"、求"奇"、求"怪"的建筑只能瞬间闯入人们的视线，惊诧后却是美感的缺失，地标多了也就没有了地标，靠"突兀"争做地标，只能把城市建设引入一个无序、杂乱的境况③。

以有着850多年建都史的北京为例，改革开放以来所进行的大规模的旧城改造，并没有处理好城市更新与保护城市文脉的关系，不仅迅速扩张的城市不断淹没传统的城市形态，而且许多新建筑完全放弃了对传统建筑精神的传承，或者无视其是否与传统城市风貌相和谐。例如，颇受争议的国家大剧院位于充满传统皇家建筑符号的天安门广场附近，几乎与周围的环境没有关系。梁思成和陈占祥曾指出："在建筑与都市计划工作者和许多历史文艺工作者眼中，民族形式不单指一个建筑单位，北京的正中线布局，从寻常地面上看，到了天安门一带'千步廊广场'的豁然开朗，实是登峰造极的杰作；从景山

或高处远望，整个中枢布局的秩序，颜色和形体是一个完整的结构。那么单纯壮丽，饱含我民族在技术及艺术上的特质，只要明白这点，绝没有一个人舍得或敢去剧烈地改变它原来的面目④。"遗憾的是，现在倘若我们从景山上远望体积庞大、外部围护钢结构壳体的国家大剧院，可以明显看出，由于它的"高傲"与"突兀"性的存在，使北京古都风貌景观的连续性、协调性遭到破坏，与作为古都北京的建筑风格、空间尺度、传统肌理和城市形态并不和谐。

除此之外，城市形态的基本结构、城市肌理与交通形态也密切相关。随着机动车交通突飞猛进的发展，越拓越宽的马路在城市内恣意纵横，城市的快速机动车干道、高架道路，以及立交桥的大量增加和不当设计也对原有的形态造成冲击，撕裂了城市的整体结构，切断了城市空间的连续性，城市空间被切割成一块块的"孤岛"，加剧了城市空间破碎化趋势。在世界很多城市，即便一些特大城市，都没有像北京、上海这样拥有众多的立交桥、高架桥和过街天桥，肆意切割着城市的轮廓线。城市中是不是立交桥建得越多就越好，交通建得越多就越顺畅，这是一个值得城市规划者认真反思的问题。

二、城市形态趋同化导致的城市特色危机现象

只有具有独特的城市个性，才会拥有迷人的城市魅力。当今，有些大城市虽然也涌现了不少设计独特、吸引眼球的地标式建筑，但城市总体特色的丧失仍是一个普遍的趋势。

我们的城市变得越来越相像，越来越没有识别性。无论走到哪个城市，全是一样的宽马路、一样的立交桥、一样的中心广场、一样的商业街、一样的住宅小区、一样标识的星级酒店和百货商场、一样的马赛克和玻璃幕墙包裹着的高层建筑，甚至一样的绿化风格、城市雕塑和霓虹灯⋯⋯一位市民带着新婚妻子开始了蜜月旅行，精心选择了上海—南京—天津—北京—西安这五个历史悠久的名城，期望能够感受中国古老的文化和各地的城市风貌。二十天的旅行让他们得出的结论却是："太相像了，哪里都差不多，如果不到那些历史遗留下来的古迹，走在普通的大街小巷，或者从宾馆的房间望出去，你甚至会在某一瞬间有些恍惚，不知道自己身在哪里⑤。"

有众多城市，包括一些历史文化名城，怀着所谓"一年一大步，三年大变样"的雄心壮志，摈弃传统城市肌理，对旧城和历史街区大拆大建，致使一片片积淀着丰富人文信息的历史文化街区被夷为平地，撕裂了城市发展中珍贵的时空延续感及文化自明性。例如，根据2007年的统计，北京旧城仅占规划市区面积的5.76%。这其中，传统建筑风貌区及传统与现代混合区的面积占43.7%，已呈现完全现代化风貌的区域占36.67%，已成为道路、现代广场的面积占19.63%。可见，偌大的北京所保留的历史风貌空间已经相当有限，甚至严格说来一条完整具备明清建筑风格和形制的胡同也没有了。尽管在历史文化名城的保护方面，北京出台了相关的政策与法规，但老城区仍在"保护"中不断地遭到"建设性破坏"，历史遗存变得支离破碎，传统空间秩序逐渐丧失，城市形态走向趋同。

还有的城市陷入一面毁掉真正的历史古迹，一面却热衷于大造仿古赝品的怪圈之中。这种"建设性破坏"带来的是地方文化与传统空间秩序的丧失，伴随的是城市的无特色性和无识别性。我国自古所谓的"十里不同风，百里不同俗"的城市风貌，已经变成一种文化乡愁式的回忆，一个又一个的具有地域特色和民族风格的城市，在全球化和所谓国际化的浪潮下，争相"与国际接轨"或建设成"国际大都市"，逐渐沦为荷兰建筑师雷姆·库哈斯（Rem Koolhaas）所称的"平庸城市"（Generic

City）。这种平庸城市与传统城市相比，其特点就是像人们在世界各地看到的飞机场一样毫无个性、毫无身份可言。它像是计算机的桌面或者一张软盘一样，是同一简单结构的无限重复。看上去有相同的街区，街道也主要供行车之用；每个区域都是独立的整体，包括马路、住宅区和绿化带；高楼大厦遍地皆是，互相也没有什么关系；没有家园感和历史感，也没有所谓地方特色，保存一些地方文物和古迹符号不过是为了供旅游和凭吊之需。难怪著名作家冯骥才这样感叹："我们600多个城市已经基本失去了个性，文脉模糊，记忆依稀，历史遗存支离破碎，文化符号完全混乱⑥。"

因此，面对日益突出的城市形态趋同化、无个性化现象，尤其需要我们每一个城市挖掘、传承和创新作为城市之根的地域文化特色和本土化的城市元素，为建设和发展各具特色的中国城市形态而努力。

三、城市形态的历史文化和精神内涵的表面化和浅薄化现象

城市形态虽然首先表现为一种物质实体，但构成城市之魂的却是物质实体背后所表现出的各种历史的、文化的和精神的内涵。美国著名城市理论家刘易斯·芒福德（Lewis Mumford）曾提出过一个重要思想：城市是人类精神文化的创新地和大"容器"，是人类至今创造的最好的文化记忆的器官。城市的贡献和作用在于它能保存、留传和发展社会历史文化，"城市通过它的许多储存设施（建筑物、保管库、档案、纪念性建筑、石碑、书籍），能够把它复杂的文化一代一代地往下传⑦，这是城市独特的功能之一。因此，对城市传统和文化遗产的保护，既包括它的物质环境，也包括它的文化环境和生活形态；既包括历史建筑和街区的物质要素，也包括历史建筑遗产背后蕴含的精神、情感、故事等人文内容。

"残山梦最真，旧境丢难掉"。当人们谈起对一座陌生城市的第一印象时，除了城市建筑、街道、市政设施、自然景观、经济发展程度之外，经常会用文化、历史这样的"滤镜"来评判这座城市是否有底蕴。的确如此，文化是人类的情感表达，而不是一种简单的形式符号。城市的各种建筑与街道，倘若没有"朱雀桥边野草花，乌衣巷口夕阳斜。旧时王谢堂前燕，飞入寻常百姓家"这样的或凄婉、或沧海桑田般的故事与景象，是无法完整体现出一座城市深厚的历史文化意味的。意大利作家伊塔洛·卡尔维诺（Italo Calvino）说："我可以告诉你，高低起伏的街道有多少级台阶，拱廊的弧形有多少度，

屋顶上铺的是怎样的锌片；但是，这其实等于什么都没有告诉你。构成这个城市的不是这些，而是她的空间量度与历史事件之间的关系：灯柱的高度，被吊死的篡位者来回摆动着的双脚与地面的距离，系在灯柱与对面栅栏之间的绳索，在女王大婚仪仗队行经时如何披红结彩……城市就像一块海绵，吸汲着这些不断涌流的记忆的潮水，并且随之膨胀着⑧。"

近几十年来的城市开发与建设，并非不重视城市形态的文化内涵的提升。然而，在几乎全盘推倒重来的旧城改造模式下，在开发商利益最大化与政府政绩冲动的双重催化下，在城市建设普遍浮躁和相互模仿、盲目攀比的大背景下，许多城市不是深化自己的文化内涵，而是在城市景观上做表面文章，城市形态更多呈现出的只是一种能够短时间见效果的布景化的文化表象，或"面子工程"，就如同一位只知道涂脂抹粉，却没有内涵和品位的俗气大姑娘一样。即便是继承和恢复传统的城市文化和建筑文化，大多也是简单模仿传统建筑和城市风貌的"显性"文化符号，忽略建筑与周边人文环境的有机关系，不能很好地将其"隐性"的观念与文化气息表达出来。例如，在产业化开发中建设的若干仿古建筑或仿古一条街，虽可在有限的范围内营造表面的传统气氛或地域风格，但无法保护全部历史信息，其本身只是无生命力的抄袭与复制（图1）。

图1　仿制和重建后的北京前门大街，缺失的是北京的城市文化之"魂"

一个城市的文化品位和文化精神绝非一朝一夕之功，它是城市在历史变迁中慢慢积淀起来的，不可能短期速成。遗憾的是，我们在城市建设中并没有很好地处理城市物质形态与城市文化"神态"的辩证关系，在城市大规模改造中失去的不仅仅是古老的建筑，还包括城市特有的人文景观、文化气息和历史记忆。这样的现象反衬

了真正体现城市文化与城市精神之"魂"的烟消云散。这种"魂"是唤起市民归属感、认同感和眷恋感的东西；是赋予城市以个性化的鲜活生命力的东西；是慢慢生成、浑然天成、凝聚着生活点滴、浸透着历史记忆的东西。

四、城市形态发展中市民视角和人性空间的缺失现象

对城市形态有目的、有计划的改造与发展，从一定意义上说是对城市社会秩序的重建。这种重建所应遵循的根本价值原则，用通俗的话来说就是我国大多数城市一直倡导的一个口号："人民城市人民建，城市建设为人民"。然而，由于城市政府片面的政绩取向、城市开发的过度市场化、市民社会发育不健全以及缺乏有效公众参与的"精英主义"的规划模式等因素的制约，真正以普通人日常生活为导向的"市民城市"建设非但没有得到很好的落实，反而是城市的大规模更新开发、城市的公共空间和景观建设往往不照顾当地居民生活模式和社区网络，一定程度上割裂了普通的城市居民与城市的血脉联系，并以人性化的市民生活环境破坏为代价。

且不说许多城市中心传统街区和街巷生活正在消失，如上海的石库门弄堂、北京的胡同，以前街区的老房子在"旧城改造"的幌子下被高价卖给有钱的商人，开发为所谓的CBD（中心商务区）或高档消费娱乐场所，抹平了这些空间原有的生活印痕和人文价值，脱胎为新富裕阶层或所谓精英阶层消费主义生活模式的各种时尚场所，渐渐跟原住民和大多数普通市民的关系越来越疏远。就连街道、广场等与市民的日常生活息息相关的市政设施和公共空间的设计与建设，也往往体现的是"以物为本"。例如，现在许多城市随着机动车数量迅速增加，机动车道路所占的面积越来越大，甚至将自行车道挤压到人行道，人行空间越来越窄。还有的城市为车辆快速通过而在市区大搞封闭式干道，让行人爬天桥下地道，街道景观和设施建设也多考虑行车方便。

20世纪90年代起，我国各地还兴起规模巨大的城市景观建设运动，使城市形象得到了较大改善。但景观建设中也存在类似问题，即见物不见人，不能充分认识到景观规划与建设是为了生活在物质环境中的人，而不是物质环境本身，不能很好地将景观规划、物质环境改善与市民生活质量的提高结合起来。如有的地方官员不顾自身财力和群众反对，脱离实际需要、贪大求洋，修建大型城市广场、景观大道、城市亮化照明工程、标志性建筑等所谓"形象工程"，结果劳民伤财，没有真正把"以

人为本"的理念落到实处，还引发了不少社会矛盾。还有的城市，为了修建体现所谓城市形象的景观大道，不惜牺牲城市街道原有的合理尺度和绿化格局，粗暴地割裂原有的城市肌理，将原本尺度宜人、热热闹闹的街道变成光秃秃、冷清清的宽马路。最近几年来，北京、上海等大城市都在城市局部区域兴建了一些大型开放式的公园，城市绿化的成就也是有目共睹的。但还是存在一些问题，如有些城市把主要服务于市民休闲生活的公园当成展示舞台和旅游景点来建设，还有许多城市公共绿地分布不合理，且以展示性为主。其实，若以普通市民的需求为本，就应该让公共绿地和街心公园镶嵌在市民生活的日常区域周边，实行"大小适度，近便分布"的原则，使公共绿地和公园所发挥的效益直接惠及居民日常生活。此外，真正以市民为本的城市，不应只注重一些形象性、展示性的"大空间"规划，还要用心地设计与管理城市中一些常常被忽略的"小空间"，例如街道的转角、小巷、角落、过街天桥、地下通道、交通换乘空间、室内外过渡空间等。

总之，城市中绝大多数的街道、景观和开敞空间当是为市民的真实生活而设，而非为城市的虚妄形象而设。看上去很美、很壮观，但市民利用率很低的空间，不是好空间。城市形态的发展建设归根结底是为了使城市空间更好地为市民生活服务。

五、城市整体生态环境的恶化现象

城市绝非远离自然的纯粹人工构筑物，而是人与自然紧密联系的复合生态系统，城市形态的好坏与城市生态环境密切相关，一个健康的城市形态，一定是生态良好的城市。

在我国，随着改革开放多年来城市经济持续高速发展，城市化水平的不断提升，以及城市规模迅速扩张和城市设施高强度建设，发达国家近百年出现的城市环境问题在我国近20年内集中爆发，产生了一系列的环境问题。世界银行2001年发展报告中列举的世界污染最严重的20个城市（主要在空气质量方面），我国就占了16个。我国污染排放水平大大高于多数发达国家，每增加单位GDP的废水排放量比发达国家高10多倍。2006年我国工业和生活废水排放总量537亿吨，其中化学需氧量排放1428万吨，居世界第一。在2002～2007年间，我国的二氧化碳排放量翻了一番，2008年二氧化碳的年排放量超过美国，居世界第一。目前，我国城市总体上空气质量较差，在检测的500个城市中，只有38.6%

的城市达到国家环境空气质量二级标准，中国已成为世界上大气污染最严重的国家之一。国际通行的衡量空气污染的标准是测量每立方米空气中所含的悬浮微细粒子，世界卫生组织的标准是20微克。中国只有1%的城市居民生活在40微克的标准以下，有58%的城市居民生活在100微克标准以上的空气中。大气污染的代价仅从以下这组数字便可见一斑：2008年中国113个重点城市中，有48个城市空气质量达不到二级标准；灰霾和臭氧污染已成为东部城市空气污染的突出问题。上海、广州、天津、深圳等城市的灰霾天数已占全年总天数的三成到五成。2007年7月，国家环保总局、经济合作与发展组织（OECD）联合发布的《OECD中国环境绩效评估》报告指出：中国1/3的河流和1/4近岸海域遭到严重污染，主要城市中近半城市饮用水源不合格，有相当数量的城市生活污水处置率严重不足，企业废水直接排入河流湖泊，全国有3.2亿人用水不安全。有学者指出，当前我国大多数城市普遍遭遇水体富营养化的"绿"、气候热岛效应的"红"、沙尘暴和酸雨的"黄"、城市灰霾的"灰"四色效应的现实生态尴尬，以及水资源枯竭、化石能源短缺、气候变暖和海平面上升的长期生态威胁[⑨]。还有不少数据表明，在经济发展和硬件设施方面，我国许多大城市与一些发达国家和地区的城市之间的差距越来越小。然而，在生态环境建设方面，却与发达国家和地区的城市差距十分明显，甚至这种差距还有继续拉大的趋势。

总之，城市的扩展与蔓延带来了一系列的生态环境问题，尤其在我国这样的快速发展国家，城市化的演进与有限的资源承载力、脆弱的生态环境间的矛盾越来越突出，寻求城市的可持续发展已成为一个至关重要的课题。

六、城市形态存在一定程度的效率与公平失衡现象

好的城市形态既有效率又要体现公平。在我国，由于城市建设一直有一种重效率、轻公平的片面化倾向，往往为了保经济发展而忽视兼顾公平，社会公平原则受到一定程度的冲击。城市规划也被认为应当为各类建设项目的快速推进服务，有意无意忽略了城市规划维护社会公平和谐的公共政策功能。表现在城市形态方面，一定程度上出现了区域发展不平衡的问题和令人担忧的两极化趋向，主要体现在两个方面：

其一，许多城市在近些年的发展中，出现了比较明显的区域发展不平衡问题，已经影响到了城市形态的和

谐发展。以北京为例，2009 年 3 月 11 日，北京市社科院、社科文献出版社联合发布 2009 年《中国区域经济发展报告》蓝皮书中指出，北京六大高端产业功能区全部集中在中心区域和东、北部，使得这些区域的要素过于密集，房价高涨，交通成本高，不利于产业发展和环境优化。而京西南区域面积占全市的三分之一，人口占四分之一，发展却相对缓慢，其 GDP 仅占全市的八分之一，财政收入占全市的十六分之一。此外，北京城区还存在优质的教育、医疗、交通等城市公共产品配置不均衡的问题[10]。

其二，许多城市存在城市新区、中心区与城乡结合部及"城市角落"（如"城中村"、一些特殊人群聚居地），在城市基础设施、房屋建设、环境整治等方面出现较大反差与不和谐现象。这些区域的规划、建设和社会管理长期处于混乱和低水平状态，造成房屋布局杂乱无章、建筑密度过高、环境卫生差、生活和基础设施配套严重不足、消防隐患严重以及治安状况堪忧等问题。为了城市整体形象的提升，为了使城市建设的成就惠及更多的民众，今后，城市规划和城市更新中，要特别注意旧城及旧城区的危旧房集中区、城乡结合部、城中村这些地方，不能由于规划与建设管理的相对薄弱，以及财力不足、难度较大和经济效益低下等因素的制约，让这些区域成为城市建设中被人遗忘的"孤岛"。

七、结语

自 20 世纪 80 年代起，伴随中国轰轰烈烈的城市化发展进程，引发了城市传统风貌消失、城市文脉断裂、人居环境污染、市民视角缺失、公平与效率失衡等若干问题，城市发展也愈来愈显露出它非人性化的一面。这些问题引起了许多有识之士的思考，我们的城市该往何处去，如何重构我们的城市理想，如何寻找我们的城市之魂？而对于城市形态理论而言，要解决城市形态发展过程中出现的种种问题，应当首先从讨论好的城市形态"应该是什么"的价值标准入手，反思并调整以往城市建设和发展目标的价值取向。因为，"对城市价值的研究，或许有助于我们深刻地认识今天的某些价值观念背后所反映出来的城市的困境，即我们真正缺失的是什么[11]"。

注 释

* 本文为北京市属高等学校人才强教深化计划"建筑伦理学"学术创新团队成果（PHR200907128）。

① （美）苏解放. 北京当代城市形态的"休克效应"[J]. 瞭望新闻周刊，2005（33）.

② 薛江华. 担忧中国城市仿效美国郊区[N]. 羊城晚报，2009-03-27.

③ 刘迪. "突兀"建筑做地标将使城市杂乱无序[N]. 文汇报，2008-04-17.

④ 王瑞智. 梁陈方案与北京[M]. 沈阳：辽宁教育出版社，2005：33-34.

⑤ 李舒亚. 谁偷走了城市的灵魂？[J]. 人民画报，2006（11）.

⑥ 何晓鹏. 中国 600 多个城市基本失去个性 传统建筑破产？[OL]. http://house.focus.cn/news/2006-11-03/252336_3.html.

⑦ （美）刘易斯·芒福德. 城市发展史：起源、演变和前景[M]. 倪文彦，宋俊岭译. 北京：中国建筑工业出版社，2005.

⑧ （意大利）伊塔洛·卡尔维诺. 看不见的城市[M]. 张宓译. 南京：译林出版社，2006.

⑨ 王如松. 生态安全·生态经济·生态城市[J]. 学术月刊，2007（7）.

⑩ 张鸿雁. 北京城市形态空间发展战略与定位批判研究[J]. 中国名城，2011（1）.

⑪ 李翔宁. 想象与真实——当代城市理论的多重视角[M]. 北京：中国电力出版社，2008.

作者简介

秦红岭，北京建筑工程学院文法学院教授。

论城市问题与人类的诗意栖居

孙天胜

摘要：城市问题与城市病，一直与城市化的步伐相伴随，现在正日益困扰着我们这个时代。仔细分析，城市问题其实是人的问题，城市管理者的急功近利、大众参与的严重缺失以及知识精英的异常缺位，是造成城市病的主因。那么什么样的城市才算理想？人类应该如何栖居在大地上？城市发展方向正在考验着人类的智慧。

关键词：城市化；城市问题；城市病

Abstract: Urban problems and urban disease, accompanied with the pace of urbanization, now has been increasingly troubled our times. Careful analysis, urban problems actually are people's problems. The instant benefits of city managers, the serious lack of public participation, and the abnormal absence of intellectual elite is the main cause of urban disease. So what kind of city can be considered as the ideal? How should human beings inhabit the earth? The direction of urban development is testing the wisdom of human beings.

Key words: Urbanization; Urban problems; Urban disease

092

摄影／张鸿雁

城市是人类从蛮荒走向文明的一个重要标志，它将不同职业的人聚集在一起，形成一个无形的生活联盟，人们的生活都以他人提供的物品和服务为继，同时又都为他人提供着自己的劳动成果，人们相互依赖，相互支撑，是城市让人们的商品交易变得更为高效、快捷。在这个组织复杂的无形联盟中，人们的生活变得更为方便、舒适，所以千百年来，无论西方还是东方，不管是消失的文明还是香火尚续的文明，城市都成为人类文明的重要组成部分。

一、城市问题与城市病

城市问题与城市病，一直与城市化的步伐相伴随，现在正日益困扰着我们这个时代。

（一）城市的发展与问题

人类的发展史，也是人类的一部城市化的历史。城市化使人们生活的空间越来越集中，特别是工业革命以来，工商业的蓬勃发展，加速了城市化进程，农民蜂拥向工商业中心，城市不断壮大，昔日有辉煌的欧洲工商业重镇伦敦、巴黎、米兰和威尼斯等，今天有人口拥挤的商业大都会东京、纽约、墨西哥城和孟买等，这些都是城市化的杰作。

人类在城市化这趟快速列车上已经旅行了很久，只是人们无暇驻足停留，秀美河山胜景尽付东流。城市化只会带给我们方便和舒适吗？城市化的未来蓝图到底是什么模样？城市规模的尽头远在何方？

今日中国的城市化浪潮前所未有，我们搭上了西方工业文明的快速列车，开启了城市化的高速列车，中国用短短几十年的时间走完了西方几百年走过的城市化道路。今天的中华大地上几乎无处不动土、无处不施工，高楼林立，街道繁华，城市化的成果屡见不鲜。我们用最短的时间取得了最大的辉煌，但同时，我们也用最短的时间积累了最多的问题。城市化一面在友善地向我们微笑，一面又在无情地给我们惩罚。城市已经不再让生活更加美好，反而在许多方面，是让生活变得更加糟糕。

城市问题，广义指具有城市特点的各种矛盾，狭义则专指城市弊病。所谓"城市病"是指人口过于向大城市集中而引起的一系列社会问题。如城市环境问题、城市交通问题、城市住宅问题、城市社会问题等。

（二）城市病的多种表现

城市化是人类文明发展的自然历史进程。但城市化的快速发展在给人类带来巨大经济效益的同时，也造成一系列负面影响，即"城市问题"或称"城市病"。随着城市规模的日益扩大，现代大中城市普遍存在的人口增多、用水用电紧张、交通拥堵、环境恶化等社会问题，以及由上述问题引起的城市人群易患的身心疾病，统称为"城市问题"或"城市病"。其具体表现可归纳为如下四类：

一是人口膨胀。人口的增长超过了城市自然环境的自然承载能力，使城市的自然环境受到人类活动的强烈干扰和破坏，造成城市生态平衡失调，使得城市的基础设施和房屋越建越多，而且超负荷运转，人与自然环境的矛盾日益尖锐，人工环境也不堪重负。加上人口质量下降，老龄化的提前到来，失业现象的加重，人口问题就日益严重。

二是资源短缺。城市人口过度聚集，对资源（包括土地、水、空气、森林、矿产资源、动植物资源）的需求与消耗与日俱增，而且使用不当，浪费严重，使得城市资源供不应求，越来越短缺，结果是房地价不断上涨，水资源和食物供应不足，清洁空气稀少等。实际上，这些问题都是资源短缺的反映，直接影响了城市及周边地区的生产和生活。

三是环境问题。由于城市人口密集、工业集中、交通拥挤、各种废弃物大量排放，造成水体污染、空气污染、垃圾遍地、环境恶化，严重危害人体健康。

四是社会问题。由于城市人口过多，竞争过度，失业现象严重，生活压力过重，造成城市人口心理失衡，性格变态，群体意识淡漠，社会责任感降低，使得整个城市社会发育不健全、不健康，人际关系冷淡，道德下降，犯罪率上升。这些问题是世界性的，到20世纪中期达到最严重的地步。

可见，现在的城市病了，城市器官功能的修复和更新速度远远赶不上人口的膨胀速度，城市显得体弱多病，力不从心。新中国成立以来，特别是改革开放以来，我们的工业化速度不断加快，人口不断向城市集中，1978年城镇人口是17245万人，占当年总人口的比重是17.92%，据预测，2010年年末城镇人口是64729万人，占总人口的比重47.7%。短短三十多年的时间，城镇人口比重增加了大约30个百分点，这意味着城市必须将原有的功能、规模也要修复、更新和增加三分之一。但是，中国的人口膨胀速度和城市化速度都是城市规划者们始料未及的，可以说城市的准备不足，所以才涌现出了现在的住房紧张、医疗设施设备紧张、交通拥堵、地皮稀缺等城市顽疾。

以交通为例，城市化的结果在一些城市竟是汽车不如自行车，自行车不如步行。随着后工业化时期的到来，经济的高速发展，人们收入水平的持续提高和汽车价格的不断下降，城市私家车数量越来越多，道路面积的扩大速度远远跟不上私家车激增的速度，我们浪费在路上的时间越来越多，交通让生活的效率不断蒙羞，交通拥堵带来的汽车尾气排放更是让本已恶化的环境雪上加霜，从前以开私家车为乐的人们不再有往日的潇洒风光，困在路上的担心和司空见惯更是让那些开车上下班的人们焦躁不已。北京、上海等城市的地铁越修越长，越修越多，有条件的大城市也积极上马地铁和城铁，但交通拥堵的现象积重难返。城市化并未带来交通上的便利，反而带来了不曾预料的困扰。

（三）城市病与我们的精神

人与动物最大的不同，在于人是一种追求和看重精神生活的生命体。城市的病症也从一个侧面反映了人类深层次的精神疾患。

城市化让我们生活的品位不断提升，让我们对衣服档次的追求越来越高，人们不断追逐时尚，衣服的淘汰速度过高，造成大量原材料的浪费，又间接加重了生态环境的压力，废弃的掺杂了化学材料的衣物成为环境的污染源，这些让我们生活的环境不断恶化的根源，是人们出于虚荣心的对某种虚幻世界的追求。城市化带来的交通拥堵、住房紧张、食品担忧、就业压力大等问题，让我们的精神承受巨大的压力。

许多城市都会不厌其烦地列举人口增长带来的种种压力，有些城市还出台各种措施以限制外来人口的进入。这样做，就是重新筑起城市壁垒，让城市资源变成一种特权资源，不去在改变不合理的资源分配格局、解决体制问题上想办法，却在限制人口流动上动歪脑筋。归根究底，是小集团的利益蒙蔽了人们远望的双眼。

可见，城市中发生的问题，有许多都不是城市引起的，而且这与城市的大小也没有多少关系。它们是一些深层次的体制问题、社会问题、经济问题等所引起的。因此，我们看到城市中越来越多的问题，那未必是城市的病症，需要治疗和改变的很可能是某种旧体系、旧格局。说到底，城市没病，是人病了。是生活在城市中的人，尤其是掌控城市发展方向的人病了。因为我们把太多的梦想和期许与城市联系在了一起，财富、成就、荣耀、辉煌……这一切世俗的功利在把城市推向险境。

二、城市问题的根源分析

（一）城市管理者的急功近利

在中国特色的城市化进程中，城市决策者的主观意志起到了决定性的作用。唐黎明先生[①]指出，每个领导都想在自己的任期内，使得城市面貌越来越现代化，上级政府评价一个官员是否有能力，在很大程度上是看其为城市做了怎样的改观，尤其是表面视觉上的变化。于是，城市决策者极力去做表面文章也就不足为怪了。比如在城市建设上盲目跟风，导致的千城一面就与此有关。

20世纪80年代初，深圳推出旅游项目"锦绣中华"，于是，雷同的项目纷纷上马，结果昙花一现，绝大多数中途夭折或最终倒闭。20世纪80年代中期，"仿古一条街"风行全国，假古董盛行，扭曲传统与地方文化，至今留存有限。20世纪80年代后期，模仿美国硅谷开发模式，许多城市的高新技术园区均以"谷"命名。20世纪90年代初期，"广场风"几乎刮遍全国，有不少中小城市不切实际地建大广场，大而空，大而无当。20世纪与21世纪交替之际，"大学城风"遍及南北，互相攀比规模，唯恐落后。可令人遗憾的是，这样的跟风开发至今也没有消停的迹象。

再一个表现就是，一些人误把现代化视同于高楼大厦，将高度崇拜和竞争，作为当代城市开发的突出主题，这种评价理念甚至渗透到中国人的现代意识之中。今天，在我国许多大城市，登高四望，无处不是林立的高楼。这在土地资源短缺的今天，显然不是解决住房问题的科学选择，超高、超密的城市建设模式，损害的是大多数普通市民的生活质量，结果造成城市景观的破坏、城市文明与城市建筑间的割裂。

"城市病"的表现症状总是那么惊人一致：气吞山河的口号、匪夷所思的规划、一掷亿金的投入、举步维艰的结局。因此，从表现形式上来看，"城市病"还真具有了流行性传染病的特征，但是，这并不是因为我们的城市免疫力太差，而是因为有些管理者有着相同的致病基因——浮躁的政绩冲动[②]。

从某种意义上说，官员的政绩冲动还是发展一方经济的原动力。但这必须是在冷静清醒的状态之下，经集思广益和深思熟虑后，才能付诸实践，而不应浮躁狂热，不作深入的探讨和周密的论证，草草拍脑袋而作决策。一些应该思考战略的领导却往往忙于应付战术的事情，在可以炫耀政绩的表面细节上斤斤计较。当城市成为可以彰显政绩的秀场，城市规划也只能在权力和金钱的漩涡中打转。

在中国城市建设中，有一个见怪不怪的现象，那就是一届政府一套方案，一届政府一堆工程。我们生活的城市还被其他一系列数据来界定：城市 GDP、工业总产值、财政收入、招商引资额、居民年人均可支配收入……我们的规划，我们的《政府工作报告》在给城市做冰冷的数据化的规范，这样的界定从根本上将城市发展与城市文化割裂开来，而忽视了城市是一个有机的有生命力的系统。

（二）大众参与的严重缺失

城市是谁的？毫无疑问，是居住于其中的市民的。可在城市项目建设和涉及城市发展方向的大事上，市民又有多少发言权？有几个领导去征求了市民的意见？因此，在城市发展和城市建设问题上，长期以来形成了大众参与的严重缺失。

当然，有的领导会认为"众口难调"。但这绝不应该成为对市民参政权力包办代替的理由。只要你的决策得到了大多数人的赞同，就不会有太大的偏差。多年前，江苏某市的一位领导，上任伊始，便将市内主要道路上的树木一砍而光。他待了几年，拍拍屁股走了，把无树的市区道路留给了一百多万市民。倘若有大众的参与决策，会有这样的事情发生吗？一任领导在任不过数年，市民却要在此长久地繁衍生息，无论如何，不能让自己错误的决策在城市里遗患无穷。

从这一层面来看，如何防治"城市病"呢？很简单，就是规范和监督权力，尊重民意，让民意成为能够和权力平等博弈的重要力量。每个公共决策都有民意的广泛参与，惟其如此，劳民伤财的"城市病"才能根治。

（三）知识精英的异常缺位

在城市化的舞台上，经济、规划、建筑、艺术、文化等专业人员无疑应该是形成城市价值和城市标准的重要参与者，然而，体制的约束，沟通和整合的缺乏，使他们的专业价值不断折减。

每一个城市都有多行业的专业人员，他们从自己的行业和职业出发，对城市的发展都有自己的看法和想法，如果这些知识精英的意见在城市发展的决策中能够得到广泛的重视和采纳，我们的城市问题是不是会减少许多呢？我们的城市病是不是会减轻许多呢？我想答案应该是肯定的。相对于忙碌的大众而言，专业技术人员受过较高等的教育，在他们专业工作中，或多或少地都牵扯

到城市发展中的一些问题，他们是在本职工作的同时就自觉不自觉地考虑到了城市的发展前途和方向。且不说与城市发展密切相关的工科的诸如交通、建筑、城规、园林等等专业人士，就是音乐、美术、哲学、文学、历史等等人文科学的人士，也都是城市设计中不可或缺的一方面军。可是，在现实中，这些人士的意见在城市发展大计的定夺上，又占多大的砝码呢？一般来说，城市的管理者无疑是社会的精英，但他不可能是每一学科的精英。管理一个城市几乎需要人类所有门类的知识，仅仅凭几个领导人的谋划又怎么能建设出理想的城市呢？

三、理想城市与人类的智慧

（一）什么样的城市才算理想

自古以来，人们一直以一种不懈的努力来改造自己生活的环境，包括建设城市文明。在不同的时代，人们对城市的理解和希望也不同，这就形成了形形色色理想城市的提案，参与这些提案的有哲学家，也有政治家和建筑学家，甚至还有诗人。理想城市虽然只是一种憧憬、一种构思，但它好比服装模特的表演，是展示未来的潮流[3]。

城市能否成为诗意的生活环境，文化是主要的因素。城市文化是城市发展不可或缺的重要动力，在城市的经济、社会、环境等发展中起着重要的作用，支撑和决定着城市发展的进程，代表着一个城市的文明所能达到的最高水平，城市发展的最终任务其实就是城市文化的提升。因为城市不仅是储存人类文明智慧的容器，也是不断创造前进动力的源泉。所以，未来的城市发展，也必须满足三个方面的要求，即创造使人类能健康而又诗意地生存的舒适的人居环境；使人类能和平共处的社会环境；使人类能做出更伟大发明创造的科学环境。

现在和未来，与过去都有密切的关联。人类不可能手扯自己的头发脱离大地，在太空的虚无缥缈中造出一个城市来。所以，人类和他所生存的城市，要与大自然保持高度的协调。因为人类发展的目标并不是要毁灭一切，而是如何更好地与大自然和谐相处，城市的发展也是如此。我们需要更深入地探讨如何与自然相和谐，我们需要真正生态意义上的城市，要让这样的城市更生机勃勃，更万紫千红。

造成现代城市居民身心紧张和健康衰退的噪声、空气和水污染等物理性的问题，是不应该带入未来城市之中的。同时，犯罪、宗教冲突、教育医疗设施短缺等社会性问题，也应该在未来的城市中逐渐减少。因为城市

095

问题与城市病不仅仅包括了拥挤、污染、千城一面等我们所能直观感触到的现象，它还包括社会、文化等一些深层次的问题。

理想的城市自然没有一个统一的标准，制定一些数量化的指标只能说是西方定量化研究的习惯使然，其实并没有多少实际的意义。但人类总有一些大致的期望和目标，比如空气清新，交通便捷，生活方便，教育发达，等等，如果再加上鸟语花香，那我们就更加乐居和安居了。

（二）人类该如何栖居在大地上

在西方，大多数人是住在城市里的，但当社会学家调查"你喜欢居住在什么地方？乡村、小镇、中等城市、还是大城市？"的时候，得出的结论与他们实际的居住情况正好截然相反——他们用双脚选择了自己的居住地，他们的喜好却偏偏与之相背离。我国的情况与西方正好相反，大多数人住在村镇，但大多数人喜欢的却是大城市。其直接的原因是，大城市在资源占有上具有特别的优势，这使城市与乡村间存在巨大的差别。其结果是，生活在乡村土地上的人很多，但热爱乡村土地的人很少——这就是我们国家的一个现实，是很耐人寻味的[④]。

哲学家海德格尔说过，人类应该诗意地栖居在大地上。这样一个非数量化的标准，竟让如今的许多城市难

以达到。尽管每个人有每个人的诗意，每个人有每个人的标准，但从大众舆论所反应的对城市的诸多批评可以看出，能让人有诗意感的城市实在太少了。十年前我曾在一篇散文地里写道：这里已没有人在作诗，诗意已不再属于这片土地。人们抱怨的心情，无疑也是对城市诗意化的一种深情的期盼。

再深一步讨论，城市不单要宜居，还应该是"宜游"的。

现在的城市管理者、规划者和建设者们，在管理、规划和建设城市的时候常常还是旧脑筋，老思路，只考虑城市居民的衣食住行、吃喝拉撒，而把越来越多的旅游者（在有的城市简直可以说是成群结队、蜂拥而至）置诸脑后，这已经成为我国城市建设中的一大突出问题。但许多城市管理者和城市规划专家却视而不见、听而不闻，依旧照老葫芦画瓢。

城市当然是人居的，城市管理者和规划者把市民的利益置于首位当然没错，但是城市发展就不需要"与时俱进"了么？城市的功能在近代以来已经发生了巨大的变化，尤其现代旅游业迅猛发展，城市的旅游功能已经到了不能再被忽略的时候，你还在仅仅考虑市民的需要还行得通吗？旅游者虽然到此是"一游"，是"旅居"，但一样要吃、要住、要行，尤其与市民有着较大差异的是，他们更要游、购、娱，你不给他们提供方便舒适的

摄影／张鸿雁

环境设施能行吗？再换个角度考虑，旅游者是"客"，是"朋"，他们回去宣传的还是我们的城市形象，影响的还是我们城市的知名度。从这样一个意义上看，现在和以后的城市规划，应当有旅游规划工作者的参与。而现在的情况却反过来，我们国家的许多旅游规划却是由城市规划工作者来做，结果一看就是个城市规划的模样。我认为，在今天的中国，对许多城市来说，如何通过规划让城市吸引更多的游人，是摆在地方领导眼前十分迫切的一个问题。

（三）城市发展方向考验人类智慧

城市从发端之日起，就是由形形色色的人群组成的。由于他们来自五湖四海，不可避免地存在生活方式的差异和文化习俗的碰撞，城市给多元文化提供了生长的空间。现代城市在建构起实体空间的同时，也具备了开放的虚拟空间，每一种文化都可以在这样的空间中生产精神产品，以不同的内容和形式。

城市开放的品性，对于多元文化的矛盾与冲突，总是以包容的胸襟，推动着冲击与碰触的融合。在这当中，人们特别关注每一座城市的历史，包括物质的和非物质的文化遗产，它使城市之"脸"与"魂"与众不同。没有一个城市的居民愿意生活在无识别、模式化、长着千篇一律城市之"脸"与丢失了历史遗存与城市之"魂"的"水泥森林"之中[5]。

一个大国的城市化道路只能是大、中、小城市并举，单靠小城镇与单靠大城市都是行不通的。对于一些小城市来说，其发展应该是质量的发展，不是人口数量的发展，不是城市规模的扩张，而是如何让城市变得更适宜人们的栖居。

在今天的世界，城市发展方向无疑在考验我们人类的智慧。

四、结语

要医治那些顽疾，无更好的药方，只有放下一切以经济为中心的过时思想，放缓城市化的进程，放下就GDP论政的官员考核制度，全面修复社会系统，建立各种社会保障制度，完善住房、医疗、教育、保险制度，重塑人们的精神世界，给人们创造实现理想的机会和土壤，让人们找到生活的信念和信仰，使灵魂跟上飞行的脚步。积极促进个人心理稳定和社会稳定，减少社会丑恶现象，维护社会正义，打击一切巧取豪夺和贪污受贿，消除严重社会不公，解决因权力和行业形成的收入差距，缩小贫富差距，做到真正的共同富裕。在我看来，人类的智慧足以应对城市化带来的种种问题，关键在于，我们是否具备了危机意识？我们能否抛弃一己的私利？如此而已，岂有他哉。

注 释

① 唐黎明.城市病源于战略眼光的欠缺 [R].社会科学报，2010-12-16.
② 李先梓."城市病"实为政绩病 [R].华西都市报，2010-7-7.
③ 张冠增.城市发展概论 [M].北京：中国铁道出版社，2008：271-301.
④ 郑也夫.城市社会学 [M].上海：上海交通大学出版社，2010：101-103.
⑤ 王国荣.城市的"脸"与"魂" [M].上海：上海社会科学院出版社，2010：2-5.

作者简介

孙天胜，徐州师范大学旅游研究所所长，历史文化与旅游学院教授。

摄影／王艺玮

上海与纽约：
城市社会团体之比较*

林　广

摘要： 社会团体在城市建设和管理中的功能越来越重要。以上海和纽约为例，进行两城市社会团体的发展状况、功能等方面的比较，探讨这些差异的原因，总结若干经验，为上海社会团体健康发展提供借鉴。

关键词： 上海；纽约；社会团体；功能

Abstract: Social organizations play an increasingly important role in urban development and management. This paper makes comparative studies of the development and the functions of social organizations between Shanghai and New York City. The author explores the underlying reasons for the differences between the two cities and provides some implications for the healthy development of social organizations in Shanghai.

Key words: Shanghai; New York City; social organizations; functions

098

在现代城市管理工作和社会生活中，社会组织扮演着越来越重要的角色。城市公共空间的利用、公共活动的展开、公共规则的制定离不开社会组织的支持；城市的文化娱乐活动、社区健身和体育活动、公益性活动及各种教育活动等，都依赖于社会组织的参与。社会组织在参与解决社会问题、争取社会援助和提高城市管理成效方面的功能日益彰显。社会组织就是通过参与各种社会活动，影响、干预城市政府运作，使其决策和行为符合自己的利益。因此，社会组织就成为影响城市发展和城市生活的一个重要因素。当前，随着市场经济体制改革的深化、职业结构的变化和社会管理体制的转轨，我国城市政府面临的问题复杂多样，只有合理利用和发挥社会组织的积极作用，激发全体市民的创造力，城市社会方能充满活力，从而加速城市现代化进程。本文以上海和纽约为例，探讨两地社会组织参与城市政治生活、分享政治利益、完善城市管理的经验，为我国城市管理提供有益的借鉴。

一、纽约和上海的社会组织

社会组织是指由一定数量的社会成员按照一定的规范并围绕一定的目标聚合而成的社会共同体。它在不同的国家叫法不同，有的西方国家把它叫做非政府组织（NGO），或非营利性组织（NPO）。与非政府组织相对应的单位，我国称之为社会组织（social organization）①，它包括社会组织，民办非企业单位和基金会。一般情况下，社会组织是独立于政府之外的、非营利性的组织，其部分活动资金来源于政府以外的私人或私营企业捐款。大多数社会组织的存在是为了推广其成员所信仰的政治理念，或实现其社会目标。常见的社会组织包括了环境保护、人权团体、照顾弱势群体的社会福利、学术团体等。这些组织为实现其目标所采取的手段也各不相同，有的是通过游说，而另一些则会通过向贫困地区或弱势群体提供援助来达到目的②。它们提供的服务是政府职能部门功能的补充，它们对社会危机、突发事件和自然灾害等提供的分析和报告，也可为城市管理部门提供咨询服务。北京大学非营利组织法研究中心主任金锦萍副教授认为，社会组织能疏解体制转型过程中的一种社会的合法性危机，也会填补公共服务的空缺，是为整个社会的平稳、和谐、科学发展创造条件和提供有利契机。

城市政府是管理城市、建设城市、为市民提供公共服务的机构，它制定的城市规划、社会福利、教育、科学文化、医疗卫生等方面的政策与市民生活休戚相关。社会组织就是通过参与各种社会活动，影响、干预城市政府运作，使其决策和行为符合自己的利益，或迫使城市政治进程按照自己的导向进行。因此，社会组织就成为影响城市生活的一个重要因素。社会组织参政意识强烈，密切关注政策、方针和各种决议，不失时机参与城市政治生活、分享政治利益。

纽约市社会组织叫非政府组织 (NGO)，是独立于政府之外的、非营利性的组织，它不包括政党和各种政治活动团体。纽约市的社会组织历史悠久，这与纽约移民有关。从 1820～1920 年，共有 2260 万移民在纽约港上岸，其中有 1130 万人在纽约安家落户③。其中，1890 年，纽约市移民及其在纽约出生的子女占纽约市人口的 80%④。移民来到纽约后，并不都像斯雷尔·赞格威尔的剧本《熔炉》中所写的那样：无论是何国移民，在美国的大"熔炉"中都能炼铸成美国人⑤。现实中的外来移民大多数在"美国化"过程中都会遇到艰难和困苦。为了摆脱困境，也为了组织起来互助，他们建立非政府组织，积极参与社会重构。

纽约非政府组织都是民间自发形成的、追求一定政治目标的社会组织。它们经常深深地卷入纽约政治事务，并成为其中活跃的参与者，政府出台的每一项政策和决议无不打上非政府组织参与的烙印。纽约的非政府组织种类繁多，分布在各个领域各个方面，它们关心的城市问题各不相同，大到纽约市城市预算、城市发展规划，小到公交车票价、城市饮水中加氟，只要是关系到民众切身利益的事情都在非政府组织的关注范围之内，以致有些市民遇到事情不是找市长解决，而是找非政府组织帮忙。纽约的非政府组织实际上是市民为实现自己的目标而结成的社团组织。像市民联合会、酒吧协会、家长联合会、第五大道联合会、卫生协会、地区规划委员会、市民预算委员会、教育委员会等等数不胜数。这些团体利用各种活动来影响政府的决策和行为。其他的非政府组织只有当它们的特殊利益受到威胁的时候才会干预城市的政治进程，而当与它们无关时它们就将精力投向与其成员密切相关的领域。

纽约的非政府组织通过参与政治活动，影响政府决策，从而分享政治利益。它们通过参加市、州、联邦政府的听证会、非正式会议、非官方交往活动，以及为城市官员们提供人力和服务的方式与官员们保持联系来影响政府决策。这些直接影响纽约市政府的方式要求非政府组织亲自参与市政府的政治活动。这就直接体现了各个非政府组织参与政治的深度和广度以及非政府组织本身的能量。

纽约市非政府的作用和影响与其数量和对政治的关心度有关。不同类型的非政府组织参加各种不同的社会活动，但所有的非政府组织都有着内部的核心领导，并有着一定的任期。非政府组织的领导核心非常注意他们的政策和策略，他们明白必须紧密团结组织成员和其他的支持者。为了提高工作效率，所有团体都与政府职能部门和政府官员、职员保持良好的私人关系和工作关系⑥。

改革开放以来，中国社会组织积极在消除贫困、预防艾滋、扶残救弱、公民教育、助学支教、社区管理、环境保护、乡村建设等方面充分彰显了其缓解社会矛盾，促进和谐人际关系，维护社会公平，促进社会稳定的作用与价值。作为中国最大的城市，上海的社会组织发展很快。与纽约社会组织相比，上海的社会组织并非完全独立于政府之外，而是有一定的联系的，它们的主管单位是上海市社会组织管理局。上海社会组织的主要功能是帮助团体或组织及其成员解决困难与问题，满足其社会需要；有助于团体及其成员健康地和创造性地发展；通过团体的集体活动，协调成员个人的生活，启发其创造力，培养其合作的能力与习惯；通过团体生活，培养与发扬集体主义精神；通过团体活动促进团体或组织之间的联系与合作；有利于根据成员个人的能力和需要激发个人潜能，进一步认识自己的能力及成员间的差异，更好地借助团体内互动力量与团体工作者的专业经验，帮助成员进步⑦。长期以来，我国城市管理都是由政府"包干"的，行政命令影响科学规划，社会组织的组织功能被忽视，城市建设中出现规划失误和决策失败，造成城市特色缺失、城市文脉断裂、城市环境恶化、社会问题复杂等。因此，发挥社会组织在城市管理中的咨询、监督和预警功能，对城市健康发展有着积极的意义。

相比较而言，纽约市的社会组织数量多，涉及的范围广。这是因为，纽约虽然个人主义盛行，但纽约人也很愿意合作。可以说没有哪个城市像纽约人那样愿意为某种共同的目的而自愿联合起来。据说在"欧洲建立一个教会、一所学校或一个慈善机构，困难重重，但在纽约只要个人或团体感兴趣就可以轻松建立各种组织。几乎社会上的每个人都有自己的组织：学校里的男女孩子、商人和学者、朋友和邻居，老移民和新移民。素食者和戒酒者，集邮爱好者，心脏病患者等，统统都有自己的组织"⑧。另外，联邦政府和市政府在经济、管理等方面给予支持，这有力地促进社会组织的发展。人们在追求个性发展的同时，仍注重社会组织的建设，以保证社会秩序和稳定，使个人利益和集体利益之间达到一定程度的平衡。而上海社会组织起步较慢，数量较少，涉及的范围也比较狭窄，与国际社会组织联系不多，但上海社会组织发展很快，社会组织的数量及其所起的作用都会越来越大。

二、纽约市非政府组织的功能

纽约市非政府组织积极参与城市政治活动，影响政府决策，干预城市政治进程，以此达到本团体的利益诉求。它们通常采取直接和间接两种方式，具体如下：

（一）在公开的听证会上表达观点，直接影响政府官员

纽约市政府和各机构在作出某项决策或采取某项行动之前都要举行听证会，除给市民以了解市政和发表意见的机会，还显示其政治的民主性。纽约非政府组织利用这一机会，在听证会上直接向政府官员提出他们的观点，表达他们的意愿。

纽约非政府组织要求公开参加评估委员会（Board of Estimate）、城市规划委员会和其他委员会召开的听证会。其中，评估委员会最为重要，因为评估委员会的议程当中总会有一项或几项能够引起非政府组织的注意。非政府组织经常在评估委员会的听证会上陈述它们的看法。他们并与委员会进行交流，涉及城市生活方方面面，如纪念日的庆典、抗议在公共场所焚烧物品、教师薪酬问题、行政预算和财政预算等[9]。大多数团体仅仅是当政府决策涉及与它们有关的利益时才出现在评估委员会的听证会上。华人方老太太因语言障碍影响投票而状告纽约政府一事，就是在市民团体帮助居民维权事件的例子[10]。非政府组织关注的另一个重要的听证会是城市规划委员会的听证会。根据章程，规划委员会要将城市各类建设工程的资金预算、各区规划措施以及各区规划管理措施的变更等，提交评估委员会审查并由其做出最终决定。在这之前规划委员会要针对上述内容举行听证会。许多团体既参加规划委员会听证会，也参加评估委员会的听证会，目的就是利用一切机会影响政府官员及其决策。例如涉及是否在它们住区建一所学校、在某区建造一幢公寓楼、提高公交车票价、水中加氟等，这些组织就会向政府官员表达它们强烈的意愿，赞成它们想要的或阻止它们所反对的。他们表达意愿的途径除了听证会外，还包括到市政厅、奥尔巴尼或者华盛顿、立法机构、行政部门、管理机构，向政策制定者倾诉它们所思所想。

（二）通过非正式磋商途径，间接影响政府官员

政府官员经常邀请非政府组织和一些个人去参加公开的讨论会，但是他们也会在私下里或非正式会议上向

这些团体和个人咨询并探询他们对于某项政策的意见或所建议的步骤。但是更主要的是，非政府组织的领导人经常主动找到政府官员表达他们的观点。政府官员也希望与市民谈论他们的计划和目标。一方面，政府官员要政绩上有所建树，就必须深入基层；另一方面，政府官员在个人职业和社会交往中，也经常接触各种团体的领导人。这些接触使得非政府组织的领导人有了额外的机会向政府官员施加影响，表达愿望。所以，一些团体鼓励其成员同官员们广泛联系。这种关系对城市政策制定的影响程度不可能精确地被估计出来，而且是非正式的和无计划、无系统的，但是，它仍对政府制定政策起一定的作用。因为它可以向官员们提供信息，使之做出正确的判断，避免制定出错误的政策。它已经变成了一种市政府对具有广泛代表性团体负责的重要方法，能使这些团体就政府的决策表达它们自己的观点。当然，也有一些非正式的关系违反了法律。为了使政府决策对其有利，有些团体经常向政府官员进行贿赂。这主要发生在与执法有关的部门。如赌博、卖淫和为毒品组织提供重要的"保护"；交警倒卖乘车卡给乘车人，建筑商经常给建设监察员、规划委员会的委员们"小费"。这些方法也将触须伸进了政策的制定过程中。因而，不合法的游说方式也属于非正式的影响方式。

（三）利用公众舆论影响政府决策

非政府组织深知，要影响城市政府的决策，公共舆论是一个非常重要的工具。因此非政府组织经常采取措施影响公众舆论，去影响公众对政府官员们施压，迫使政府制定或接受某一团体的主张和计划。他们通常利用报刊来吸引市民的注意力并激发其兴趣。这些英文日报刊登的关于政府任何方面的文章，如果被加以处理使之醒目突出，就可能会在官员圈子里和一般市民中间引起轩然大波。"一个轰动性的揭露，一个丑闻的曝光，都能够激发足够强烈的愤慨来迫使官员采取补救性行动以避免批评演变为民意测验。一条新闻出现在所有报纸的头版，甚至只有一天的工夫，可能也会取得这种效果"[11]。非政府组织通过不断地重复暗示、发表社论、刊登专栏和直接的新闻报道等途径，激发起公众的愤怒和民众的普遍热情，促使城市政府接受或考虑民众的呼声。舆论的威力是巨大的，大多数市府官员都不能置若罔闻的。

有时候，非政府组织会受到市政府官员的邀请去作顾问或者做报告。官员们在这些研究或者报告的基础上安排政府活动。这样的事情常常会出现下列几种情况：

市政府没有足够的财政预算维持公共机构的正常运转，某个团体有着非常好的条件来指导这个工作，某个团体提出了一个适宜的竞标价格来从事这一项目，某些官员想把一些批评者们的观点排除在政府决策之外的时候。当然，只有规模较大、财政状况良好的团体才会受到邀请。他们利用这一舆论阵地，宣传自己的主张，提出指导性建议，对城市政府制定决议施加自己的影响。例如，市民预算委员会就负责帮助市长对 5 个市政部门进行管理调查。一些专业团体为市府制定政策搜集公共机构所用的资料，如关于卫生、福利、娱乐、土地使用方面的统计数据。此外，通过这些活动，非政府组织加强了与官员之间的联系，使它们进入到公共政策制定者的行列。因此，这些团体在某种情况下影响政府决策，促使政府机构倾向于采用非政府组织的指导性建议。

三、上海市社会组织的发展

中国传统社会是一个低参与的社会，社会组织长期处于被动状态。随着体制改革的深入和社会利益的分化，社会组织及其参与问题重新凸显于中国社会。社会组织在城市环保、城市管理、社区治理、计划生育等低政治性领域发挥着较大的作用。社会组织的行动与政府的互动，将推动城市管理走向科学、高效管理的方向发展。近年来，随着市场经济的快速发展，上海社会群体构成发生了变化，新社会群体的人数增多，遇到的各类社会问题很多。政府部门不可能面面俱到，做好每一件工作，这就需要社会组织帮助解决。例如在新社会群体中，有一批从"单位人"变成"社会人"的过程中，砸掉"铁饭碗"，工作没着落，家庭困难大。该市北京东路的老戎一家，夫妻双下岗，女儿中专毕业待业，平均收入在 280 元以下[⑫]。上海类似老戎一家这样状况的还有很多,1990 年上海城镇失业人员7.70 万，1999 年为 17.47 万[⑬]。这些因失业而经济困难的社会群体迫切希望得到社会帮助。因此，社会组织可以大有作为，可以为他们提供政策解读，转变观念，推动他们转向更积极的生活。上海的社会组织发展很快（注册资金3 万人民币），到 2010 年为止，上海共有登记的社会组织共有 9892 个，其中社会组织 3559 个，民办非企事业单位6218 个，基金会 115 家（见下图）。

社会组织在城市生活中的地位越来越引起社会各界的重视。在经济转型和社会转轨过程中，城市政府各职能部门需要提供科学的规划和决策，同时也需要一些热心公益活动的社会团体的参与和监督，使其在城市社会管理中发挥重要作用。例如，外来民工在工作和生活中需要有人指

上海市社会组织统计数据（2010年）

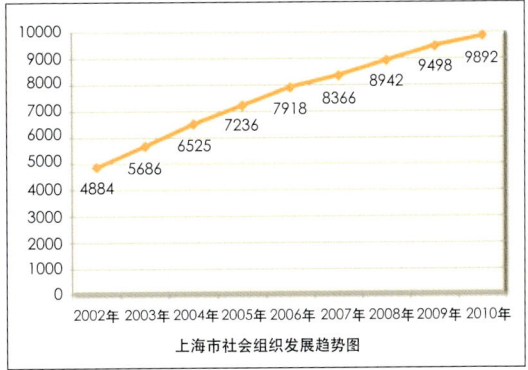

上海市社会组织发展趋势图

上海市社会团体发展趋势图

101

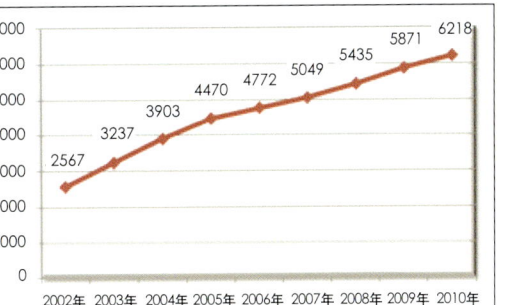

上海市民办非企业单位发展趋势图

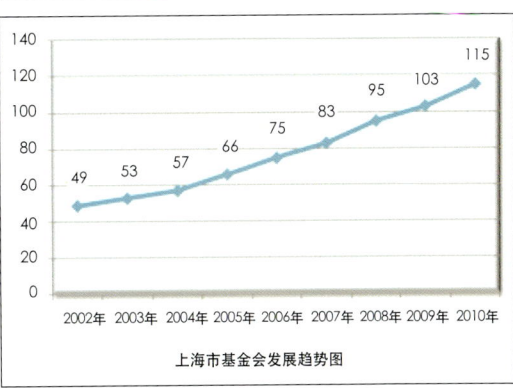

上海市基金会发展趋势图

资料来源：上海社会组织管理局，http://www.shstj.gov.cn/YWSJ.aspx2010-10-1

摄影／李欢欢

摄影／张鸿雁

导和帮助。正如在上海闵行区某汽车零件有限公司工作的江西青年张金生所说:"我们在外地打工举目无亲,总怕被人骗。现在打工地方的政府出面帮我们找工作,单位用我们放心,我们选单位也放心。我们不仅找到工作,也找到了安全感。"张金生老家在江西省上犹县,19岁外出打工,这些年走南闯北去过不少地方,曾经被"黑中介"骗过钱。为有效遏止非法中介,建立和谐稳定的劳动力市场秩序,2006年3月,上海市闵行区建立了全市首家外来人员就业服务中心,由区劳动和社会保障局直接指导。中心的工作是为来沪人员提供免费的就业信息、职业指导和权益维护等服务,让广大外来务工者找到了安全的就业港湾[14]。上海外来务工者是上海城市经济社会事业发展的生力军,2000年流入上海市的387.11万流动人口中,以务工、务农、经商等为主要目的的经济型流动人口有284.28万[15]。除了政府为他们提供服务外,民办非企业单位等社会组织纷纷成立外来人员就业服务中心。如像天佳业余科技学校、朝日进修学校这样的社会组织,举办多种专业技能培训,在培训技术人员、培育专业人才上担任着重要角色。据统计,各类民间组织为社会培训人员2.55万人次,培训后上岗1.2万人。

一些社会团体在维护社会公平正义、维护社会稳定上发挥着重要作用。近年来,松江区建筑业联合会为政府分忧,为企业带围,制订了抵制工程带资垫资的自律公约,有效遏制了新工程拖欠款的产生,协助企业追讨清欠工程拖欠款834.6万元。同时,为规范建筑领域农民工工资支付行为,预防和解决建筑业企业拖欠和克扣农民工工资问题,2004年至2006年10月间,区建筑业联合会共参与接待上访农民工177批次,涉及人数3526人,涉及工资款528.9万元,已解决513.03万元,解决成功率达到97%,确保了建筑市场秩序进一步规范有序,拖欠工程款势头得到了有效遏制,建筑农民工的合法权益得到了切实保障[16]。

现代城市社会需要多方面的共同努力,其中最主要有三种力量:政府、企业和民间组织。有学者认为它们分别构成健全社会的政治资本、经济资本和社会资本。只有三个方面的发展达到平衡时,一个和谐的社会才能出现;反之,其中任何一方面的忽缺或弱化,都会影响城市社会的进程。纽约与上海虽处在不同社会制度下,但是城市运作的基本机制是相似的,不同的是,纽约民间组织无论在能力和涉及的领域都比上海要大。这是因为在美国,资本主义发展过程中,"小政府和大社会"是人们的思想基础。而在上海,长期的历史影响下,政府包办一切的思想根深

蒂固。社会组织还处于发展过程中,在管理和体制方面还很不成熟。但是,一旦社会组织成为社会发展的重要力量,它必将对上海城市发展产生深远的影响。

四、几点启示

纽约的社会组织是其政治体系的重要组成部分,纽约市政府的决策形成以及实施离不开社会组织的参与。同样参与政治是社会组织获得各种利益的一种保障。各种社会组织通过参加公开的听证会、与政府官员进行非正式磋商、向政府官员提供建议等直接形式进入纽约市的政治进程当中,借此影响市政府的政治决策,从而分享政治利益。纽约市社会组织的工作给我们许多启示。

(一)正确认识社会组织的历史地位

社会组织是政府的合作伙伴。就美国来说,美国有51%以上的医院、46%以上的高校、86%以上的艺术组织以及60%的社会服务都是社会组织负责的。各类社会组织所做的工作实际上在很大程度上帮助政府解决了负担。当今我国城市居民生活的地方空间和流动空间发生了很大的变化,城市政府必须放弃包办一切的传统观念,增加市场和社会组织的公众权力;政府应充分发挥各社会组织的功能,让一些行业协会、中介服务组织等社会组织来承担部分管理职能。随着产业结构调整,一部分企业或倒闭或转产,一些"单位人"变成了下岗人。大量下岗人员的存在与上海正在建设的和谐社会很不协调。政府部门除了应该给予这些弱势群体或者是处在不利地位的群体必要的经济资助外,更应该利用社会组织的力量。

(二)不同社会阶层需要相应的社会团体

随着全球经济的扩张与统一市场的出现,城市居民生活的地方空间和流动空间发生了很大的变化,城市管理体系也发生着新的变革[17]。城市政府权力过大,且缺少法律的规范与有效监督,这就很难避免出现效率低下、官僚作风、权力集中等痼疾。因此,我国行政体制改革中应削减政府一些不必要的权力,放弃政府包办一切的传统观念,增加市场和社会组织的公众权力;政府的部分管理职能应转向社会,由一些行业协会、中介服务组织等非政府组织来处理;就是一些过去由政府来行使的权力,政府也可以通过授权或委托的方式由质量较好的非政府组织来行使,政府只提供原则性的指导、监督和验收作用[18]。总之,提高城市政府管理能力,发挥非政府组织的社会功能,完善城市政府的管理体系,是现代各大城市普遍的发展趋势。

（三）加强社会组织的党组织建设

发挥社会组织在城市建设和城市管理的重要作用。市场经济的快速发展、社会结构的多元化和政府职能转变的趋势，为社会组织提供了发展空间。与纽约不同，我国基层党组织的战斗堡垒作用不可忽视。现阶段，我国社会矛盾较为突出，社会问题较为复杂，政府面临的困难较多，因此，社会组织要想开展工作，完成自己使命，就必须发挥党的战斗堡垒作用和模范作用，调动社会各方面的积极因素，健全党委领导、政府负责、社会监督、公众参与的社会管理格局。社会组织中党的工作是社会建设领域里的重要工作，发挥党组织在社会组织中的领导核心作用，党组织和政府部门应该创造一个有利于社会组织健康有序发展，有利于社会组织在社会服务、社会建设、社会管理中施展才能的环境。

（四）政府对社会组织实施多层次监管

美国联邦政府的控制手段就是国家的《税收条例》，由国税局（IRS）进行监控；社会组织每年都要给国税局写年度报告，汇报如何服务；而且国税局充分强化公众监管职能，规定任何人向任何一家民间组织索要财务报告，对方都提供，并且相关信息要上网公布。国税局也可能对社会组织机构进行审核，考察它是否存在分红或变相分红，是否严格按照非营利性机构的游戏规则办事等。一旦发现问题，有的会被吊销其免税资格，出现贪污行为的由司法机关介入。美国联邦法律规定，任何人都有权向民间组织要求查看它们的原始申请文件及前3年的税表；同时，人们也可写信给国税局，以了解某非营利组织的财务状况和内部结构。美国基金会的档案，都存放在当地的国家档案馆里，任何一家基金会的审计结果、财物状况、资金运行方向等必须上报，并在档案上有所体现。任何一家基金会的全部运作状况在网上都会一览无余[19]。民间非营利组织的治理关键就是"公开原则"，让公众时刻了解其工作计划、经营状况等。上海市应借鉴纽约市府的经验，建立健全法律制度，依法并利用独立的审核机构对社会组织经营进行监督，使社会组织的功能不断完善，管理更加科学；同时社会组织自身也需自律和自我监督，让所经营的项目公开透明，获得社会公众的认同，这样既能让自身利益得到保障，也能为城市建设和可持续发展创建良好的基础。

注 释

* 基金项目：上海市哲学社会科学规划课题（01FLS003）项目成果；国家社会科学基金项目（09BSS013）的阶段性成果。

① 关于非政府组织，华东师范大学社会发展学院文军教授认为，以前我国学界把它叫社会团体、民间组织，或市民团体等，概念比较混乱，现在我们的文件中一般统一为：社会组织。

② 旭途．"美国人的习俗"，http://usa.xutour.com/2008-01-31.

③ （美）理查德·宾厄姆．美国地方政府的管理——实践中的公共行政［M］．九洲译．北京：北京大学出版，1997．

④ Elizabeth Bogen. Immigration In New York ［D］ A division of Greenwood Press Inc. 1987:11.

⑤ （美）卢瑟·S·利德基．美国特性探索［M］．龙治芳译．北京：中国社会科学出版社．1991：68．

⑥ 邓蜀生．美国和移民［M］．重庆：重庆人民出版社，1990：383．

⑦ Wallace S. Sayre, Herbert Kaufman . Governing New York City Politics in the Metropolis ［D］，New York，W·W· Norton &Company· Inc·,1965:481.

⑧ 上海市民政局．上海社区发展报告［M］．上海：上海大学出版社，2000：782．

⑨ 杨自保．纽约市非政府组织初探［J］．上海青年管理干部学院学报，2005（2）．

⑩ 林广．纽约与上海：新社会群体的公民参与［J］．中国名城，2011（4）:59-64．

⑪ Wallace S. Sayre, Herbert Kaufman . Governing New York City Politics in the Metropolis, New York: W·W· Norton & Company· Inc·,1965:492.

⑫ 上海市民政局．上海社区发展报告［M］上海：上海大学出版社，2000：504．

⑬ 上海市统计局．2000上海统计年鉴［M］．北京：中国统计出版社2000：40．

⑭ 姜潇，杨金志．上海外来人员就业服务中心成为'民工之家'［EB/OL］．［2007-12-22］.http://news.xinhuanet.com/newscenter/2007-12/22/content_7291863.htm.

⑮ 上海市人民政府发展研究中心．2002上海经济年鉴［M］上海：上海经济年鉴，2002：506．

⑯ 上海政府网．上海市松江区民间组织共谱和谐新篇章［EB/OL］．［2007-03-30］.http:// www.shanghai.gov.cn/ shanghai/node 2314/nod．

⑰ （美）曼纽尔·卡斯特．网络社会的崛起［M］．夏铸九译．北京：社会科学文献出版社．2003：468-470．

⑱ 李友梅．不同社会阶层需要相应的民间组织［N］．社会科学报，2006-03-23．

⑲ 张倩．诚信之路：如何为社会创造三足鼎立的局面［J］．纵横，2006（7）．

作者简介

林广，中国现代城市研究中心研究员，华东师范大学历史系教授。

CUR

Urban Economic Space and Urban
Community

城市经济空间与城市社区

摄影／毛志蛟

文化创意理念下的会馆产业发展战略

肖永亮　李　飒

摘要：会馆文化是中国百年来积淀的，具有浓郁地方特色和文化包容性的民间文化集合体，如何在文化创意产业理念的引导下顺应时代的发展，走上产业发展之路，是主要探讨的内容。

关键词：文化创意产业；会馆；民间文化

Abstract: Traditional Homemate Club（THC）is a Chinese unique cultural heritage preserved over hundreds of years. THC has become a collection of rich local traditions and an indication of culture tolerances. How to keep it in the new creative direction at our current development of culture and creative industry is a main focus of our discussion.

Key words: Culture and creative industry；THC；Folk Culture

一、文化创意产业的基本概念

文化创意产业是知识密集型新兴产业，是创意产业中以文化资源为主来从事文化商品生产的那部分，也是文化产业中创意要素起核心或主导作用的部分，是文化产业和创意产业的交集。文化产业所从事的是按照工业标准从事生产、再生产、传播和流通文化产品，提供相关服务，能够形成产业价值链的一系列活动。文化产业包含对文化资源进行开发，转换成满足人们对精神情感、兴趣爱好所需求的产品和服务，从而获得商业利润的行业集群。

文化创意产业是富有创意的文化产业，文化产业充分利用了人类可再生的文化资源。创意产业是文化产业中最具创造性和先导性的核心组成部分，新经济时代的创意产业已成为其他产业的核心，为中国经济发展发挥重要作用。

文化创意产业的核心竞争就是品牌竞争，品牌战略作为产业发展战略之一，成为文化创意产业壮大实力、增强活力、提高竞争力的重要途径。品牌是文化创意产业的旗帜，实施品牌战略是发展文化产业的突破口。文化创意产业品牌战略是关于文化、创意产品和企业品牌的方向性、前瞻性、长期性、整体性的规划、设计和实施过程，包括品牌规划、品牌传播和品牌经营三个中心环节，三者之间相互衔接，形成一个战略整体。通过品牌战略推行，达到提高产品、企业和产业竞争力，提升品牌价值的战略目标，提高文化创意的经济效益。文化创意产业的品牌战略，通过品牌的文化定位来加强品牌的市场定位和价值定位。

北京提出建设世界城市的新理念，加快确立首都国际化大都市的地位。文化是城市建设的灵魂，是城市综合竞争力的组成部分，更是城市发展的软实力和基础。建设是一个综合的概念，城市建设的各个方面都是城市文化建设的组成部分，都是彼此包含彼此渗透的。城市空间的布局、城市建筑的风格、历史遗迹的形态、城市居民的生活方式和风俗习惯等，都是文化特征和文化活动的载体，催生出带有特定文化气质的行为规范和心理认同。

二、会馆资源的历史文化价值

会馆是中国明清时期都市中为同乡或同业组织开展活动和提供特定服务的民间场所。会馆始设于明代前期，迄今所知最早的会馆是建于永乐年间的北京芜湖会馆。嘉靖、万历时期趋于兴盛，清代中期最多。明清时期的会馆大体可分为三种：（1）试馆，即同乡官僚、缙绅和科举之士居停聚会之处，北京的会馆大多如此；（2）同乡会馆，以工商业者、行帮为主体，分布于北京、苏州、汉口、上海等工商业城市；（3）同乡移民会馆，是由入清以后由陕西、湖广、江西、福建、广东等省迁入四川的客民在当地建立的。

早期的会馆绝大部分设于北京，是旧时代科举制度和工商业活动的产物，是北京一种独特的文化现象。各省及有关府县在京设立会馆，专门接待本乡本土的举子。另外，工商各行业为了维护自身的利益，协调关系，联络感情，也建立了一些行业会馆。因此，北京就成为全国会馆最多的城市，据1949年的统计，全市有会馆550余座。

会馆是各省在京各界人士政治和文化活动的中心，留下了许多名人的足迹。1912年8月，孙中山先生北上来到北京，京城各界人士在湖广会馆举行了隆重的欢迎仪式。湖广会馆还留下了张居正、纪晓岚、曾国藩、梁启超、章太炎及梨园泰斗谭鑫培、余叔岩、梅兰芳的足迹。鲁迅先生在绍兴会馆居住时写下了《狂人日记》《孔乙己》和《药》等许多不朽之作。1920年2月，毛泽东在湖南会馆的戏楼里召开了"湖南各界驱逐军阀张敬尧大会"。如今，这些会馆都成为文物保护单位。

由此可见，会馆承载着丰富的历史文化内涵和开发价值，它为展现一座城市的文化魅力和城市性格添加了深刻的内容。

三、会馆资源的特色与定位

（一）文化遗产价值

会馆本身蕴涵着丰富的文化遗产和文化气息，对于保留人类共同财富和文明进步起着承上启下的作用，对于现代人类带来丰厚的文化体验。任何文化遗产都超出原本的实用功能和地方局限，成为人类共享的、世界认同的国际化宝藏。会馆文化在历史上有长久的渊源，流传至今对研究现代会所、西方的校友会和俱乐部都有十分重要的意义。它是智慧资源汇集和信息交换的重要场所。

（二）公共文化价值

公共文化价值对应于公共文化服务体系的公共文化指的是以政府为主导的公益性、社会性、事业性的文化活动与类型。公共文化是都市文化中最为主流的文化生长纬度，代表了社会文化事业的核心导向，是市民群众通过最为普遍的大众传播手段所接触的文化内容，具有规范化全、普及面广、计划性强等特征。公共文化服务的建设体现在城市生活的各个方面，是城市精神的全面表达。城市的建筑、公共环境、教育等，都应当被划归于公共文化建设的范畴内。会馆资源中最具生命力的民间文化气息、组成会馆传统建筑等都是公共文化的生动体现。数百年来，会馆资源默默地向外界交流着其所在城市的文化品格和文化特色，因此公共文化价值是会馆资源的一大特色。

（三）文化产业价值

对应于文化市场体系的商业文化是文化消费时代的重要内容，无论哪一种文化形式，甚至是文化内容本身，都不可避免成为商业时代的一部分。如果工业化革命完成了技术对文化的符号性强化供人购买使用的话，那么信息时代的数字化革命刷新了个性文化历史成为文化消费的强劲动力，文化产业促进的商业文化是都市文化中势头最有前景的发展方向。

107

创意文化在文化产业体系中包含了两个部分的内容。其一是营利性的文化创新，是文化商品的直接来源之一，是文化产业主体。其二，创意文化还在政府规划的公共文化与市场导向的消费文化之外，呈现为民间文化类型。现代都市最突出的特征之一就是个性化和去中心化，与社会整体行为的公共文化和大众文化之间都存在着一定供求偏差——以会馆为例的民间创意文化，正是在这样的偏差下生长起来的文化形态。它具有非官方性、非营利性、非主流化、小众化、无计划性、无序性等特征。但同时，民间创意文化也是都市文化生命力的体现：相对于公共文化的意识形态性，许多游离于主流之外的文化创意和文化人才都在民间获得生长的空间；相对于受市场限制的商业文化，民间创意文化又给予了文化艺术本身更多更纯粹的发展机会。因此，民间创意文化也应当成为文化产业体系建设中受到关注的部分，它是文化产业潜在的来源，更是一个城市文化创新和生命力的源泉，而会馆就是将其汇聚的所在。

由上可知，需要分析甄别每一处会馆的文化特色，找到准确的定位，确定其主要功能，以此对应争取到政府、社会和商界的扶持，进一步保护和开发这一文化资源。

四、会馆资源的保护与开发

（一）会馆资源的保护

会馆，一种独特的历史文化资源。其内核贮藏着丰富的非物质文化遗产，因而散发着以民间文化为主的鲜活生命力；其外在又以物质文化遗产的形式存在，即包裹着历史文化街区的躯壳。对于这一类现代性与历史性并存、物质性与精神性交融的文化遗产的保护与开发，不妨借鉴西方发达国家业已形成一些较为成熟的经验。在英国，政府普遍采用设立保护区的模式，整体保护"具有特殊的建筑或历史价值，并且其内在特点和外观需要保存或整治"的地区，采取持续性的保护与整治。同时，政府提供财政补贴和贷款，以使其获得持续的资金来源。在美国，政府采取历史地段保护的方式，也就是将历史街区划定为历史地段，美国历史地段的开发控制，主要的原则是以保护和修复为主，同时因地制宜地进行扩建，并注重环境协调性。法国则采取政府、非营利组织和房屋所有人三者合作的方式，政府提供财政补贴、制订标准，由所有者主持实施。德国的历史街区采取"整体性保护"的模式，其典型特点为注重静态建筑与活态居民的一体化保护，注重历史街区的原生态和整体性。日本的街区保护是以市（町村）为实施保护的主体，以街区中的街

道建设为中心轴，进行修景、修理等工作。各国的经验表明：在保护过程中，需要各利益主体协同合作，政府、企业、非营利组织、社区、居民共同参与；同时发挥市场功能，吸引现代商业经济入驻，形成现代城市历史文化展示与文化观光旅游新区。

（二）会馆品牌的开发

21世纪世界的格局发生了根本性变化。上层建筑和经济基础集中体现在文化软实力中，国家软实力决定了对世界资源和财富的支配权，文化市场成为没有硝烟的战场，品牌成为致命的武器，通过产品和市场进行深入人心的传播来产生影响。发展文化产业也是政治的延续，文化产业的集聚是集中优势资源在战略上克敌制胜的基本保障，树立、经营和维护品牌是文化传播的关键战术。

因此，品牌的开发成为将会馆注入文化产业大潮的关键步骤。在会馆品牌规划中，要充分考虑并发挥会馆的政治价值、文化遗产价值，同时要深度发掘会馆的文化内容，并对其进行商业性拓展规划、传播及经营。

（三）会馆的规模化拓展

文化产业如果不形成巨大的生产规模，不能产生可观的经济效益，树立不起持久的品牌，就不可能深入人心地传播文化，也就不可能使我们的世界观和价值观获得世界的理解、接受和认同。同时，达到了一定规模的产业集群将形成一个稳固的互为依存的联合体，通过专业化、集约化和规模化，增强其整体竞争力和抗风险能力。北京古老的宣武区现存300余座会馆，进行连片经营，统一管理有利于会馆资源的保护和特色文化产业的开发，具备会馆资源的规模优势。

除品牌特色外，规模效应将成为会馆发展壮大的关键因素，在全国范围内，如果将散布于北京、上海、四川等地的会馆联合起来，通过各种形式结成联盟，将形成大规模的产业联动效应，从而保证会馆的文化竞争力得到进一步强化。

五、会馆资源的经营与管理

（一）切实做到资源分类

建立会馆资源评价体系，对会馆资源进行科学分类。这种方式，一方面可以明确各个会馆的定位、功能，即哪些资源需要在保护的前提下开发，哪些可以在改造中开发，以此获得政府、社会和商界的扶持，进一步保护

和开发这一文化资源；另一方面，这种方式可以提高文化资源的利用质量和效率，通过分类找到富有"价值性"和"唯一性"的文化资源，以确定会馆的核心资源，树立会馆产业的品牌，并加以有针对性的推广。

（二）与地方文化建设和产业发展结合

以北京会馆为例，作为百年来的京城民间文化聚集场所，会馆自身已经打上了深深的京味烙印，况且在几个世纪的沉浮中，会馆的发展脉搏已经牢牢嵌入了北京的"大动脉"之中，可以说会馆的发展与北京荣辱与共、休戚相关。因此，发展会馆产业，并不能脱离其实际生存的母体而单独运行。相反，如何充分呼应地方经济特色，如何更恰当地结合所在区县、城市的发展建设来规划会馆产业，则不仅满足了上述客观事实，也可以提升自身竞争力、"免疫力"，同时回馈并带动其所在区、市的文化和经济进一步繁荣。

推之于全国，将会馆产业的发展，纳入到其所在区、市，乃至国家"十二五"规划中，不仅是应时、顺势之举，更是提升会馆文化自身地位、强化市场竞争力、加强市场抗风险能力的有力手段。

（三）注重推广宣传

为了完善会馆资源的经营战略，需要充分利用以数字媒体为代表的现代传播工具，从而全方位地向各类人群推广会馆品牌，继而开辟更多的产品营销渠道。

1.开辟网络虚拟会馆

可以借鉴"网上世博"的成功经验，建立网络虚拟会馆，将产业中标志性的会馆资源介绍给大众，尤其是使用网络的中青年人群，并开发电子商务等辅助功能，在推广品牌的同时售卖周边产品。这些网络虚拟会馆还可以进一步提升为国家级文化资源网站，从而提高其品牌地位和权威性。

2.出版发行

将会馆历史、名人足迹、名人作品、建筑风貌等丰富的文化资源汇集成文字及影音资料，面向社会发行，从而扩大该品牌的辐射面，同时也有意识地、有针对性地保存并传播了一部分珍贵的历史文化资料。

3.拍摄会馆题材和人文故事的影视剧

影视剧也是当今宣传文化品牌的最有效工具之一。撷取会馆文化中生动的元素筹拍成影视剧，以此吸引更多人的关注，不失为影响范围广泛、效力持久的推广手段。

4.举办主题活动、商业演出

这既是一种常规的推广手段，也是最为灵活的经营方式之一。常年利用会馆的场地资源组织主题活动、商业演出，可以不断强化大众对会馆品牌认识；同时，会馆利用常规活动、商业演出的收入反哺自身的产业发展。

5.开发旅游项目

开辟多条会馆文化旅游热线，向大众推广民间文化遗产的历史价值，从而长年维持会馆品牌的热度和产业的运营。

6.组织集会

组织商业、民间团体等在相应的会馆中召开"商业联盟"集会、"同乡会"等，不仅发挥了会馆的现实功能，而且为会馆进一步招商引资打开渠道。

7.举办会展

形成独具特色的民间文化展览等，不仅推广了会馆自身的文化品牌，而且有力地推行了同类民间文化遗产价值的传播和经营，于自身、于国家、于民族都有不可替代的现实意义。

综上所述，积淀了数百年历史的会馆正向人们敞开它神秘的大门，而文化创意产业的理念有助于开辟其回馈民间最恰当的途径。在进一步评估不同类别的会馆文化资源基础上，有针对性地对其开发、保护，寻找核心价值并树立品牌，进而形成完整产业链，实现全国范围内会馆的规模效应，将是当今发展会馆产业的可行之路。

109

参考文献

1　肖永亮. 创意力学 [J]. 软实力，2006（11）.
2　肖永亮. 创意城市和创意指数研究 [J]. 同济大学学报（社会科学版），2010（3）.
3　陈硕. 三坊七巷申报世界文化遗产的标准符合性初探 [A]. 2008 海峡两岸创意产业合作与发展高峰论坛论文集 [C]，2009.
4　陈章汉. 关于三坊七巷文化创意走向的思考 [A]. 2008 海峡两岸创意产业合作与发展高峰论坛论文集 [C]，2009.
5　张鹰. "三坊七巷"文化资源的生态型开发 [A]. 2008 海峡两岸创意产业合作与发展高峰论坛论文集 [C]，2009.
6　李仲才. 创意视野下的新"三坊七巷" [A]. 2008 海峡两岸创意产业合作与发展高峰论坛论文集 [C]，2009.
7　傅才武，陈庚. 当代中国文化遗产的保护与开发模式 [J]. 湖北大学学报（哲学社会科学版），2010（7）.
8　肖永亮. 品牌意识与在线包装 [J]. 现代电视技术，2009（11）.

作者简介

肖永亮，北京师范大学教授，博士生导师，北京师范大学文化创意产业研究院执行院长，艺术与传媒学院副院长。
李飒，北京师范大学文化创意产业研究院院长助理，博士。

迎接低碳时代到来
——从企业到城市的低碳战略架构

子 圣

摘要：低碳时代即将到来，从企业到城市到国家，都将面临着一次全新的变革，在可持续发展架构的指导下，各种力量在积极酝酿着一场新的战略。如今，我们必须为这个时代的到来做好准备。

关键词：气候危机；可持续发展价值框架；低碳城市模式；上海花园坊

21世纪科学上最重要的一个认识或许是：生命来自恒星爆炸所产生的物质，人类来自宇宙的尘埃，只是宇宙间无数之无数中的微尘。

——题记

全球气候危机是天灾还是人祸？

联合国气候公约执行秘书长 Yvo de Boer 说："金融危机是人们透支消费的结果，气候危机是透支地球资源的结果"。如果是这样，气候危机显然是人祸——世界欠下了庞大的生态债务，人类向大气中排放气体，导致气候变化，破坏了地球最基本的生命支持系统。更严重的是，地球可能接近"临界点"，整个生态系统"翻进"一种新的状态；若超越这一状态，地球将以一种我们无法纠正的形式发生种种变化。科学家称，我们必须将全球温度上升幅度控制在2℃以内，为此到2050年以前，我们必须将导致气候变化的温室气体排放减少至80%以内（与1990年水平相比）[①]。

简单地说，二氧化碳和其他温室气体是一种"污染物"，这种污染物太普遍或者太微不足道以致我们根本就不知道这种气体对我们赖以生存的环境所造成的影响。如今人类已达成了一个科学共识：任何人类活动所引发的气温升高2℃，如果超过前工业化时期，都将对人类社会、经济和全球环境产生灾难性且极具破坏性的影响。

从经济角度来看，污染等于无效率。如今，已不能单纯从效率角度来理解气候危机了。我国政府对气候危机有一个官方的看法是：气候变化是环境问题，但从根本上是发展问题，只有在可持续发展前提下才能妥善解决。因此，减少碳排放要求转变经济增长的方式，要求人们对气候问题普遍的觉醒，要求人们重新理解可持续发展的含义。

因而低碳经济概念应运而生。低碳经济是以降低温室气体排放为主要关注点，基础是建立低碳能源系统、低碳技术体系、低碳产业结构，发展特征是低排放、高能效、高效率，核心内容包括制定低碳政策、开发利用低碳技术和产品，以及采取减缓和适应气候变化的措施。这些措施可能包括：提高能源使用效率；燃料使用的转化与二氧化碳捕获及储存；核能发电；可再生能源；森林和耕地对二氧化碳的吸收等。

依据这个看法，现代经济向低碳经济转型的基本途径包括：

（1）建立碳市场，处罚高排放、奖励低碳行动的解决方案；

（2）将新技术作为研发和各种投资目标；

（3）开发建设清洁能源；

（4）设计城市和公共运输系统，减少对汽车的依赖；

（5）设定标准以减少建筑的能耗；

（6）针对消费品强制推行富有雄心的低碳法规和能效标准；

（7）引入生态系统服务补偿，改变消费模式，消除森林砍伐。

麦肯锡的一项研究所指出：到2030年，积极部署一系列新技术——诸如电动汽车和新的废物管理办法——将使中国进口石油的需求在已经确认的能效目标基础上，再降低30%～40%。采用这些技术不啻于要在发电、汽车燃料、废弃物管理、建筑物和城市设计、植树造林和农业方面进行一场"绿色革命"[②]。

气候组织研究认为中国在交通、建筑、工业和能源等方面面临巨大的低碳商机。中国已在一些方面走在了世界前列，比如[③]：

（1）中国已有超过 150 台超临界机组、超超临界机组在网运行，是世界采用此种技术最多的国家之一；

（2）中国是世界上风力发电装机增长最快的国家，在不到 8 年时间里突破了 1 千万千瓦，年增长速度接近翻番；

（3）中国是世界最大的光伏组件出口国，供应着世界 40% 的光伏产品需求；

（4）中国是世界最大的太阳能热水器的生产者和消费者，占世界总产量的 50% 和总安装量的 65%，约 95% 的太阳能热水器的核心技术为中国公司持有；

（5）中国企业生产出了全球首款单次充电可行驶 400 公里、并可容纳 5 位乘客的纯电动轿车；

（6）中国水泥余热发电效率世界领先，已开始向国外出口技术和设备；

（7）中国是国际碳市场最活跃的一员，并在北京、上海、天津三地建立了环境交易所。

同时，我们要看到另一面，中国企业和民众对环境意识还没有普遍觉醒，特别是在工商业界还积聚着一种先污染、后治理的意识，甚至还有大量的人认为污染是工业化的必然结果，这笔账应该留给子孙后代，面对这样的"愚昧"意识，我们就不会觉得我们所取得的成绩是多么了不起的事。

贫困和可持续发展二者并不矛盾，但中国的国情决定了这是一个艰难的过程。这个过程中，国家具有重要的作用和影响，而企业家也应积极响应，这不仅是企业生产的需要，更是一种社会责任的觉醒。因而我们需要一种战略眼光来看待企业乃至社会的可持续发展问题，并需要一些方法和策略来改变企业的固有思维模式。可持续发展不是赚快钱和慢钱的问题，而是一种更智慧的生存和发展方式，智慧来自一种识别并认清企业存在的根本依据，并来自恰当的方法和策略来进行企业的长远投资、人才聚集、创新文化、盈利模式等一系列举措。总之，面对当下的气候危机是真正考验企业家智慧的时候了。比如，制造业效率的增长受制于资源的约束，机器设备再先进，没有电，又有什么用呢？深层次看，一切源头都来自于大自然资源的馈赠，如今，我们欠下这笔生态债，只表明我们要非常小心和智慧地运用这笔财富，否则遭殃的是人类自己。

可以简单地说，一切不可持续发展的发展都不是发展，而是破坏，是坏的发展。就像人类任意地砍伐森林，过度地捕捞海洋资源，透支自己的生命，诸如此类，都是在加速人类自身的灭亡。

对于企业来说，一个可持续发展的企业是能长期繁荣兴旺的企业。可持续发展并不仅仅是一场公关表演，或一条绿色产品线，甚至也不只是对拯救地球的努力真心诚意但偶尔为之的首肯。全面设想和执行的可持续发展可以推动企业去实现节约成本的底线战略、赢得新的消费者群体的顶线战略，以及获得、留住和培养创造性员工的人才战略。真正的可持续发展具有四个同样重要的组成部分。

社会：解决影响我们所有人的各种社会问题，包括贫穷、暴力、不公、教育、公共健康、劳工权利和人权。

经济：帮助个人和企业满足自己的经济需要——对个人而言，包括安全的食品、饮水、住房和物质享受；对企业而言主要是盈利。

环境：保护和修复地球——例如，通过控制气候变化、保护自然资源，以及防止浪费等途径。

文化：保护和重视多样性，通过多样性，不同的社会群体可以张扬自己的个性，并培育世代承袭的传统。

比如，Method 公司是一家位于旧金山的家庭日用品生产企业，它可能是采用"从摇篮到摇篮"流程开发其产品的最成功的企业。该流程由 Michael Braungart 和 William McDonough 首创，它能确保产品中每一种成分在整个制造、使用和废弃物处理过程中都无毒无害，并具有高能效。该公司会考虑其所有产品的过去、现在和将来，其方法是凡事问一下：它们是否来自可持续性的来源（过去）；它们是否无毒无害（现在）；它们是否能够循环使用和回收利用（将来）④。

我们可以使用可持续发展价值框架来为企业建立一个分析的架构，结合气候变化和低碳经济等情况，我们改善这个框架图，如下：

111

		明日		
驱动力：	策略：		策略：	驱动力：
清洁技术	低碳技术		可持续发展愿景	气候变化
生态足迹	重新定位资产组合		碳交易市场	资源枯竭
监管政策			低碳金融	贫困
	能源结构和多样性		文化变革	文化多样性
	资源可取得性		公共事业	
回报：发展与重新定位			回报：可持续发展轨迹	
内部				外部
		可持续发展	低碳经济	
驱动力：	策略：		策略：	驱动力：
污染	节能、循环		产品创新和社会责任	社会责任
浪费	提高能效		环境战略扩展至上下游	品牌资产
废弃物	减少碳强度		产业链重构	绿色声誉
有毒物质	污染物最小		产品生命周期管理	
垃圾	产品无毒无害		设计低碳、绿色产品	
回报：降低成本和风险			回报：声誉及创新	
		今日		

这个框架显示了可持续发展思想下企业如何向低碳经济转型的策略[5]。

有四种驱动力影响企业的战略:

第一类力量,是比较明显的力量,与过去两个世纪中逐渐发展的工业化进程及副作用有关。比如,材料消耗、环境污染以及生产过程中的废弃物。企业可以通过降低与其活动相关的材料消耗和污染,立即创造价值。对于产业来说,发展循环经济,构筑生态产业园是发展的大方向。但仅做到这一点还是不够的,明显的污染和浪费是看得到的,而温室气体排放却不这么明显。如果追踪产品和企业的碳足迹和水足迹,就会发现惊人的现实——气候变化越来越和这个现实有关,无疑企业要站在更高的层面来看待污染问题——二氧化碳是严重的污染物——这意味着我们要对原来不可持续的发展模式进行深刻的反思。

这个象限的力量驱使着企业要努力优化现有资产和产品的碳效率(而不仅是生产效率),这包括基础设施(楼宇、发电站、数据中心、工厂)、供应链和成品(汽车、电视、电脑)的碳效率。要实现这一优化,企业需采取提高能源效率的举措,并向清洁能源转变。

我们发现能源问题制约着工业的发展,并认清一个现实——现有能源结构的供给能力是有限的,并且面临着价格不断上升的趋势,从石油、天然气到电力,这些对企业不断增长的需求来说意味着一项重要的风险和成本。如果不采取有效的措施,以企业现有的能力几乎无法驾驭这方面的风险。因而企业需要不断的持续投资未来,企业必须先从内部深挖潜力,每节约下来的成本都可转化为企业投资未来的资本,继而形成良性的循环。

第二类力量,与"公民社会利益相关者"的普及和发展有关。当国家政府的力量随着全球化贸易机制的发展逐渐弱化,非政府组织和其他市民社会团体就进入这个被扯开的权利缝隙,承担起监控社会和环境标准的角色。与此同时,这些团体也得益于互联网和信息技术的普及,使它能够以10年前还无法想象的方式,进行内部交流和互相沟通。这种力量预计在未来越来越重要,发展低碳经济本身就需要更多的外部协作网络来参与。企业应同这些力量构筑同盟关系。一个重要的经济链条能将这些团体联系在一起——社会资本,特别是在知识社会的前提下,网络技术已将协作的成本降到很低,这对企业本身意味着一个重要的商机。企业可以以全新的方式来设计绿色产品,并将供应链的上下游贯穿在这个产品体系下,最后企业同时还获得绿色信誉和品牌资产升

值。这不单是企业把自己"漂绿",而是从理念和源头上把自己变成一个绿色公司,不要忘记引进外部协作力量,和他们组成联盟就能实现这一愿景。

第三类力量的发展趋势,包括了正在兴起的"破坏性"技术。破坏性技术对现存状况发起挑战,今天的许多能源和材料密集型行业,都可能因其出现而退出商业舞台。基因技术、纳米技术、信息技术和可再生能源技术,都具备这样的潜能:大幅度改变我们的商业活动方式和我们对这个星球的影响。还有,对满足持续、大幅减排要求的新型低碳解决方案的需求正在增长。打破现有产业布局并创立新产业价值链将会涌现出来,例如,以向发电厂大规模供应生物能为基础以及第二代生物燃料为基础的产业将会崛起。那些鼓励电力和运输业中消耗更少能源供应商和终端用户的新业务模式,其重要性将不亚于新技术。

此外,企业还可重新定位资产组合,企业可将投资组合向碳密集度低的工厂和技术转移,这将影响企业未来的估值架构。

最后,第四种驱动力与一系列全球问题有关,比如资源耗竭、生态系统恶化、气候变化;不发达世界中的不平等和贫困,以及其他同样宽泛的、发达世界中的可持续发展驱动因素,包括:全球安全问题和与其紧密相关的气候、资源消耗和能源供应及安全问题。大规模的社会发展和财富创造,尤其是全球最贫困的40亿人群的社会发展和财富创造,是可持续发展的基本问题。然而,为了避免造成生态系统的彻底毁灭,全球各地的发展必须采取一种全新的方式。但是,对最后一部分驱动因素的应对,不仅对于这个星球的健康非常必要,通过把握各个行业层出不穷的可持续发展机会,企业也同样可以创造价值。

如今碳交易市场和碳金融也正在参与到这场低碳"盛宴"中,这已演变为全球性的一个大市场。据麦肯锡估计,到2020年,碳交易市场可以增加到8000亿美元,甚至可能会高达2万亿美元。如果达到这种规模,该市场的规模将是2007年全球商品衍生产品市场规模的两倍以上。另一项报告称中国构建"绿色经济"从现在到2030年需40万亿,也就是说每年需1.8万亿元人民币的投入,才能有效实现"绿色经济"[6]。

毋庸置疑,这里孕育着巨大商机,需要持续的投资才能获得这一优势——可持续的发展轨迹,建立企业的长远愿景——同时还改变了人们对于工业化泡沫的认识。这或许也是对文化本身的一种变革,在全球范围内,人

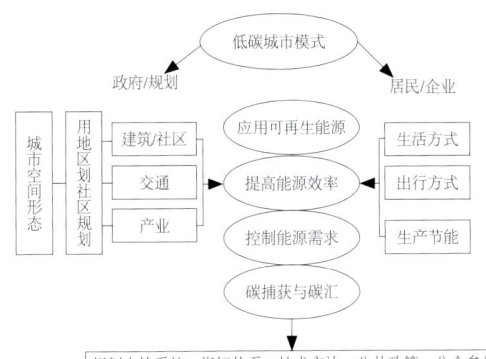

们面对贫困和发展问题，或许还有更智慧的方式来解决。

若把这个框架用来分析低碳城市（区域）规划，则要加入一些新的变量。因此，我们引用一个用来发展低碳城市规划的概念框架，如下图所示⑦。

该框架中将不同的利益主体（政府、居民、企业）通过低碳城市规划理念、低碳城市规划指标体系、低碳城市规划方法和低碳城市规划方案的公众参与等策略，将其囊括在一个模式中。该模式运用恰当合理的低碳技术，如可再生能源、能效、能需、碳汇等，运用于建筑、交通、工业、能源、生活等行业，最终体现城市形态和发展的更新与可持续发展。我们整理了一份发展低碳城市的技术体系，这些即可根据城市自身情况来运用（见文后附）。

目前我国已有些低碳城市的试点城市，如日照、厦门、无锡、上海等。各城市发展重点不同，因而规划亦有区别。我们以上海花园坊节能产业园为案例，了解到，在城市中开发这样一个项目对低碳城市的发展具有重要意义，而且很有示范效应和启示。

上海花园坊节能环保产业园是通过闲置的工业老厂房改建的工程项目，建筑面积4万平方米。园区开发方创建了环保市场的会展交易系统，有四种模式：会展交易模式、定制化交易模式、合同能源管理模式、权益交易模式。具体言之：

（1）专业会展：通过近6000平方米的国际展厅汇聚展示国际节能环保领域的产品、技术和服务；通过近2000平方米的精品展厅定期举办国际节能环保领域的新产品、新技术、新材料和新工艺。园区以此构建起集聚性和辐射性的节能环保领域的常年与定期会展平台，形成节能环保市场领域的国际型展示、发布、交流、推广的示范性交易平台；

（2）示范窗口：园区有近40000平方米的"单元式"办公展示空间，通过引入节能环保产业链上的价值型企业、单位、机构、组织形成"办公展示单元"，构建起永久性"示范窗口"型的综合办公展示平台，为节能环保市场的企业主体与交易应用主体搭建起专业的沟通"窗口"；

（3）国际论坛：园区通过近1000平方米的国际会议厅常年举办国内外论坛、会议，凝聚国内外节能环保行业领域的专家、学者进行学术交流、技术探讨和新技术、新材料、新工艺的开发研究。为节能环保市场搭建起专业的国际型学术交流、发布、探讨、研究平台，进而形成国际节能环保产业的长效沟通机制；

（4）公关推广：园区搭建起专业的会展、论坛、科普教育基地、节能环保示范园区实体平台；通过引入节能环保专业领域的媒体、网络、杂志等机构形成软性平台；通过凝聚社会新闻传媒机构形成延伸平台；通过LED节能环保情景演示等新型数字化设施形成情景宣教系统。园区正是通过实体平台、软性平台、延伸平台以及数字化情景宣教系统的建设，构建起节能环保产品、技术、理念、文化的公关推广体系，形成推动节能环保市场成熟发展的系统性激励、促进机制；

（5）科普基地：园区以展示交易平台为基础，结合数字化情景宣教系统，为上海乃至全国树立起国际尖端节能环保科技的宣传教育基地，推动全民节能环保意识的建设和增强。

摄影／王艺玮

开发商在建筑节能方面，亦有所创新，具体体现在以下几个方面：

（1）循环经济：老厂房改造本身就是废旧资源再利用，在某种程度上减少了建筑材料的使用量，间接减少建筑材料生产所造成的能源损耗及环境排放，这是符合国家推进循环经济发展的指导思想的；同时在改建过程中合理利用建筑废弃物和原工业厂房的金属废弃物用于园区景观及雕塑，以艺术品的形式传播产业结构的变迁（从耗能和污染大户，转型为以节能环保为主题的创意园区）和节能环保的思想理念；

（2）间接节能：利用原工业厂房的高大空间，开发成为室内自然通风停车库，尽可能提高室内停车库空间利用率，间接减少汽车空调使用耗能；

（3）智控节能：园区及楼宇采用智能化控制系统，通过智能化控制管理系统强制规范园区人员的节能行为，起到节能环保的作用；

（4）宣教节能：通过园区标识系统、警示、广告和宣传栏等，以宣教方式推进园区人员节能环保行为规范，起到节能环保的作用；

（5）建筑节能：采用外墙保温、屋面保温、窗体遮阳、开窗面积控制、门窗断桥隔热铝合金型材、中空 LOW-E 玻璃、两层透气型木窗等手段达到建筑节能；

（6）再生能源利用：采用太阳能热水、风力发电、太阳能发电等，以再生新能源的方式推进节能减排；

（7）能效综合利用：采用地缘热泵中央空调系统、热电联产中央空调系统、热交换新风系统、能照明灯具等技术起到提高能效综合利用的作用；

（8）环保科技：采用无水小便斗、室外自渗透型停车位地面，雨水回收系统用于卫生间冲洗、洗车辆等；

（9）环境节能：采用屋顶绿化、室内绿化和园区绿化，以增加园区绿化景观面积，塑造园区自然生态环境的方式达到节能环保的作用[8]。

通过这些技术的运用，有 2 幢建筑得到美国 LEED 绿色建筑标准认证，2 幢国家 3A 绿色建筑标准认证。

整体来说，该产业园的发展模式不仅有很好的借鉴意义，更有很好的示范效应，是一个很好的发展模式。

附：根据 IPCC 报告，将这些成熟的技术策略整理如后[9]。

注 释

① WWF，世界自然基金会，《全球气候新协定袖珍指南》。
② 麦肯锡季刊，《中国的绿色机遇》，麦肯锡网站。
③ 气候组织，《低碳商机》，气候组织网站。
④ 麦肯锡季刊，《可持续发展战略》，麦肯锡网站。
⑤ 可持续发展价值框架见《必要的革命》，彼得·圣吉，中信出版社，2010，本文根据这个框架进行了整理。
⑥ 麦肯锡季刊，《从低碳经济中盈利》，麦肯锡网站。
⑦ 顾朝林，谭纵波，韩春强等.《气候变化与低碳城市规划》[M].

行业	关键技术和做法	有效的政策和措施
能源供应	改进能源供应和配送效率 煤改气 核电 可再生热和电（水电、风电、太阳能、地热、生物能） 热电联产 尽早使用CCS	针对可再生能源的上网电价补贴 差别电价
交通运输	城市布局及路桥结构优化 更节约的燃料机动车；混合动力车 低碳燃料替代 公共交通优化 非机动化交通（自行车、步行等）	利于节能的城市规划 加大排放标准 车辆购置税、燃油税 发展公交系统 实施汽车燃油消耗标示
建筑	建筑节能标准 高效照明和采光 高效电器 高效供热和制冷 节能材料 节水技术 智能化楼宇	家电标准和能效标签 建筑法规 政府强制采购节能材料 绿色照明推广 阶梯水价
工业	限制高能耗产业发展 能源合理使用和配置 推广使用高能效终端设备 余热和可燃气体回收 材料回收利用和替代 控制非二氧化碳气体排放	节能工程 关停落后产能 能源服务公司奖励措施 节能监察制度
林业	植树造林和再造林 减少毁林；木材替代；森林管理 使用林产品获得生物能	林业六大工程
废弃物	填埋甲烷回收 废弃物回收利用 废水处理和利用	循环经济 废弃物管理制度 限塑令 资源综合利用政策

南京：东南大学出版社，2009.
⑧ 根据上海创意产业中心网站中上海花园坊节能产业园相关资料进行整理。
⑨ 气候组织，《中国低碳领导力：城市》，气候组织网站。

参考文献

1 ［美］迈克尔·波特.竞争论[M].高登第，李明轩译.北京：中信出版社，2003.
2 ［美］丹尼尔·埃斯蒂，安德鲁·温斯顿.从绿到金[M].张天鸽，梁雪梅译.北京：中信出版社，2009.
3 ［美］彼得·圣吉.必要的革命[M].北京：中信出版社，2010.
4 顾朝林，谭宗波，韩春强等.气候变化与低碳城市规划[M].南京：东南大学，2009.

作者简介

子圣，独立经济学者。

114

城镇精明增长、低碳发展与长三角功能建设*

沈玉芳

摘要：基于产业结构升级与城镇空间模式协同的视角，在全面剖析城市精明增长和低碳发展理念与相关理论的基础上，对城镇精明增长、低碳发展与长三角功能性区域建设的关系及功能性区域建设的方向和实现途径做了探讨，认为：1）大规模、无限制产业、人口和城市发展带来的负面效应已经开始突显，长三角则更为明显；2）长三角地区必须加强合作和联动，把经济发展方式转变和环境的改善作为新时期引导地区发展的主线，把推动城镇产业结构升级和低碳发展作为加快地区发展的战略重点，进行城市群统一规划；3）城市精明增长和低碳发展理念也适用于城镇产业结构升级和功能性区域建设；4）坚定不移地贯彻实施相关产业结构升级和功能性区域建设；5）坚定不移地贯彻实施相关理念，实现城镇精明增长和低碳发展，是推进长三角城市群可持续的根本出路，也是加强区域产业结构整体升级与城镇空间模式协同的总纲。

关键词：城镇精明增长；低碳发展；长三角；功能性区域

Abstract: Based on the perspective of industrial structure upgrade and urban spatial model collaboration, on the basis of comprehensively analyzing the urban smart growth and the low-carbon development concept and the relevant theories the relationship between urban smart growth,low-carbon development and the functional area building in the Yangtze river delta as well as the direction and realization of functional area building were discussed in this article which considers: 1）the negative effective brought by large-scale and unlimited industrial,population and urban development have become prominent, and the conditions are more obvious in the Yangtze river delta; 2）the Yangtze river delta region must strengthen cooperation and interaction to turn the economic development transfer and environmental improvement as the mainline guiding the regional development in the new time,to take promoting urban industrial structure upgrade and low-carbon development as the strategic focus of speeding up regional development and to carry out unified planning of urban agglomeration; 3）the urban smart growth and low-carbon development concept are also applicable to the urban industrial structure upgrade and functional area building; 4）to steadfastly implement relevant concepts to realize urban smart growth and low-carbon development is the fundamental way to promote and low-carbon development is the fundamental way to promote the sustainability of the Yangtze river delta urban agglomeration，meanwhile the guiding principle strengthening the regional overall industrial structure upgrade and urban spatial model collaboration.

Key words: city smart growth；low-carbon development；Yangtze River Delta；functional area

作为我国参与国际经济大循环的重要战略地区，伴随日益加快的工业化和城市化进程，长三角地区人口、产业、城镇的规模和数量仍将有不断扩大和增长的趋势。为了进一步应对经济全球化带来的各种挑战，增强区域综合竞争力和实现经济、社会和环境的和谐发展，资源

环境约束条件下的长三角地区必须加强合作和联动，把经济发展方式转变和环境的改善作为新时期引导地区发展的主线，把推动城镇产业结构升级和低碳发展作为加快地区发展的战略重点，进行城市群统一规划。

加快推进城镇产业结构升级和低碳发展是保障城市

116

群集约、高效和有序发展的必由之路与长三角城市群建设需要解决的关键和核心问题之一，也是城市科学领域需要加以解决的前沿课题和重大理论问题之一。据此，在全面剖析城市精明增长和低碳发展理念相关理论的基础上，揭示和进一步阐明城市精明增长和低碳发展理念与长三角功能性区域建设的关系，积极探索实现城镇产业结构升级和低碳发展的方向和实现途径，对推进长三角城市群科学发展、和谐发展、率先发展、一体化发展和可持续发展具有至关重要的理论和实践指导意义。

一、城市精明增长和低碳发展的理念与相关理论

精明增长理念最早是由城市规划学家提出来的。20世纪90年代，美国的规划界深刻反思了过去几十年快速城市化过程中出现的种种"城市病"现象，有针对性地提出了"精明增长"（smart growth）、"增长管理"（growth management）和"新城市主义"等概念与相关理论。

概括而言，精明增长的理念就是要鼓励土地利用的紧凑模式，推崇以公共交通和步行交通为主的开发模式，混合功能利用土地一级保护开放空间和创造舒适的环境等。其目的是要改变城市发展的固有观念，通过变革经济增长方式，提高资源的利用效率，维持经济、社会和自然的相对平衡，恢复城市中心和既有社区的活力，使城市得以持续和健康地发展。

为推行精明增长，目前最为成功和流行的做法就是划定"城市增长的边界"（urban growth boundaries），作为一种严格控制蔓延并引导合理增长的规划途径。城市增长边界通过清楚地划分未来20年内城市的建设用地和非建设用地，一方面可以确保坚持在适当的地区进行高强度的开发，另一方面则强调了原有地理边界、保障开放空间和保护自然生态。

虽然精明增长的理念与相关理论在美国还存在许多争议，但由于成绩斐然，在美国国内已经受到了越来越广泛的关注。为了摆脱低密度城市化蔓延带来的种种问题的困扰，在美国已有16个州在精明增长思想的推动下建立了"城市生长边界"，与此紧密联系的增长管理法也已在美国8个州颁布①。

与此相关联，芬兰学者艾洛·帕罗海默提出了"生态城"的概念，与城市精明增长理念有一定的相通之处。他认为，"生态城"包含有三个要点，即：城市建设和发展不能污染环境，必须节约使用自然资源、建筑要与自然相融合。在一定程度上可以说，"生态城"概念提倡的自然资源利用循环节约与生态和谐的思想，与城市精明增长理念在方向上是一致的。之后在西方发达国家相继出现了"零碳社区"（伦敦）、"生态区"（法国）和"生态村"（美国）的城市建设和区域发展实践，都与此有关。需要指出的是，

城镇低碳发展理念的提出与全球气候变暖及由此而引发的降低碳排放的全球管治的重构及由此而衍生出来的地缘政治格局的重置和较量等世界政治层面，联系到城镇精明增长和可持续发展等现实问题，以及如何实现规划落地的问题，事关重大，必须引起高度重视。

二、精明增长和低碳发展理念与长三角功能性区域建设

根据国家的战略要求，长三角的地位和面临的现实问题，要想突破资源环境的约束瓶颈的制约，通过功能性区域建设，加快推进城镇产业结构升级和低碳发展以实现经济发展方式的转变与城镇的精明增长，是保障区域产业结构整体升级与城市群集约、高效和有序发展的必由之路。

这是因为，在我国工业化和城市化高速发展的今天，大规模、无限制产业、人口和城市发展带来的负面效应已经开始突显。长三角作为我国产业、人口和城市发展最为高度集中的地区之一，其效应则更为明显。城市精明增长和低碳发展理念虽然主要与城市发展有关，但同样也适用于城镇产业结构升级和功能性区域建设。其中，关于土地集约开发、经济、社会和自然的和谐、城市创新、管理文明、生态城市、零碳社区、刻意追求的文化张力和人本主义的社会伦理等要旨都与城镇产业结构升级和低碳发展有着密切关系。在一定程度上可以说，长三角城市群整体或城市与城市之间产生的发展矛盾和种种弊端都与城镇发展的简单、粗放、无序、无节制扩张和功能的低水平重复有关，并由此引起了资源环境瓶颈约束趋势和可持续发展等问题。由于高消耗、低密度地无序扩张而引发的资源供给紧张和生态破坏问题必然会通过市场机制与自然生态的传导作用不可避免地影响到城镇的生产作业和日常生活，负面效应的影响范围和力度都将因此而得以放大，以致在整个区域内部产生连锁反应。为此，坚定不移地贯彻实施相关理念实现城镇精明增长和低碳发展，是推进长三角城市群可持续发展的根本出路，也是加强区域产业结构整体升级与城镇空间模式协同的总纲。

具体而言，在工业化和城市化快速推进过程中，首先应当制定产业发展导向和相关限制政策，以促进和引导城镇产业结构的合理调整和优化升级；其次必须通过城市群规划，对区域城镇体系发展和重大基础设施建设的空间要求给予具体规定和平衡；第三必须通过提高城镇土地的价值和集约率，提高城市群整体产出的效率和效能；第四必

须实施差别发展制定功能性区域规划，并在此基础上建立完整的土地利用保护评定标准和开发体系，尽量做到不以大量消耗资源或破坏生态开发为前提，达到在总体上提升城市群产业结构能级和低碳发展的目的。

三、强调规划机制加强长三角功能性区域建设

根据以上思路以及长三角地区产业结构升级与城镇空间模式协同的目标和总体要求，我们认为：1）必须强化规划机制，在促进空间资源整合基础上合理划分与创建影响经济社会发展大局与推进城镇精明增长和低碳发展的不同功能性区域；2）要制定差别发展分类指导意见和强制性条例，对其进行规划控制，以确保新时期条件下产业结构升级与城镇空间模式协同的实质性推进；3）在强化规划机制中合理划分和创建不同的功能性区域与规划控制是一项政策性很强的工作，必须加以细化。其中既包括投资政策、环境政策、产业政策和土地政策，也包括人口与产业导入和导出政策等；4）在长三角城市群，功能性区域的划分和规划控制上主要包括五大类：

（一）发展控制区

对处于区域性水源地、生态敏感区、涵养区与各类自然保护区、森林公园和风景名胜区等城镇区，应划出红线，加强保护力度，使之成为维持区域生态系统与生物多样性的重要场所。对崇明岛、横沙岛、环太湖、淀山湖地区及其他水网密集地区和滩涂湿地等生态敏感区，要在划定控制范围的基础上，成为政府财政转移支付的主要方向，加强对发展的控制。发展控制区城镇是长三角人口和产业导出的主导地区，但在除非十分必需的情况下，可以考虑适度发展一些环境友好型特色生产。

（二）优化调整区

主要是指发展基础较好、城镇与产业分布密集、资源环境约束矛盾突出，产业和城镇发展都要加以优化和调整的地区。对沪宁、沪杭、杭甬沿线、环杭州湾和长江沿江地区的城镇，应严格控制土地供应增量和新增重化工业的布局，关、停、并、转和迁出部分高耗能与高污染企业。同时加强用地、能耗、污染、技术含量和效益指标的评估，对各开发区进行调整。在城镇体系建设中，应综合平衡人口、产业和城镇布局的目标。

对于围绕港口、高速公路和铁路沿线而集中发展的能源、原材料和重型装备制造业地带，优化调整的方向

是根据城镇精明增长和低碳发展约束下产业结构加速升级的要求，以土地集约使用和生态控制为目标对各重点产业区进行大幅度整合。为改变沿江和沿湾地区过度布局重化工和大造纸工业的局面，应通过强制性规划，把沿江和沿湾城镇新上重化工项目向苏北沿海一线适当转移，并出台相应措施限制重化工和大造纸工业在沿江和沿湾地区的再布局。长江沿江地区城镇应重点发展先进制造业，环杭州湾南北两翼城镇要依托海洋和港口等优势条件和杭州湾跨海大桥建设的有利契机，注重发展现代装备、现代物流、精细化工等临海和临港型产业，集中打造大型装备制造业基地和现代海洋经济区。

此外，长三角的主要中心城市大多位于这一地区。对于各级中心城市而言，优化调整的方向是围绕把上海国际经济、金融、贸易、航运中心"四个中心"定位的国家战略转化成为长三角的共同行动战略这一目标，加紧调整城市发展方向，突出服务、引领和辐射功能，通过区域联动，加快发展不同层次和不同类型的现代服务业与物流产业，尽量避免雷同，以形成区域一体化的现代服务业网络体系和物流体系，对促进城市合理分工、产业结构升级和低碳发展具有重要的技术物质支撑作用。

按照各级、各类中心城市区域性质和功能的差别，为加强现代服务业经济与物流产业的一体化发展，不同城市优化调整的侧重点应有所不同。其中，上海应本着"区域性思考"的理念通过传统制造业和劳动密集型产业的新一轮向外转移，重点发展总部经济、研发经济和创意经济，尤其是以国际航运中心为平台的国际金融、贸易、航运和中介服务经济，推动生产经济向服务型经济的转变，加速低碳发展的步伐，主动发挥对长三角地区的正向溢出效益；南京、杭州和宁波等副中心城市应彻底改变"追求单赢"的思维定势，重点打造各具特色的生产性服务，并通过产业链关系和加强与上海的合作和联动，发展不同层次和空间联网的区域性国际金融、贸易和现代物流业。

需要说明的是，不少研究认为，从国家利益着眼，把上海建设成为世界城市或现代化国际大都市与把长三角建设成为国际区域或世界级大城市群是同一目标和同一进程中的两个方面。由于当前世界经济竞争在相当程度上是以世界城市为重心的大城市群之间的竞争，因此中心城市之间的职能分工，实际上是以世界城市为目标的上海如何带动长三角发展成为世界级大城市群的问题。其中，上海不可能离开对长三角腹地的依托和带动单独成为世界城市，长三角也不可能离开上海的依托和支撑单独成为世界级大城市群[2]。为此，长三角中心城市之间

的职能分工和城市发展方向的调整是长三角产业结构整体升级与低碳发展的重要内容之一，必须在总体战略和重大政策上加以整体考虑。

尤其是对上海而言，为充分发挥上海在长三角的服务功能，对城市综合功能优化调整提出了更高的要求。在新时期中，上海城市综合功能优化调整的方式是一方面应该按照建设成为国际经济、金融、贸易、航运中心和低碳发展的要求通过做大做强自身提高自己在长三角地区的能级差，真正成为具有国际竞争力和区域认同感的国际化大都市；另一方面，应让自己的实力和能力能为长三角整个区域所分享，通过正面溢出效应来融入长三角，从而带动长三角共同建设成为世界级的大城市群。在一定意义上可以说，上海要想成为"四大国际中心"，首先必须成为长三角的"四大中心"。据此，在金融功能方面，需要上海为长三角城市群发展提供包括银行、保险和资本市场在内的国际化的金融服务；在贸易功能方面，需要为长三角各个城市以上海为桥梁开展对外贸易提供更好、更便利的服务条件和环境；在产业功能方面，需要通过新产业加速聚集和研发创新服务提高长三角区域经济的整体竞争力；在航运功能方面，则需要联合相关港口加快建设服务于整个长三角和全国其他地区的交通枢纽功能、现代化港口群体系和集疏运体系，让周边地区共享发展的预期收益和潜在的溢出效应[3]。

总体而言，处于从生产经济向服务型经济转变的上海，大力发展以综合服务为核心的总部经济是一必然选择。国际经验表明，当今世界先进城市无不经历了从"制造基地"到"总部经济"的重大经济转型。目前世界500强企业中有46家企业总部驻扎在纽约，由此奠定了纽约作为世界总部经济中心的地位；大量的企业总部云集香港，大大地提高了香港有限资源的产出效率；6000多家跨国公司的区域总部定居新加坡，成就了世人瞩目的新加坡经济，这就是很好的例证[4]。

（三）重点发展与协调区

主要是指江苏（苏北）沿海、宁（南京）杭和宁（南京）铜（陵）城镇——产业发展轴。江苏沿海、宁（南京）杭和宁（南京）铜（陵）沿线是新发展时期长三角产业发展的重要拓展空间和战略后备地区，也是人口与产业导入的主导地区。从差别发展和功能性区域建设着眼，对于江苏沿海轴线城镇，重点发展与协调的方向是根据长三角产业结构升级和低碳发展的整体要求，通过城市网络体系的现代化建设和延伸、新增城市经济增长极的培育壮大及城镇

空间模式的一体化规划，成为发达地区大批量产业迁移的集中接纳地，着力打造沿海重化工、轻纺和现代物流区域功能带；对于宁（南京）杭发展轴城镇，重点发展与协调的方向是根据环太湖污染治理和生态保护的要求，花大力气淘汰一批技术落后产业，着力打造先进制造、纺织、旅游和环境友好型产业区域功能带；对于宁（南京）铜（陵）地区城镇，重点发展与协调的方向是通过与发达地区的产业合作，加强港口现代化建设和淘汰部分高污染、高耗能、低技术的落后产业，促进港城联动，加速产业结构的转型和城市化进程，成为现今制造、精细化工和新材料产业区域功能带。除此之外，对于温台地区城镇，重点发展与协调的方向是通过产业基地集中建设、城镇体系合理优化和技术能级的提升，尽快改变产业和城镇布局点多面广、技术含量低和城镇组织模式水平不高的局面，促进新产业和现代化大都市的迅速崛起。

（四）后续拓展区

主要是指徐淮地区。徐淮地区地跨江苏和安徽两省边界，涉及东陇海发展轴和淮海经济区。目前，在这一地区，江苏和安徽都编制了各自的都市圈或城市群发展规划。但是，为使长三角城市群整体功能更趋完善并在促进"中部崛起"中发挥更大作用，在三省一市范围内通过打破省区界限培育和组建徐淮都市圈加以整体规划，使之尽快融入到长三角城市群中来，对长三角的后续发展和服务功能的拓展具有一定的促进和"补缺"作用。作为后续拓展区，徐淮都市圈的主要任务，一是要在打破省区边界的基础上，以优势互补、利益共享为目标，通过城市网络体系和通道建设的延伸与对接，努力形成一个跨界界的大都市圈；二是要加快城市化发展速度，通过培育城市经济核心增长极，加速徐州和淮北等市的都市化进程，带动苏北和皖北地区城镇建设的跨越式发展；三是要加快改善投资总体环境，加强污染治理和环境保护力度，使之成为长三角城镇低碳发展与新产业的拓展基地、能源资源基地和农副产品供应基地。

（五）历史文脉复原和生态修复区

历史文化名城不但是长三角的稀缺资源和重要名片，也是国家的宝贵财富，具有不可再生的特点。长三角历史文化名城的保护和创意性开发，对于增强低碳发展实力和文化亲和力具有至关重要的作用。为此，对历史文化名城如苏州、镇江和扬州等应加大规划的调控力度，按照科学发展观的要求，严格控制工业项目的过度发展。

对目前已经过度发展工业的城市特别是苏州等，要通过城市群统一规划，从速调整产业和城市发展方向，并采取切实措施，控制产业发展规模，并加强对历史文脉的复原和生态修复，重点发展文化创意、旅游观光和相关服务产业，使其恢复和增强文化创意内涵，重塑历史渊源，增强长三角城市群的文化竞争力和亲和力。

为着力推进城镇精明增长和低碳发展，根据功能性区域建设和规划控制的要点，在三省一市范围内，由于所处位置与功能的不同，针对不同的圈层范围采取不同的策略：1）在长三角核心区16市范围内，主要是全面推进产业和城镇发展、市场体系和基础设施建设与生态环境保护的一体化；2）在长三角都市连绵区23市范围内，主要是通过加强城市网络体系建设和重要交通轴线的延伸，加快新增城市经济增长极和城镇产业拓展轴的发展，加速实现网络化；3）对于都市连绵区以外的地区，主要是通过新经济增长点的培育扶持与发展特色产业，推动亚区域中心大都市形态和跨省区都市圈的尽快形成与产业和城镇体系的跨越发展。

注　释

*基金项目：教育部人文社会科学研究项目（09YJA790071）、住建部长三角洲城镇群规划研究项目（2005［126］）基金资助。
① 刘海龙.从无序蔓延到精明增长——美国城市增长边界概念评述［J］.城市问题，2005,3.
② 诸大建.区域性思考、城市性行动——再思上海融入服务长三角.解放日报［N］.2004-05-04.
③ 诸大建.区域性思考、城市性行动——再思上海融入服务长三角.解放日报［N］.2004-05-04.
④ 陈江.上海将扶持一批总部经济载体.解放日报［N］.2006-04-29.

参考文献

1 仇保兴.我国城市发展模式转型趋势——生态低碳城市.城市发展研究［J］，2009,8.
2 仇保兴.生态城市使生活更美好.城市发展研究［J］，2010,2.
3 刘海龙.从无序蔓延到精明增长——美国城市增长边界概念评述.城市问题［J］，2005,3.
4 沈玉芳.产业结构升级与城镇空间模式协同性研究——长江三角洲地区为例［M］.北京：科学出版社，2009.
5 殷为华，沈玉芳.基于新区域主义的我国区域规划转型研究.地域研究与开发［J］.2007,5.

作者简介

沈玉芳，华东师范大学长江流域发展研究院教授，博士生导师。

CUR

Urban Memory and Spatial Texts

城市记忆与空间文本

芝加哥学派的城市社会学理论
——1910 ～ 1970 年

任雪飞

20 世纪初，芝加哥学派社会学的出现标志着社会学作为一个独立的学科在美国产生。至今为止，漫长的一个世纪已经过去，芝加哥学派的一部分理论与研究方法在今天的很多城市研究领域里还有着深远的影响。芝加哥学派的主要著作在 20 世纪后半叶陆续被翻译成法语、德语、荷兰语和日语等多种语言[①]。关于芝加哥学派的介绍性论文与专著也很早就出现在欧洲和日本的城市社会学界。对比之下，在中国，系统和全面地介绍芝加哥学派的学术论文和研究专著还相对较少，学派的经典著作也很少有中文译本。本文的主要目的是比较全面地介绍 20 世纪上半叶第一代芝加哥学派城市社会学的主要理论与实证研究。一百年前芝加哥的城市化规模与速度，与当前中国的城市发展有很多可比之处：大量农村人口移居城市，原有的村落社会组织解体，新的城市社会结构尚未形成；社会问题激增；家用车开始进入日常生活；城市郊区化趋势等。所以，很多芝加哥学派的城市研究理论与方法对现代中国城市研究具有很大的借鉴意义。

芝加哥学派的兴起是和芝加哥在 20 世纪初的迅速城市化进程密不可分的。由于一浪接一浪的欧洲移民大量涌入，19 世纪末 20 世纪初的芝加哥从美国中西部的一个地广人稀的大农村，一跃成为人口仅次于纽约的全美第二大城市[②]。这个处于转型期的光怪陆离的大都市，为芝加哥大学的社会学家们提供了进行社会调查与研究的理想实验室。他们指导学生走出教室，进入社会，观察和记载城市生活的各个角落。这些当时在芝加哥大学的社会学教授、学生，以及他们的主要研究成果后来就被称为"芝加哥学派"（The Chicago School）。

芝加哥学派是一个庞大而又丰富的学术系统，要想把它详细地概括出来，一篇论文的纸页空间是远远不够的。因此，本文把介绍对象限定于"第一代芝加哥学派"

的城市研究。从 1910 ～ 1935 年这 20 年间的芝加哥学派，通常被称为"第一代芝加哥学派"。20 世纪 30 年代中期，芝加哥学派的一些主要成员先后离开了芝加哥，同时社会学继续向定量研究的方向发展，其他大学的社会学系开始崛起，芝加哥学派逐渐走向衰落。第二次世界大战之后，很多参战的老兵返回大学，重新开始高等教育，美国大学体系也开始急剧扩大。这个时期在芝加哥大学社会学系受过训练的社会家们，分散到全美各地的大学校园，有一些人继续积极推广早期芝加哥学派的研究风格，试图重建前一代人的社会学学术领袖地位。他（她）们被称为"第二代芝加哥学派"[③]。

尽管今天的城市社会学家们还在沿用着芝加哥学派的理论与方法，历史学家和思想学家们开始了对芝加哥学派理论发展的历史研究（historiography）与重新解释[④]。Abbott（1999）把有关芝加哥学派的历史研究分成三个时期。20 世纪六七十年代的第一个时期的历史研究侧重于分析和整理芝加哥学派的主要学说与著作，为以后进一步地解释或批判界定了对象；20 世纪 70 年代末和 20 世纪 80 年代初的第二个时期的研究则在以前的基础上对芝加哥学派的各种理论进行进一步解释；20 世纪 80 年代末的第三个时期里，各种原有的解释被进一步复杂化，一些旧的观点被推翻，新的观点被提出。Abbott 认为，在芝加哥学派创始人的脑海中，并没有"芝加哥学派"这一明确的社会文化客体。芝加哥学派是在后来的学者们的整理与归纳、解释与分析、批判与再解释的过程中，逐渐形成的一个社会文化客体。由于本文的侧重点在于介绍芝加哥学派的主要理论、研究方法及著作，作者把芝加哥学派当做一个既成的社会与文化客体进行讨论，而不去质疑这一客体是如何形成的。

第一代芝加哥学派的学术体系主要是社会心理学

121

（Faris，1969）在美国关于芝加哥学派的历史研究中，学派的城市研究是最受重视的领域。在海外，几乎所有介绍芝加哥学派的论文与专著都集中于学派的城市研究。笔者也认为，对于当代的中国城市研究来说，比起社会心理学，芝加哥学派的城市研究更具有借鉴之处。因此，本文将集中介绍第一代芝加哥学派的城市研究理论和与之密不可分的人文生态学。

本文共有三部分。第一部分着重介绍19世纪末和20世纪初芝加哥的飞速城市化进程。由于芝加哥学派的很多研究是在这个背景下产生的，对当时的社会经济文化状况的了解，会有助于对芝加哥学派理论的理解；第二部分介绍芝加哥大学以及社会学系创立的过程。芝加哥学派的形成是和芝加哥大学的一些制度上的创新与改革是密不可分的。芝加哥大学是美国最早的研究型大学之一。在洛克菲勒财团强大的财政支持下，第一代校长哈博（William Rainey Harper）与第一代社会学科主任斯莫尔（Albion small）进行了研究与教学制度上的创新与试验，为研究者们提供了一个自由的学术研究环境；第三部分集中介绍芝加哥学派的几个主要人物及其著作，例如：帕克（Robert Park）、伯杰斯（Ernest W. Burgess）和沃斯（Louis Wirth）等人。这些学者本人的论文和专著并不多，但在他们的指导下，很多当时在芝加哥大学学习的学生们留下了优秀的城市研究。由于这些研究是第一代芝加哥学派的重要组成部分之一，本文将对其中具有代表性的一部分著作进行详尽的介绍。

一、芝加哥的兴起

芝加哥位于美国中西部的大平原地带，芝加哥河与密歇根湖交汇之处。圣劳伦斯河把芝加哥河东海岸相连，直通大西洋；五大湖水系把芝加哥与北部的加拿大地区相连；密西西比河又把芝加哥向南与墨西哥湾相连，向西与落基山脉相连。凡是通过水运的人力或物资，必然会通过芝加哥这一美国中西部的中转站，然后再分流全国各地。丰富的水力资源和得天独厚的地理条件为以后城市的腾飞提供了条件。

最早在芝加哥定居的是印第安人原始部落，但很多欧洲的殖民者也发现了这个自然资源丰富、交通便利的地区。1673年法国传教士马凯特（Pere Marquette）和商人路易斯·朱丽叶（Louis Jolliet）在向密西西比河以南的探险路上，曾在芝加哥短暂停留。一年之后，马凯特又返回芝加哥，开始长期居住，向印第安人传教，成为芝加哥的第一个定居者。由于法国在争夺北美殖民地的

七年战争中败给了英国，1763年芝加哥地区被划为英国殖民地。20年后，随着美国独立战争的胜利，这里成为了美利坚合众国的正式领土。1873年芝加哥市宪章通过，芝加哥从此成为合法城市。

早期芝加哥的发展像是一场房地产游戏。由于人口的激增，房屋建设总是供不应求。1830年在芝加哥定居达到人口只有50人，7年之后达到了4170人，到1850年这个数字又跳到了30000人。因此，房地产商和投机商在城市建设中大发横财。早期的芝加哥居民过半数都是来自欧洲的移民，最多的是爱尔兰和德国人，其次是英国、苏格兰、瑞典、挪威、丹麦和法国人。

在1850～1870年的20年中，铁路网的建设极大地推进了芝加哥的发展。穿越北美大陆的铁路干线向东把芝加哥与新英格兰地区相连，向西与西海岸相连。芝加哥成为全国农畜产品及工业制品的集散地。中西部大平原的大麦、玉米和牲畜经过铁路运输到达芝加哥后，经过加工处理，运往全国各地。芝加哥的工业以制铁业和肉制品加工为主。一浪又一浪的移民也通过铁路运输来到了芝加哥，成为新兴城市的产业工人。1870年的城市人口已达到了30万，其中大部分都是在美国以外出生的移民，爱尔兰人和德国人还是最多，但其他东欧与南欧国家的移民也开始增加，这时的芝加哥已经成为多民族混住的大都市。

人口的急剧增加和工商业的发展使芝加哥的城市地理范围不断向周边扩大。商业设施开始渐渐在市中心集中。由于市中心房价上涨，居住环境恶化，居住在市中心的人口不得不向城市边缘或者郊区迁移。最先开始搬出市中心的是少数的富裕阶层，他们搬到了郊区独门独户的别墅住宅区。郊区化就是这样和城市化的进程同时开始的。大多数工人阶层负担不起在城市边缘或者郊区的别墅住宅，同时也承受不起每天往市里通勤的交通费用，所以只好挤在市中心的狭窄破旧、卫生条件极差、犯罪率高的工人社区，当时30万人口中的20万都是居住在这样的环境里。在市中心，商业设施取代了住宅楼，旧楼房被推倒，新的高楼被房地产开发商迅速建起，这种现代人很熟悉的城市化过程早在1870年的芝加哥就已经开始了。

正在蓬勃发展的芝加哥在1871年遭遇了一场特大火灾。由于当时大多数房屋都是木质结构，再加上救火设施简陋，以及大风等天气原因，这场大火连续烧了三天三夜，一直烧到芝加哥河和密歇根湖的水边才停止。市区的大部分已建成的房屋和店铺都被烧毁，全市人口的三分之一无家可归，可是大火过后的城市发展速度反倒比以前更快了。

在城市边缘，新建的别墅和公寓吸收着城市大量的中产阶级；在市中心，住宅社区几乎完全被商业设施取代，而且中心商业区的建筑物越建越高了。由于钢筋结构和电梯的发明，7～8层的高楼当时在技术上已经成为可能；电灯的使用又使建筑工地能在夜间施工。短短几年内，在大火的废墟上，一座新的城市拔地而起。芝加哥大火为城市新一轮人口增长与经济发展开辟了道路。

大火过后芝加哥的社会空间结构发生了显著的变化。越来越多的富有阶层为了避免城市内的拥堵、卫生以及犯罪问题，纷纷搬往幽静的田园风情的郊区居住。同时，市区工人住宅区里长大的第二代移民，在经济上已比他们的父母大有改善。这些人开始搬出工人住宅区，在城市边缘买下郊区的富人留下的宽敞房屋。尽管很多原有的独门独户住宅被改成了几家人共用的公寓，但居住条件比起以前已有很大改善。随着城市的发展和原有城市人口的向外移动，市中心简陋破旧的住宅被新来的移民占满。这些住宅区的拥挤、卫生和犯罪问题比以前越发严重⑤。

到1890年，芝加哥城市人口的78％都是外国出生人口，或是外国出生人口的下一代。新来的欧洲移民们都来自农村，他们身无分文的来到美国，对令人眼花缭乱的城市生活完全没有准备。很多都喜欢和自己同一国家的人住在一起，周末去教堂，用自己的语言——意大利语、希腊语、德语、波兰语捷克语等做祷告。民族社区（ethnic neighborhood）就这样在芝加哥内的很多地方渐渐形成了。后来芝加哥学派的社会学家们称这些具有自己的文化、语言和生活习惯的社区为"自然区域（natural area）"。整个城市的社会空间居住结构在很大程度上被一浪又一浪的移民人口所塑造。1870年的30万芝加哥人口，在1880年达到了50万，1890年达到了100万，其中半数以上是移民人口。这时的芝加哥已经成为仅次于纽约的美国第二大城市（Mayer & Wade, 1969）。

芝加哥的迅速发展引起了世界的瞩目。在1893年，芝加哥击败了纽约、华盛顿、圣路易斯等对手城市，争夺到纪念哥伦比亚发现新大陆400周年的世博会申办权。芝加哥想把自己的发展与进步通过世博会向全世界展示出来，它花了整整5年的时间来筹备这次举世瞩目的盛会。全美最优秀的规划师、建筑师、园艺师、雕塑家和艺术家被邀请到芝加哥，参与设计被命名为"白色城市（White City）"的世博会会场。尽管芝加哥是摩天大楼等现代建筑的发源地，哥伦比亚世博会所选定的建筑设计风格是完全恢复古典的风格，在这个古典的主题内，建筑师门可以随意施展自己的设计才能。当世博会开幕时，

喷泉与花园、大理石阶梯、中心广场、希腊罗马雕塑随处可见，一座仿古典的、富丽堂皇、整齐优雅的白色城市展现在2100万参观者的眼前。

但是19世纪末经济萧条的阴影已经开始笼罩了芝加哥。在桃源似的白色城市外，到处都是流浪失业，无家可归的人群。贫民窟越发拥挤，城市犯罪率不断上升。城市的人口，经济与商业的发展使原有的社会问题更加复杂化了。人们称白色城市外的现实的芝加哥为"灰色城市（Gray City）"。哥伦比亚世博会的一部分建筑被保留继续使用，其中的林荫大道（Midway）成为了新建的芝加哥大学的校园的一部分。

二、芝加哥大学及其社会学系的创立

19世纪末期美国的很多大学规模都很小，哈佛大学和耶鲁大学等东部的常春藤大学都是通过长时间一点一点发展起来的。芝加哥大学是唯一一所从创立当初就是大规模的一流研究机构。这与洛克菲勒财团的强大财政支持和芝加哥大学第一任校长哈博的努力是分不开的。19世纪末的约翰·洛克菲勒已经拥有了他的石油帝国——标准石油公司。他极力想在有生之年把自己巨大家产的一部分用于慈善和教育事业。他听取了当时在耶鲁大学任希腊文和希伯来文教授哈博的建议，决定在芝加哥建立一所小规模的以神学为主的大学。哈博同意担任校长，开始了大学创立的组织筹备工作。

哈博的野心要比洛克菲勒的计划大的多。他从一开始就打算把芝加哥大学建成为一所大规模的，从事一流学术研究的大学。哈博从芝加哥的工业资本家那里筹集了更多的捐款。当资金紧缺时，他就从洛克菲勒财团获得继续的资助。就这样，哈博开始从全国各地的名校招聘优秀的研究人员。全新的芝加哥大学在1892年迎来了第一批学生。

芝加哥大学校园在市区南部的密西根湖畔。为了体现大学的威严与领袖地位，大学的建筑采用了欧洲哥特式风格，使人联想到牛津大学等欧洲名校。尽管大学的建筑是仿古的，但大学的改革措施却远远走在其他大学前面。哈博的很多大学制度改革都影响了后来美国以及海外大学教育系统。（1）哈博把大学教员的薪水比全国平均提高了整整一倍，这吸引了很多在哈佛和耶鲁等大学任教的优秀学者来芝加哥；（2）哈博改革了学期制度。当时美国的大学都是一年两学期制（semester system），全年只有春季学期和秋季学期，中间是漫长的暑假。为了使大学的设施在暑假期间也能得到充分利用，哈博在芝加哥率先导入了一年四学期制（quarter system）。一年

123

有春夏秋冬四个学期，每个学期大约 10 周。教授们可以选择四个学期里的三个学期来授课，在夏季学期授课的教授会得到另外的报酬，如果连续三年在夏季学期授课且不要报酬，那么教授们可以在第四年全年休假，从事自己的研究，并且领取全部薪水。这种崭新的一年四学期制，不仅加快了学生取得学位的过程，而且使教员们有充足的时间来进行自己的学术研究。现在美国的很多大学都采取一年四学期制；（3）哈博主张大学的主要功能不仅仅是在课堂教育学生，更重要的是从事科学研究，积极发现并且推广科学知识[⑥]。这一重视研究的传统至今还体现在芝加哥大学的学生构成中：在学生人数中，大约有 1 万人的博士或硕士研究生，而只有 5 ～ 6 千人的本科生。同时重视科研的传统影响了美国以及海外的高等教育机构；（4）哈博还积极聘用优秀的女教授，她们可以获得和男教授同样的职位和薪水，这在 19 世纪末的美国大学是非常大胆的举措。

在芝加哥大学成立的同一年（1892 年），哈博任命了斯莫尔来创立社会学系。和斯莫尔同一时期赴任社会学系教授的还有其他三人：约翰逊（Charles R. Henderson）、文森特（George E. Vincent）和托马斯（William I. Thomas）。斯莫尔以前是美茵州一所大学的校长，专长于德国哲学和社会学研究。尽管斯莫尔没有留下任何有价值的研究，但他创立了芝加哥大学社会学系的组织制度框架，以后的城市研究是在这个框架的基础上蓬勃发展的。斯莫尔还创刊了《美国社会学杂志》（American Journal of Sociology，简称 AJS），为社会学作为一个独立的学科的专业化发展奠定了基础。AJS 至今还是美国社会学期刊中首屈一指的一流刊物。斯莫尔指导学生不要只坐在教室里冥思苦想，要把芝加哥这座城市当做研究实验室，敏锐地观察各种社会现象与社会问题，进行科学的分析与研究。把城市当做"社会实验室（social laboratory）"的观点被后来的帕克和伯杰斯等人继续积极提倡，形成了芝加哥学派的主要研究风格之一。

神学出身的翰德逊的主要兴趣是人道主义的社会改良运动，这与新兴的主客观性与科学性的社会学是矛盾的。翰德逊没有留下任何有影响的研究成果，但是，和斯莫尔一样，他积极指导学生到芝加哥的各个地区进行直接的社会观察，帮助形成了芝加哥城市研究的传统。

社会学系的第三个成员是文森特。他积极主张教育的全面性和知识的统一性，反对学科的过度细分化和专业化。可是像其他任何学科一样，社会学在诞生以后的一个世纪内，分化成许许多多的分支社会学，而且各分支之间往往没有任何理论或方法上的统一性。1911 年，文森特赴任明尼苏达大学校长，从而在芝加哥的影响就越来越淡了。

芝加哥社会学系第一代成员中最年轻的，同时也是在学术上最有贡献的是托马斯。托马斯以前在欧柏林大学任教。当芝加哥大学在 1892 年开校时，托马斯进入了社会学系学习，从师于斯莫尔和翰德逊等人。他的早期研究兴趣是民俗学、社会心理学、人种民族研究以及社会同化研究。他在 1896 年取得社会学博士学位后，留在社会学系任教直到 1919 年。

1918 年，托马斯与同事兹奈尼埃斯基（Florian Znaniecki）一起出版了《在欧洲和美国的波兰农民》（The Polish Peasant in Europe and America）一书。为了收集资料，托马斯从 1910 年到 1918 年，花了大部分时间在欧洲。他收集了大量的波兰人的自传、波兰农民写给在美国亲属的书信、报纸和政府的官方统计等。书中主要的研究问题是，为什么一向顺从驯服的波兰农民来到美国之后成为了各种犯罪和暴动的参与者。托马斯主要从社会组织解体（social diorganization）和重组（reorganization）的角度来解释这一问题。他认为，以前波兰农村的家庭、教会和学校等各种第一次集团在波兰人移民美国社会的过程中逐渐解体，而在新社会的各种起类似约束作用的组织尚未形成。这种社会组织的真空状态造成了波兰移民中的各种社会问题。托马斯的著作对于社会工作者有很大的启示。社会工作者们以往经常从个人的角度来解释移民群体的各种问题，现在他们开始看到在社会水平上发生的各种过程会对个人的行为有很大的影响。托马斯使用的生活史等研究方法被后来的人类学家所沿用。

《波兰农民》一书共有五卷，主要分为资料部分和理论方法部分。资料部分收集了关于波兰人在美国的适应过程、家庭关系、第一次集团、社会分层、经济及宗教生活等资料，可是这些丰富的资料几乎没有被以后的任何研究者利用。理论和方法部分展示了托马斯的一些著名的理论概念，比如"情况的定义（definition of situations）"、"态度和价值（attitudes and value）"等。对托马斯的研究的主要批判来自于布鲁玛（Hebert Blumer），他是后来在芝加哥任教的另一名杰出的社会学家。布鲁玛认为托马斯的研究不是为了证明一些命题，而是在于证明一些已有的立场和研究方法；换而言之，书中的资料部分不能证明理论部分中提出的命题，读者从书中的资料中不能达到作者们达到的结论。书中的理论观点是托马斯在收集资料之前就已经有的，并不是从资料中发展而来的。托马斯承认了布鲁玛的这些批判。

在从 1920 年开始的 20 年内，社会学系在帕克和伯杰斯等人指导下，进入了社会学研究的繁荣期，形成了后来被称为"芝加哥学派城市社会学"的研究体系。芝加哥大学创立社会学系之后，其他大学相继效仿。在接下来的一两年的时间内，哥伦比亚、堪萨斯、耶鲁和布朗大学等先后成立了社会学系。东部的哈佛、普林斯顿、约翰·霍普金斯大学和西海岸的加利福尼亚大学成立社会学系较晚。

三、第一代芝加哥学派

帕克是芝加哥学派的中心人物。他在密歇根大学毕业后，曾先后在许多城市从事新闻记者工作。在这个过程中，帕克对媒体和城市研究产生了极大的兴趣。8 年后，他辞掉了记者工作，开始在哈佛大学学习哲学，目的是想得到一些关于媒体对社会的影响力的哲学启示。后来，他又去德国继续深造，受齐美尔（George Simmel）理论的影响很大。1903 年，帕克回到美国，开始和黑人活动家布克·华盛顿一起从事人种问题的研究。随着人种矛盾在美国社会的激化，帕克觉得人种问题的研究比其他问题更迫切。在与华盛顿的工作过程中，帕克走访了美国南部的很多城市，了解当地黑人的生活、文化习惯和社会经济状况。1911 年，在一次人种问题的学术会议上，托马斯与帕克相识，被帕克渊博的学识和丰富的经验所打动。托马斯正式邀请帕克来芝加哥大学讲学。芝加哥大学的研究环境立刻吸引了帕克，他决定在这里度过自己的研究生涯。

伯杰斯是继托马斯后第二个在芝加哥任教的社会学系毕业生。他在 1913 年取得社会学博士学位，1916 年开始在芝加哥大学任教。尽管伯杰斯是斯莫尔和翰德逊的学生，但他更感兴趣的领域是家庭社会学、社会病理学与犯罪研究。伯杰斯工作勤奋，写下了很多优秀的论文，指导了更多的学生论文。1921 年，他与帕克共同编写的教科书《社会科学导论》（Introduction of Science of Sociology）正式出版，这是第一本系统全面地介绍社会学的教科书，书中包括了很多今天社会学的研究领域[7]。

第一代芝加哥学派社会学的三个主要部分之一是人文生态学（human ecology）。帕克认为人类社会和动植物社会有很多共同点。他借用了"共生（symbiosis）"这一生态学的概念来描述人类定居社会的发展逻辑。"共生"在生态学里的原意是指多种动植物群体在生存过程发展起来的相互依赖和互相竞争的关系。比如说，在森林生态社区

内，很多种动植物互相依赖、互相竞争、栖息繁衍，为彼此的生存提供了条件。竞争激烈的城市环境与动植物社区有相同之处，但最重要的区别在于，在人类社会的生态社区内，不仅仅有共生的过程，还有"合意（consensus）"过程。合意是指人类生态社区内经过长时间发展起来的习惯、风俗、文化等被成员共同遵守的价值体系。帕克、伯杰斯和玛肯基（R.D.Mckenzie）等人文生态学者认为，城市空间秩序的发展和演变是有规律可循的。这个规律是被下列因素决定的：为争夺最佳地段的竞争；最大效率使用城市空间；临近土地用途的互相依赖和补充；人口规模和构成的变化；经济膨胀和紧缩以及交通、通信设施的发展等。城市的空间结构是在个人或组织之间的生存竞争与利益最大化的过程中自然产生的，这就是被称为"人文生态学"的核心观点。尽管人文生态学从开始提出就受到了来自各方面的批判，但这是社会学家们第一次对城市空间结构的系统研究[8]。

为什么城市的不同地区有不同的工业设施，居住着不同的经济收入的人群？人文生态学者们认为这是社会成员争夺最佳立地的竞争结果。一个城市最好的地段会被有相应购买能力的个人或企业占领。在中心商务区（central business district，简称 CBD），我们经常会看到百货商店、金融机关、企业总部和星级酒店，因为这些机构能负担起高价的租金；轻工业等其他设施经常会选择在稍远的地点立地，而需要大量廉价土地的重工业设施会在离市中心更远的地点立地；住宅区的低价要比商业区低得多，因此住宅用地一般都是在非商业空间立地；中心商务区也会有一些高层公寓，因为只有这种高密度住宅才能负担起市中心的低价；低收入阶层往往被便宜的房租和交通费用吸引，拥挤在工业区的周围，这些地方经常会发展成为贫民窟（slum）；高收入阶层往往会在城市郊区居住，所以离市中心越远，居民的平均收入就越高。这些是人文生态学关于城市空间结构的基本观点。

1925 年，伯杰斯发表了论文"城市的成长"（the growth of the city），提出了著名的城市发展同心圆模型（the concentric model）。伯杰斯认为，城市发展扩大的一般规律可以由一组同心圆表示出来（图 1）。城市从中心地带开始蔓延，这里是最里面的一个圆（I：the loop）[9]；loop 周围是一个人口流动性高的"迁移地带"，由轻工业和商业占据（II：zone in transition）；第三个地区是"工人居住区"，这里住着刚从贫民窟里搬出来，但仍然想住在工厂附近的工人们（III：workingmen's homes）；第四个地区是中高层收入层的"住宅区"（IV：residential

125

zone）；最外围的是用私家车往市区通勤的"通勤区"，这里往往是已经超过了城市边界的郊区或卫星城（V：commuters zone）。随着一浪又一浪的移民的涌入，每一个圆都在不断扩大，"侵入"外围的另一个圆：原来的工人居住区变成了迁移地带、中产阶级的住宅区变成了工人居住区等。

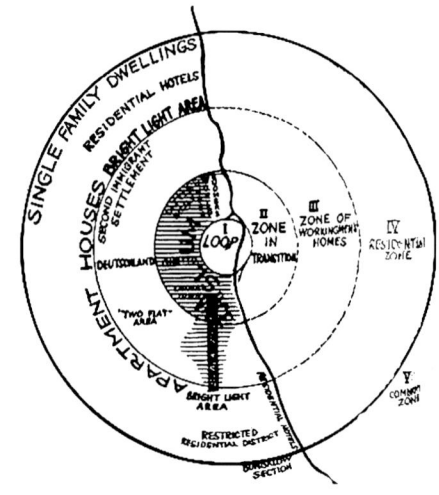

图1 城市成长的同心圆模型

城市的各个移民社区、红灯区、犯罪高发区以及流动劳动人口聚居的地区等，是复杂的城市环境中的各种经济和社会因素相互作用的产物，帕克将这些地区为自然区域。自然区域几乎在美国任何一个大城市都可以看到，它不是人工城市规划的结果，而是在城市生活的日常竞争中，在人口构成与土地用途的变化中自然产生的。

伯杰斯还在地图上标明了各个自然区域的位置：在迁移地带可以看到意大利人的小西西里，中国人的唐人街，犯罪蔓延的"地下世界（underworld）和贫民窟（slum）"；在第三个地带工人住宅区里，可以看到移民第二代住宅（second immigrant settlement）、富裕的犹太人住宅（deutschland）和黑人聚居区（black belt）；在第四个地带可以看到繁华的面向中高收入层的商业区（bright light area）、高级公寓住宅（apartment houses）等；在城市外围的第五个地带可以看到别墅住宅（bungalow section;single family dwellings）等。

同心圆模型是从对一个特定的历史时期，特定的经济类型的城市的观察中得出的。这就是迅速城市化和工业化过程中的20世纪初期的美国城市。它也许不适用于欧洲或亚洲的城市，也不适用于前工业和后工业时期的

城市。即使是在芝加哥，同心圆模型也不完全符合城市空间结构。比如，芝加哥东面是一望无际的密歇根湖，所以整个城市其实只是半个圆；很多富裕阶层选择住在离市中心不远的（迁移地带的）密歇根湖畔的高层公寓，因为从这里可以一览美丽的湖景等，但因为同心圆模型方便记忆，后来很多人把同心圆模型误解为这是对城市发展规律的一般化，批判它不能准确地描述芝加哥以外的城市发展规律。其实，经济人原理（economic man）、完美的市场（perfect market）等概念一样，同心圆模型现实中并不存在，它是对理论分析起帮助作用的概念型（ideal type）。

在帕克与伯杰斯带领下的城市研究的第一步，就是把各种各样的自然区域与社会现象的地理分布用地图表示出来。最初的地图是点状图（spot map）。由于市中心是人口和经济活动的密集区，所以无论观察任何一种社会现象，它们的分布都是集中在中心区域。后来，从1910年起，芝加哥开始了每隔十年一次的全国普查，全市共有600多个普查区（census tract）。这样，研究者们可以根据普查的数据制作出比率地图（rate map）。比率地图在研究城市过程与结构上，要比点状地图更有效。由于普查区的地理范围太小，伯杰斯把全市的600多个普查区划分为75个社区，分别加以命名。这些社区的很多命名后来固定下来，被市民们一直使用到今天。1930年，伯杰斯和帕克带领的研究小组在全国普查数据的基础上，开始制作以芝加哥的75个社区为地理单位的数据库，这就是local community fact book of Chicago，调查每隔十年进行一次。

1923年，在洛克菲勒基金会的资助下，社会科学调查协会（social science research council，简称SSRC）成立，SSRC向主要的学术机构提供研究经费。芝加哥大学是第一个从SSRC获得大规模研究经费的大学。这些财政上的支持在很大程度上促进了20世纪二三十年代芝加哥城市研究的繁荣。本科生和研究生们在教授的指导下，走到城市中去，调查研究了他们感兴趣的各种城市现象。这些研究有的成为学期论文；有的以硕士或博士论文的形式发表；有的以书的形式出版。从1920年开始的20年内，在芝加哥出版的城市研究的书目有将近30余本。其中主要的有Nels Anderson (1923)的关于临时体力劳动者的研究；Paul Cressey（1932）的关于舞厅的研究；Harvey Zorbaugh（1929）的关于芝加哥北部黄金海岸地区的研究；Edwin Thrasher（1927）的关于犯罪团伙的研究；Ruth shonle cavan（1928）的关于自杀的研究；

Edin Hiller (1928) 关于自杀的研究；Walter Reckless(1933) 的关于卖春的研究；Louis Wirth (1928) 关于芝加哥犹太人聚居区的研究；Clifford Shaw(1966) 的关于青少年犯罪的研究以及 Franklin Frazier (1932)、Ernest Mowrer （1927） 等人的关于家庭解体与离婚的研究。帕克和伯杰斯在 1925 年出版了《城市》一书，为在芝加哥进行的城市研究提供了理论指导。

1921 年出版的安德逊（Nels Anderson） 的《The Hobo》一书记述了芝加哥的临时体力劳动者的生活。Hobo 指的是没有固定工作的男性体力劳动者。安德逊本人也曾经在 Hobo 社区生活过。帕克和伯杰斯积极鼓励他充分利用自己的第一手经验，来分析 Hobo 社区的社会结构。Hobo 社区是一般旅游者不会光顾的地方，在窄窄的一条街上，有大大小小的为单身男性工人服务的简易旅馆、当铺、理发店和妓院等商业设施。这里的人口流动性很高，随季节变化大。Hobo 地区的疾病率、死亡率和犯罪率是全市最高的。安德逊没有运用正式的社会学的研究方法，也没有具体的假说来验证，整部著作大多是描述性分析，但安德逊有意识地发展了齐美尔的"社会里的陌生人（social stranger ）"的概念，指出这一 Hobo 地区的形成是人口流动、经济结构以及社会解体等城市环境的诸要因相互作用的结果。

伯杰斯的学生莫拉（Ernest E. Mowrer） 研究了城市不同地区的家庭行为，于 1927 年出版了《家庭解体》（ family disorganization ）一书。Mowrer 根据家庭类型把芝加哥分成五个地带。第一个地带是"非家庭地区"，主要是 Hobo 生活地区，人口大多由单身或是与家庭分离了的男性构成；第二个地带是"解放型家庭地区"，这是指旅馆、公寓等集中的地区，这里的夫妇多没有小孩，个人主义价值观超越了家庭价值观；第三个地带是" 父亲家庭区"，这里是指移民人口集中的社区，大多数家庭教育程度较低，父亲是一家之主；第四个地带是"平等家庭地区"，这里居住的是传统的中产阶级的由父母和孩子组成的核家庭；第五个地带是"母亲家庭地区"，这些大多在通勤地带的郊区，父亲每天大多数时间都在工作，家庭主妇负担着日常家庭活动。尽管有些简化，莫拉认为这五个地带和伯杰斯的同心圆模型几乎吻合。

种族研究一直是城市研究的一个重要课题。在芝加哥学派以前的种族研究中，优生学的生物决定论观点占主导地位。很多学者和社会工作者认为，黑人社区的犯罪率和离婚率较高，是由黑人种族基因决定的。Franklin Frazier 进行了关于黑人家庭的研究，他发现黑人家庭的结婚率和

房产拥有者的百分比却是越往城市中心越低，而犯罪率则是越往城市中心越高。这说明了黑人社区中的各种社会病理现象必须从社会解体等社会学的角度来解释[10]。

沃斯进行了对芝加哥的犹太人社区的研究。犹太人和其他的来自欧洲农村移民不同，他们大多来自城市，已经习惯了大城市的生活环境。在欧洲有几百年史的犹太社区中，他们发展了自己的传统习惯和社区机构，从而能够从破坏性的城市环境中保护自己。沃斯观察到，在美国城市的犹太人社区流动性更强。第二代犹太人移民当生活条件改善时，往往搬到城市外围居住，渐渐融入主流社会[11]。

芝加哥是一个以犯罪著名的城市，犯罪研究是芝加哥城市研究中的另一个重点。Thrasher 观察了在芝加哥的 1313 个青少年犯罪团伙后认为，少年犯罪多发生在社会解体的迁移地带；不是心理或性格上的异常使青少年走向犯罪道路；每一个少年犯开始犯罪活动的动机是极其正常和社会性的——他们是为了赢得同伙的信任。其他人研究了芝加哥的成人犯罪、集团性犯罪和白领犯罪[12]。

无论是研究临时劳动者、家庭解体、罪犯团伙或者移民社区，贯穿芝加哥城市研究的共同点是，芝加哥的学者们一直在探索着复杂的城市环境对居住在其中的人们的行为造成的影响。20 世纪上半叶的社会学家们的回答似乎过多地强调了城市生活的阴暗一面。早在 1903 年，德国的理论家齐美尔就发表了著名的论文"大城市的精神生活"（ the metropolis and mental life ）。他认为城市拥挤忙碌的社会环境使人们把自己封闭起来，对身边发生的很多事情持有一种"厌倦的态度"（the blaze attitude ），从而把自己从外界环境的刺激中保护起来。城市里的人们行动的动机主要是对收益的计算。城市生活的实质就是一系列交换，在交换的过程中，每个人都在想自己会得到多少收益。对城市生活的消极看法在沃斯的论文中更加明显。在他的论文"城市主义作为一种生活方式"中，他认为城市的大量人口，高密度、高品质性决定了城市社会关系停留在表面。沃斯认为城市里的人群彼此孤立异化，善于操纵，具有很强的敌对心理。毫无疑问，芝加哥学派的学者们只强调了城市经验的一部分，后来的很多实证研究补充了城市生活的人性化的一面。

20 世纪 30 年代中期，芝加哥学派的主要成员都相继离开了芝加哥，城市研究开始逐渐走向衰落。20 世纪 50 年代，帕森斯（Talcott Parsons） 的宏观社会理论逐渐占据了社会学。到了 20 世纪六七十年代，城市社会学的研究开始偏向于政治经济学。进入到 20 世纪八九十年代，全

127

球化研究政治经济学的框架内，成为了当前城市研究的主流。对城市空间结构和城市环境对人们行为的影响的研究只是城市社会学的一小部分，但是，芝加哥的传统对今天的城市研究具有指导意义，其中最重要的一点是芝加哥的学者们一直在把研究的对象放到它发生的社会实践与社会空间的文脉中去，从复杂的城市环境的各种力量的相互作用中，来解释研究对象。今天的很多以调查问卷为基础的研究是恰恰相反的——很多研究者把研究对象从特定的社会时间与空间的文脉中抽象出来，完全在变量的空间内来探索因果关系。在这样的研究中，处在各种社会关系交界处的行为者被简化成了性别、年龄、学历、收入、婚姻状况等一系列变量。研究的结论一般都是以"在控制变量 C 与 D 的前提下。变量 A 会导致变量 B"的形式提出。这不只是一个定性研究与定量研究的方法论的问题，而是研究者的对社会研究本质的基本立场的不同。

芝加哥学派对当前的中国城市研究也有很大的借鉴意义。（1）中国目前的城市发展比起一百年前的芝加哥更加令人兴奋。中国的城市在同时经历着城市化、郊区化、工业化、后工业化和信息化的过程。各种社会现象与社会问题在转型经济期变得更加复杂。社会学家应该充分利用这个丰富多彩的"社会实验室"，对自己感兴趣的社会现象进行分析研究；（2）系统的城市研究需要完整精确、公开透明的数据库。一百年前的芝加哥的学生们，拿着铅笔和记事本奔走在城市的街道上，做成了一张记录各种社会现象的城市地图。在今天的 GIS 地理信息系统和各种普查统计资料的帮助下，我们完全可以开始进行以社区为地理单位的各种人口和经济数据的积累工作。行政区为覆盖面积太大，现有的以行政区为单位的数据不能够充分反映城市社会结构的变化；（3）社会研究的文脉性。研究者们不应该成为各种统计软件的俘虏，任何社会事件都不是在变量空间里发生的，而是在具体的社会时间和地点发生的。只有把社会现象和其产生的社会文脉结合起来的研究才是有意义的研究。

128

注　释

① 在法国 Manuel Castells 的 1968 年的论文 "Y a-t-il une sociologie urbaine？"标志着对芝加哥学派的马克思主义批判的开端。1979 年，帕克和伯杰斯的《城市》(the city) 一书中的主要论文，沃斯的著名论文"城市主义作为一种生活方式"(urbanism as a way of life) 以及齐美尔的有关论文翻译成法语。瑞典的 Ulf Hannerz 在 1980 年的《探索城市》(Exploring the City) 一

书中，议论了芝加哥学派的城市社会理论是如何可以被应用到城市人类学的研究中。英国的 Martin Bulmer 在对芝加哥学派的系统研究中，强调了芝加哥大学社会学系的制度结构对芝加哥学派兴起的重要意义。在日本，铃木广等在 1978 年翻译了帕克的论文"城市：对城市环境中的人们行为的研究的一些建议"(the city: Suggestions for the Investigation of Humman Behavior in the Urban Environment)，Wirth 的"城市主义作为一种生活方式"以及齐美尔的相关论文。奥田道大与广田康生翻译了 Faris (1967) 的《芝加哥社会学，1920~1932》(Chicago Sociology,1920~1932)。另外日本的 Harvest 出版社从 1997 年开始了"芝加哥学派古典著作丛书系列"的翻译与发行，至今为止，已经出版了 H.W.Zorbaugh (1929) 的《黄金海岸与贫民窟》(The Gold Coast and the Slum)，Nels Anderson (1923) 的 the Hobo 等。作者与东京都立大学的松本康教授一起翻译了 Andrew Abbott (1999) 的《学问与学部》(Discipline and Department)，将于 2006 年由 Harvest 社出版。

② 芝加哥的绰号之一就是"第二城市 (Second City)"，另外还有时被称为"风城 (Windy City)"，"我喜欢的城市 (My Kind of City)"，"近邻社区之城 (City of Neighborhoods)"等。

③ 关于第二代芝加哥学派，参照 Gary A.Fine (1995) 编辑的《第二个芝加哥学派？》(A Second Chicago School？)

④ 第一个时期的主要历史研究有 R.E.L.Faris (1967) 的《芝加哥社会学 1920~1932》(Chicago Sociology,1920~1932)，Jams Carey (1975) 的《社会学和公共事业》(Sociology and Public Affairs) 和 James Short (1971) 的《大都市的社会纹理》(The Social Fabric of the Metropolis)。第二个时期的主要历史研究有 Fred Matthews (1977) 的《探索美国的社会学》(The Quest for an American Sociology)，Paul Rock (1979) 的《象征性互动理论的形成》(The Making of Symbolic Interactionism)，David Lewis 和 Richard Smith (1980) 的《美国社会学与实用主义》(American Sociology and Pragmatism)，Martin Bulmer (1984) 的《芝加哥学派社会学》(The Chicago School of Sociology)。第三个时期主要历史研究有 Lee Harvey (1987) 的《芝加哥学派社会学的神话》(Myths of the Chicago School of Sociology)，Mary Jo Deegan (1988) 的《珍妮·阿达姆斯与芝加哥学派的男人们》(Jane Addams and the Men of the Chicago School)，Dennis Smith (1988) 的《芝加哥学派》(The Chicago School)，Rolf Lindner (1996) 的《城市文化报告》(The Reportage of Urban Culture)。

⑤ 这种随着社会经济地位的提高，逐渐搬到城市外延的移动机会对黑人人口是封闭的。由于当时严重的种族歧视，即使有很高教育程度和收入的黑人也无法在白人社区买到住宅。从 19 世纪中开始到 20 世纪上半叶，大量黑人人口从南部的种植园经济中解放，成为北部工业城市的产业工人。黑人人口大量涌入的芝加哥南部，那里地产价格暴跌，白人家庭陆续搬走。St.Clair Drake 和 Horace Cayton 的《黑色都市》(Black Metropolis) 是关于这一地区黑人生活的经典社会学和人类学研究。

⑥ 这一主张体现在大学的校章里。校章正中央是一只火凤凰，上面用拉丁文写着"Crescat Scientia ,Vita Excolatur"，意思是"让科学来丰富人类生活"。

⑦ 由于书的封页是绿色的，学生们私下称这本书为"绿色圣经"。

⑧ 关于人文生态学的批判，参照 Alihan（1938）的《社会生态学》（Socia Ecology）。

⑨ 芝加哥市中心被高架铁道围起来的 1 平方英里左右的黄金地带叫做 "The Loop"。

⑩ Franklin Frazier（1932）《芝加哥的黑人家庭》（The Negro Family in Chicago）。

⑪ Louis Wirth（1928）《犹太人聚居区》（The Ghetto）。

⑫ Thrasher（1927）《犯罪团伙》（The Gang）；Clifford Shaw 和 Henry D.McKay（1942）《青少年犯罪和城市地区》（Juvenile Delinquency and Urban Areas）。

参考文献

1　Abbott,A.1999.Department and Discipline:Chicago Sociology at One Humdred. Chicago:University of Chicago Press.

2　Alihan,M.1938.Social Ecology: A Critical Analysis. New York: Columbia University Press.

3　Anderson, N. 1923. The Hobo: The sociology of the Homeless man. Chicago: University of Chicago Press.

4　Bulmer, M. 1984. The Chicago School of Sociology: Institutionalization, Diversity, and the Rise of Sociological Research. Chicago: University of Chicago Press.

5　Burgess, E. W. 1925. "The Growth of the City: An Introduction to a Research Project." in The City: Suggestions of Human Behavior in the Urban Environment, edited by R. E. Park and E. W. Burgess. Chicago: University of Chicago Press.

6　Carey, J. T. 1975. Sociology and Public Affairs: The Chicago School. Beverly Hills Calif.:Sage Publications.

7　Castells,M.1968. "Y a−t−il une sociologie urbaine?" Sociologie du Travail 10:72−90.

8　Cavan, R. S. 1928. Suicide. Chicago: University of Chicago Press.

9　Cressey, P. G. 1932.The Taxi−Dance Hall: A Sociological Study in Commercialized Recreation and City Life. Chicago: University of Chicago Press.

10　Deegan , M. J. 1988. Jane Addams and the Men of the Chicago School ,1892~1918.New Brunswick: Transaction Books.

11　Drake ,C., H. R. Cayton and R.Wright. 1945. Black Metropolis: A Study of Negro Life in a Northern City. New York: Harcourt Brace.

12　Edwards，L. P. 1927. The Natural History of Revolution. Chicago: University of Chicago Press.

13　Faris, R. E. L. 1967. Chicago Sociology, 1920~1932. San Francisco: Chandler.

14　Fine, G. A. 1995. A Second Chicago School? : The Development of a Postwar American Sociology. Chicago: University of Chicago Press.

15　Frazier, E. F. 1932. The Negro Family in Chicago. University of Chicago Press.

16　Hannerz, U. 1980. Exploring the City. New York: Columbia University Press.

17　Harvey, L. 1987.Myths of the Chicago School of Sociology. Brookfield: Avebury.

18　Hiller, E. T. 1928. The Strike: A Study in Collective Action.Chicago: University of Chicago Press.

19　Lewis, J. D, and R. L. Smith. 1980. American Sociology and Pragmatism: Mead, Chicago Sociology, and Symbolic Interaction. Chicago: University of Chicago Press.

20　Lindner, R. 1996. The Reportage of Urban Culture: Robert Park and the Chicago School. New York: Cambridge University Press.

21　Matthews, F. H. 1977. Quest for an American Sociology: Robert E. Park and the Chicago School. Montreal: McGill−Queen's University Press.

22　Mayer, H. M., and R. C. Wade. 1969. Chicago: Growth of a Metropolis. Chicago: University of Chicago Press.

23　Mowrer, E. R. 1927. Family Disorganization: An Introduction to Sociological Analysis. Chicago: University of Chicago Press.

24　Park, R. E. and E. W. Burgess. 1921. Introduction to the Science of Sociology. Chicago: University of Chicago Press.

25　Park, R. E. and E. W. Burgess. 1925. The City. Chicago:University of Chicago Press.

26　Reckless, W. C. 1933. Vice in Chicago. Chicago: University of Chicago Press.

27　Rock, P. E. 1979. The Marking of Symbolic Interactionism. Totowa, N.J.: Rowman and Littlefield.

28　Shaw, C. R., and H. D. Mckay. 1942. Juvenile Delinquency and Urban Areas. Chicago: University of Chicago Press.

29　Short, J. F. 1971. The Social Fabric of the Metropolis: Contributions of the Chicago School of Urban Sociology. Chicago: University of Chicago Press.

30　Thomas, W. I. and F. Znaniecki. 1918. The Polish Peasant in Europe and America. Boston: Richard G. Badger.

31　Thrasher, F. M. 1927. The Gang: A Study of 1,313 Gangs in Chicago. Chicago: University of Chicago Press.

32　Wirth, L. 1928. The Ghetto. Chicago: University of Chicago Press.

33　Simmel. 1938. "Urbanism as a Way of Life." American Journal of Sociology:Vo. 44, No.1, pp: 1~24.

34　Zorbaugh, H. W. 1976. The Gold Goast and the Slum: A Sociological Study of Chicago's Near North Side. Chicago: University of Chicago Press.

作者简介

任雪飞，芝加哥大学社会学博士候选人。她在 1997 年于吉林大学外国语学院日语系毕业。从 1998 年到 2000 年，她先后在日本名古屋大学和东京都立大学攻读城市社会学与城市规划学硕士学位。从 2001 年起，她开始在芝加哥大学社会学系攻读博士学位。她的主要研究兴趣有城市社会学、全球化研究、政治经济学、城市建造环境研究，以及数理社会学。目前，在 Saskia Sassen 教授的指导下，她正在完成博士论文，题目为《建造与营销中国的全球化城市：跨国籍的建筑生产在北京和上海》。她曾经在日本《城市社会学年报》、《城市规划论坛》等杂志发表文章。

摄影／王艺玮

建筑与音乐

李　琳　林荫超

　　春天的微风飘越在大地的建筑物之间，就像鱼跃于五线谱上的黑色房子，它跨越城市，荡漾于乡间，寻找着人类梦想的足迹。在梁与柱之间，建筑师正演奏着科技时代进步的乐曲；在钢筋混凝土上，建筑师正吹奏着童年嬉闹的影子。建筑的乐章在人类的双手中形成各种空间音符，而人却是在钢筋混凝土森林的环境下被塑造成刺眼的玻璃、凋零的瓦片。那么，建筑应该交织出怎样的天籁呢？人们到底用砖瓦诉说什么呢？墙垣上又赞美着什么呢？巴黎凡尔赛宫下华丽的宫廷舞蹈，上海金茂大厦内步履急促的现代人可曾赞叹过、聆听过围绕在标志性建筑四周的美感？在人类多元化的时代里，我们已经到了该在蓝天下、俯视建筑、探索建筑、寻找最美的空间音符的时候了。在探索和创造最美好的空间音符的过程中，我们首先从建筑与音乐的艺术特性上，去寻找共同点吧！本文将借由音乐种类对照建筑风格的探讨方式，寻找出几百年以来建筑式样与音乐的互动性与其时代性。

　　在欧洲，特别是近代西欧，将音乐、绘画、建筑的艺术特性分成二大类，即时间艺术和空间艺术。时间艺术主要有音乐、舞蹈、戏剧；空间艺术有绘画、建筑、庭院、雕塑。时间艺术就是将时间历程语言的结构景象，通过时间所产生的节奏来表现。空间艺术就是在一瞬间能够环视到整个形象的艺术。其特征与时间的介入关系不大，为了瞬间能通盘看到艺术整体形象，在其作品的构成上，时间性比较单薄。但是，以前这种以二元两分的方法，将建筑与音乐进行对比研究，在今天，也许有它的局限性。其实，以前人们认识的空间艺术中，也存在着时间性，时间艺术中也存在着空间性。现在也有学者将艺术分成再现艺术和非再现艺术。再现艺术是在客观的条件下，再现具体事物情景的艺术，像绘画、雕刻、文学之类；非再现艺术是主观性质的，像建筑与音乐并非现实中存在的事物景象再现，而是有建筑师或音乐家头脑中所构筑的空间或时间的表现形式。所以，建筑和音乐两者之间确实存在着一种紧密的亲缘关系。当人们欣赏音乐时，可以用"华丽精致、气势宏大"来形容；欣赏建筑，则同样可以用"跌宕流畅、细腻动人、和谐美好"来比喻。音乐和建筑可能本来就是一对同胞姐妹，一样的美丽动人，一样的魅力无穷。正如歌德所说："建筑是凝固的音乐，音乐是流动的建筑。"

在中国唐代的实用建筑和北宋晚期的理想经济模式建筑的设计中，它的模数体系（其核心就是试图利用人们对级数变化心理反应所产生的秩序美进行设计）就是音乐的。即构件间的比例关系、空间的尺度变化、路径的转折曲直、光影的阴暗变幻，也如汉之黄钟律管，其间的规律是相通的，一定的长度，决定能否吹奏出动听的音乐一样。乐曲的动听与否，还取决于演奏者的技巧和艺术素养，建筑亦如此，取决于建筑师的设计技巧和空间体验。音乐般的建筑能够构筑心灵场景的无限魔力，听到声音和脚步声的回响，同时能感受世界上这个醉倒的"乐器"存在。同样是构筑空间，音乐的身段柔媚细腻、气势狂野磅礴，在你我无限的感官宇宙中开天辟地，感受到遥远而清晰的空间奏鸣曲。正如14世纪中国《曲律》中所载："作曲，犹造宫室者然……"。

将时间艺术的音乐，明确引入空间性的作曲家也有。第二次世界大战的德国作曲家卡尔海因兹·斯托克豪森（Karlheing Stockhausef）就是其中一人。在20世纪50年代，他认为"具体音乐"的创作方法尚不够精致，不符合它的创作目的。他发现了音的位置和运动性原理，如果整体的序列运动能够确定一首乐曲中的每一个参数，那么下一步则是构建与该曲的结构原则一致的音色本身。他是第一位认为音乐中也有空间性质成分的作曲家。当人们考虑现代的音乐盒空间关系时，可以说电子音乐起到了非常大的作用。1952年，斯托克豪森和他的老师一起，开始使用电子音响装置来制作音乐。斯托克豪森的"空间性"，从现在看来，以前人们认为是创意十足的作曲方式，今天已经成为很普遍的作曲手法了。例如：以4ch形式将四个扬声器安置在室内的四个角落上，正中间的聆听声音的流动，或者以多声道的形式，从墙面到天花板都布满扬声器，创造出一种音位的变化和改变声音的运动方向。我们现在立体声的音乐效果，就是通过电子学而发展来的。斯托克豪森不仅在电子音乐方向，而且在管弦乐和室内音乐、乐器演奏音乐也考虑应用空间性来创作音乐。在"Gruppen"的作品里，以三套管弦乐围绕着听众来配置。另一个曲子以四套管弦乐和四重唱的方式，使空间性音乐得到发展。随着时代的进步，在时间艺术中应用"空间艺术"的作曲家也越来越多。斯托克豪森作曲的例子就是通过电子音响或者是管弦乐和声音来实现音乐的运动性。这种空间处理可以是"物理的性质"或者是"含有技术特征"，即已经发出的音如何进行空间性处理。这与音乐本身的内容完全没有关系。重要的是如何将时间艺术处理的音乐转换成空间艺术，或者使两者兼有之。

20世纪50年代末，许多作曲家开始追求偶然性、不确定性或者即兴的音乐。希腊籍法国作曲家伊昂尼斯·谢纳基斯（Lannis Xenakis）[1]按伯尔努利（Bernocclli Johann）数的法则，在对偶然性进行反复试验过程中，提出作为全曲的音乐完全可以控制复杂的音响的运动体而构成的"随机音乐"，即概率音乐的数学方法。这就是在完全不具有音乐的主题、音列、旋律等为前提的条件下，操纵数学上的泊松分布等的概率过程，达到控制所有音的高度、长度、密度（单位时间内的音节数）、音色分配，直至全曲构成（macro-conposition）的方法。1958年，谢纳基斯开始以21种乐器创作了Acholipsis（图1、图2）。不久，他基于电脑程序，创作了ST/10-1.080262等一系列器乐作品。ST是stochastic（概率）的简称，10表示乐器的数，1表示该种曲目的第一作品，080262是指电脑上的日期，即1962年2月8日。这个音乐作品类似于建筑的结构学，完全营造了音乐的建筑气氛。在完全的连续统一体的时间和空间里，没有音乐中间段落过渡，弥漫着存在和非存在的不确定性因素，产生前后没有关联的空白时间以及瞬间出现的每个密集点的集合体的静止画面空间，再从静止画面出发，按照逻辑演算，操纵音高组织，以图像方式记录音乐。谢纳基斯创作的电子音响一方面散发着金属的高音、高速、高压的音束，如战斗机般轰鸣声，一方面使人感受到宇宙空间的复杂情感。

131

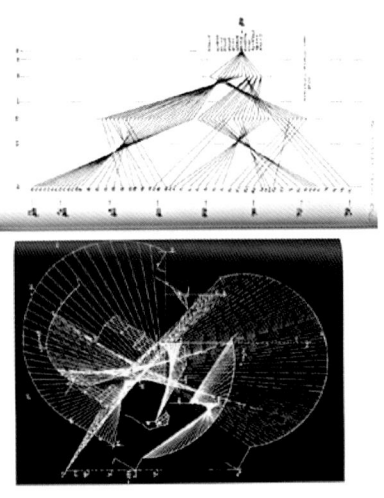

图1 谢纳基斯乐谱图形

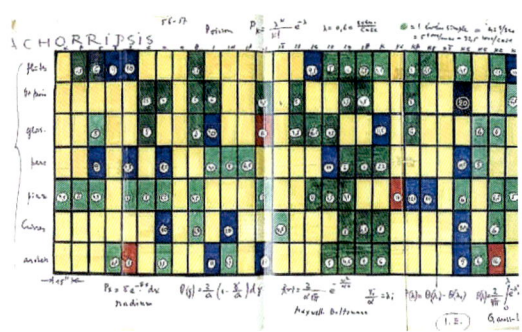

图2 Acholipsis的作曲图

现举在空间艺术的建筑中表现时间性的例子来看吧，中国的园林建筑就是典型的杰作。春天遍地绿郁葱葱的时候，庭院完全被绿色覆盖着，如果到了秋天，庭院里的树木变成红叶，这就是时间的推移，到了冬季，庭院被雪覆盖，变成一片雪白，它也随着时间的推移，发生了变化。要去辨别到底哪一个是"空间"，哪一个是"时间"，确实难以区分。这其中就包含了既有空间的性质又有时间的因素。另外，"小桥流水"、"亭中听泉"、"高柳蝉声"、"风竹沙沙"，不仅突出了园景的层次的空间感和音响效果，而且犹如天籁指引的妙曲联奏，赋予人们一种心灵动感般的音乐旋律。

也许人们去江南园林的庭院游览过，苏州的拙政园可以说是一种环游式庭园。它不是像那种巴黎凡尔赛宫殿庭园，站在庭园的入口处，就能一览无余看到整个庭园的轮廓。当游览者进入拙政园的环游式庭园时，沿着园中的林荫小道，一上一下，每个景区的廊、楼、亭、堂、榭、馆是封闭景色和扩大空间的感觉。观赏到的不是整个庭园的轮廓，只能通过移步换景的形式，以折线或曲线延长交通时间，转换更多的视点，慢慢观赏领略园中的情趣。其实，庭园本身就是人进入的一个场所，本质是一个空间。人进入这个空间中，沿着环游式庭园观景，人步行的行为就介入了时间的存在。通过移步换景，时间和空间就成为一体了。再来看巴黎的凡尔宫殿庭园，人站在庭园的入口处，就像看绘画似的，只是观赏到了整个庭园，没有了时间的介入，它不像中国的庭园和建筑，时间和空间是相互渗透在一起的。曲径通幽。移步换景的幽趣到底哪个是时间哪个是空间，难以区分。这就是中国传统园林建筑的独特之处。

"建筑是凝固的音乐"这句话用来形容音乐厅的结构与音乐之间的关系是最恰当不过了。音乐厅的空间结构与听众的身心感受也有十分密切的关系。像围绕着观众，

以多声道、能从多个方向听到音响来欣赏音乐的空间形式，现在的音乐厅还不能完全做到。虽然像雨后春笋似的，全国各地建了很多音乐厅，欧美的音乐人来到中国一看，音乐厅设计得很现代豪华绚丽，但音乐厅式样还是古典式的，回去后不来演出的大有人在。现在中国有名的音乐厅，几乎都是按照一百年前欧美的音乐厅模式来建造。当然功能上虽有很大的改进，但形式上还是一百年前的形式。音乐厅的类型大致分为两种形式，即一面是演奏台，一面是观众席的矩形空间形式的鞋盒式；一种使观众分布在演奏台周围的绕式观演的梯田山谷式。这些都是模仿维也纳的金色大厅、纽约的卡内基音乐厅、巴黎的香榭丽舍剧院、柏林爱尔音乐厅而设计的。说得不好听的话，二三十年后，这些音乐厅也许成了博物馆或者拆掉重建，因为它们是在一百年前，根据音乐的内容而建造起来的音乐厅。现在的音乐、今后的音乐对于未来的人们来讲，是否有必要建成这种形式呢？不过，我发现了两位日本建筑师设计了两种不同形式的音乐厅，即建筑师矶崎新设计的秋吉台国际文化村的音乐厅和女建筑师长谷川逸子设计的新泻市民艺术文化馆的音乐厅。矶崎新设计的国际文化村的音乐厅是为意大利作曲家路易吉·诺诺（Luigi Nono）[2]在日本上演歌剧"普罗米修斯"而建造的。听众席位于中央，而舞台围绕在四周，演奏者围绕听众是分散在不同层的高度上，周围是三层走廊作为舞台。表演者在三层走廊上可以不断移动，听众的椅子是可以旋转和倾斜的，舞台与坐席可互换。这样听众可以自由地跟上表演者的步调，从而创造出令人耳目一新的具有更强动感和互动性的现代的表演空间（图3～图7）。这空间的变化自然是唱片中无法听到和感受到的，只有亲临音乐厅现场才能感受到音乐空间震撼人心的魅力。

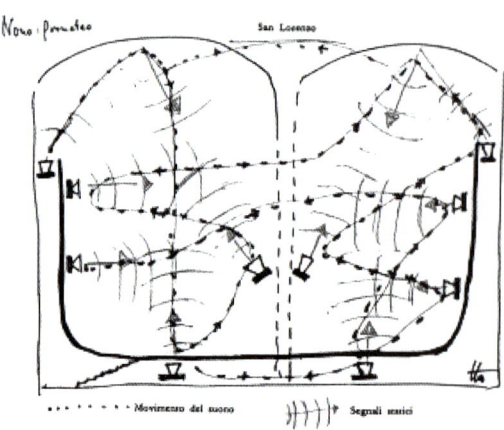

图3 关于《普罗米修斯》音的空间移动图（路易吉·诺诺的笔记）

图4 秋吉台国际文化村的音乐厅

图5 秋吉台国际文化村的音乐厅

图6 秋吉台国际文化村的音乐厅

图7 秋吉台国际文化村的音乐厅

在这里，如何理解歌剧《普罗米修斯》的空间结构呢？其实，歌剧《普罗米修斯》的五个段落是以"岛"为主题的结构，组成乐章的整个骨架。音乐创作的主题就是将现代人的理想归纳成"群岛性"[③]的意识，构成歌剧《普罗米修斯》的全部抽象意义。"岛"组成一个时间系列的音乐结构，也可以在空间中创造一个"岛"。岛也可以是立体的，也可认为是浮岛。无论听众也好，舞台也好，都可以分散在空中的任何地方，当然，具体的位置安排就要按照管弦乐器的大小来安置了。如果将我们的世界作为"群岛"来考虑的话，那么，"群岛"立体化后制作成一个演奏空间，它完全就像我们的世界观似的。

音乐厅的另外一个设计构想是考虑了秋吉台地区的自然环境，当地是水溶石灰岩地区，有钟乳洞，所以，设计时就将洞穴的形象和群岛的形象合二为一，使空间音乐完全融合在这个音乐厅中。在音乐厅的中庭前方，贴上玻璃盒，盛满水，舞台就像一个浮岛，并与为国际村的宾馆建筑物形成一个统一体，宾馆的设计造型也像"岛"似的浮在空中，同时将不同功能的建筑物组合进"岛"的整体形象中，这种设计理念不仅考虑到了音乐厅，而且也扩大到了整个文化村的规划中去。形成一个整体的空间结构。并以《普罗米修斯》构想的世界，在日本秋吉台的环境条件之下，进行空间组合后，直接上演。音乐厅的空间演奏使音乐的流动性得到充分扩展，从各个方位将乐曲的意蕴再现出来，从而造成一种极为精致逼真的、宏大壮阔的音响效果。真实一幅"音乐就是流动的建筑"的景象。

女建筑师长谷川逸子设计的新潟市民艺术文化馆的音乐厅与秋吉台国际文化村的音乐厅形态完全不同，是一个4层圆形的剧场结构。最底层的舞台空间是舞蹈演员演出的场地，舞台上方是阶梯状的听众席，围绕着整个舞台。舞台上空有长廊，长廊上课配备112人的管弦乐队，身后备有电子音响喇叭，听众可以一边看舞台上的表演，一边听到从上方环绕360°纷至沓来的音乐声。音乐厅最适合交响乐的演奏，无论音响效果，还是视觉效果都有一种身心与舞台的一体感、临场感的气氛。厅的正方向安装了管风琴，一切满足音量的感度、余韵感和宏大壮阔的三大音乐要素的要求（图8～图10）。

最后，我想起了柏林爱乐音乐厅的三个相连的五边形标记图腾（图11），它象征着音乐厅为三个理念的融合——空间、音乐与人。建筑提供一个人类栖栖如生的生活形态的载体空间，人身在其中，情绪不由得受其控制，不再是一个纯粹独立的观赏者。音乐基于感情的旋律的结构，也提供这样一个虚拟的完全笼罩人的空间，音乐的内容充满情感意志，显示了主观上对人生的追求和愿望、意志和憧憬，它与建筑一起承担着传递人与人之间交流情感体验的职能，起着人们生活和谐的作用。

图8　新泻市民艺术文化馆的音乐厅全景

图10　新泻市民艺术文化馆的音乐厅的管风琴

134

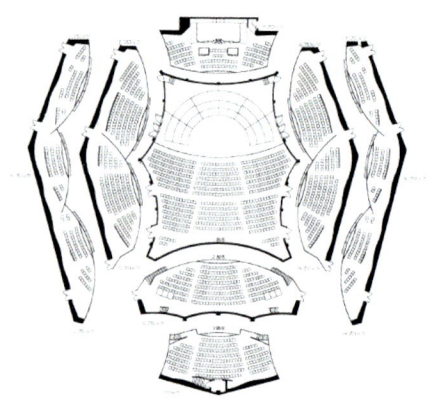

图9　新泻市民艺术文化馆的音乐厅平面图（有三层）

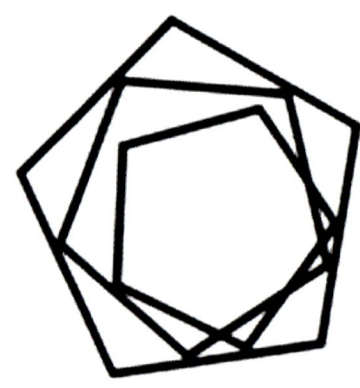

图11　柏林爱乐音乐厅的五边形标记图腾

注　释

① 谢纳基思于1892年生于罗马尼亚。在希腊长大，拥有作曲家、建筑家、土木工程师和音乐教育家多重身份。第二次世界大战时因参加希腊抵抗军，反抗纳粹而被害入狱，并曾被判死刑。1947年时以政治难民的身份逃往法国。他起先在巴黎追随形式主义大师勒·柯布西耶（Le Corbusier）学建筑，后从师于巴黎音乐院的Olivier Messiaen，后又与席尔汉（H. Scherchen）

暨梅湘作曲。1958年于布鲁塞尔的世界博览会上他作为建筑设计师设计的"飞利浦馆"，在世界博览会期间受到华雷斯（Varese）启发，开始埋首于将计算机教学概率与合成乐器应用于音乐创作，他并开始尝试音效与灯光艺术的实验，1975年发表《Musique—Architecture》（音乐与建筑）。

② 路易吉·诺诺（Luigi Nono）——意大利著名实验派作曲家被誉为50年代最优秀的序列风格传承者。而自20世纪60年代起，他又开始致力于更加多元化的音乐构筑；他不断挖掘着这个世

界上最为丰富的声音和音乐，包括具有政治冲击力的音乐题材。而在音乐的其他领域，他还有着更为卓越的贡献。那便是同其他先锋音乐家，如 John Cage（约翰·凯奇）、Pierre Schaeffer（皮埃尔·谢弗）等人一样，路易吉·诺诺大胆地将音乐的可能性、实验性扩展至舞台艺术、广播艺术等各个方面。在 1967 年，路易吉·诺诺以中国"音乐舞蹈史诗"《东方红》为题材，创作了三段式管弦乐团作品《Tai-Yang Cheng》（太阳升）。

③ 群岛性——使用"群岛"这个语言的是意大利哲学家 Massimo Cacciari。对于整个欧洲，他提倡全球地区和区域共同体只是一种既不矛盾又有各自独立的理想世界。他把这种理想世界象征为"群岛性"。作曲家路易吉·诺诺以威尼斯的风土人情作为"群岛性"的理念，将艺术升华为特殊的音乐形式。

作者简介

李琳，生于 1956 年，中元国际工程设计研究院总建筑师。教授级高级建筑师，国家一级注册建筑师。2004 年被《新地产》杂质评为百名中国最具影响力的建筑大师之一（2004 年第 9 期）。国家计划委员会投资评审中心专家。

获奖作品有：

东西向大开间灵活分割住宅设计（建设部 1998 年住宅设计三等奖）

老少居同堂家庭住宅设计（建设部 1998 年住宅设计竞赛北京地区佳作奖）

北京国际机场标志竞赛二等奖（1984 年北京建筑学会）

北京石景山区西贵国际财富广场设计竞赛中标方案

北京太合国际村售楼处（英国皇家建筑师"建筑文明与对话"巡回展入选作品）

代表作品：

北京航空航天大学体育馆　设计副主师（13000 平方米）

北京建外 SOHO 四～六期工程　设计主师（500000 平方米）

摄影／王艺玮　　**135**

摄影／毛志蛟

居民·原型·城市

周 琦

　　研究和保护民居建筑有多种意义，诸如，历史教育、环境保护、旅游资源等。其保护的理论和方法也已日趋成熟。本文试图从现实主义的视角，运用类型学的观点来探讨民居建筑对于中国当代居住建筑发展的意义。从人类社会到信息社会的六七千年间，人类社会生活发生了巨变，但作为人类生存的必需的基本要求：衣食住行及情感的满足并没有改变。类型学的观点认为建筑功能是变化的、但内在的形式却有恒常性，建筑的外在形式不过是有形态而已，而建筑同时还是精神载体，是历史的积淀，正如意大利建筑师和理论家罗西所说建筑是"是历史与记忆的统一体"。我们对于原型的认识分为三层次的含义，即积累了特定社会文化含义，适应特定的自然条件，用最恰当的技术手段构筑起来的建筑形态。广义而言，这种形式经过一定历史阶段的发展定型后，具有了扩展性、普遍性，可指导相同类型建筑的复制，在一定范围内产生影响。而建筑师和规划师就应该不停地寻找，发现这种东西并运用来创造建筑的城市和城市的建筑，建筑的类型是抽象的，但建筑和城市本身却是具象的。因此，我们可以理解类型是原

型在建筑和城市领域中的一种变化，他们都试图通过事物的表象去探索事物内在的、深层的结构。

　　类型（Typology）一词，在希腊文原意是铸造用的模子、印记。它可以表征一类事物的普遍形式。维特鲁威是将类型移植到建筑学的创始人。在《建筑十书》中，作为一位军事工程师，尤其是立足于古罗马辉煌的工程技术成就和萎缩的自然科学基础，使维特鲁威倾向于技术科学的观点和方法，《建筑十书》基本上是按照建筑功能类型安排组织材料。他还着重分析了起源于模仿人物性格类型的三种神庙及具体做法：多立克式神庙"显出男子身体比例的刚劲和优美"；爱奥尼式神庙"模仿少女的窈窕姿态"。以这三种性格类型的神庙为基本框架，他构筑了建筑类型学。

　　欧洲的建筑师在经历了从理性主义到新理性主义的阵痛后，开始重新比较历史的共时性和历史性，纠正建筑师对历史的忽略。但同时也强调历史的建筑物对今天有意义的只有形式和文化，而不是功能、技术和材料，所以对目前已建和在建的现代建筑来说，它们的功能在今天有意义，在以后就没有意义。从这个角度看，功能主义是不可

靠的，因为我们可以清楚地感觉到历史建筑对今天的意义不是从功能发展而来，而是从形式发展而来，建筑物的原型（Arch-type）被重新加以强调。意大利建筑师罗西（Aldo Rossi）的建筑类型学概念深受德国心理学家荣格有关原型理论的影响，便有了哲学意义，指一种原型的类似物。对于"原型"（Arch-type），荣格是这样论述的："这个词既适宜又有益，由于它向我们指出了这些集体无意识的内容，关系到古代的或者可以说是从原始时代就存在的形式，即关系到那些自远古时代就存在的宇宙形象。"这段论述对罗西的类型概念至关重要：（1）指出"原型"是集体无意识的内容；（2）存在着一种原型的"同类物"，它是原型以特殊方式加以修改得到的，我们可以认为类型也是原型的同类物；（3）同类物与原型间维持一种类似关系。罗西认为人的潜意识与生俱有，是存在于某个地域的一个种群的人们世世代代所形成，并沉积在每一个人的无意识处，共同成为一种集体的意识，这种意识就是建筑类型学。所以建筑的形象、功能乃至其周围的环境、城市的形象、功能都不是由建筑师和规划师所决定的，而是由他们的接受者所决定的。

当唐装成了普通百姓的拜年礼服时，当女性旗袍惊艳于国际电影节时，当曾国藩的旧家具成了拍卖场的抢手货时，居住方式的优化已成为人们最关注的方向。从人类社会到信息社会的六七千年间，人类社会生活发生了巨变，但作为人类生存的必需的基本要求：衣食住行及情感的满足并没有改变。在中国经济崛起的今天，人们厌倦了劣质的罗马柱，粗鄙的酒吧台和被滥用的玻璃幕墙以及包豪斯风格，中国精神被国际社会认同时，人们逐渐向五千年灿烂中华文化中寻找归宿。

在西方，现代主义追求的形式追随功能，时至今日在一定背景和环境下还具有强大的生命力，第二次世界大战后现代主义得到巨大发展的原因，一方面是经过大战前长期的酝酿逐渐成熟，另一方面是大战后亟待解决的房荒问题。到了20世纪60年代各种重理偏情的思潮——后现代，又重新得到了发展，其中偏情的流派在古老的欧洲产生了以新理性主义为理论基础的类型学。当代中国在飞速发展的今天，住宅是居住着生活模式和审美习惯的载体。拿来主义是一种满足需求的捷径，这种现象在现今被演绎到极致。这是一种文化侵略（或交流），而文化侵略（或交流）往往是伴随经济侵略（或交流）而来。随着中国经济的高速发展，文化价值和居住理念的回归开始出现在国内的建筑中，在这股理性回归的大潮中，中国本土建筑也开始从自省和追根溯源中逐渐恢复自信，在博采众长的过程中学

会扬弃，寻找中国传统居住文化精髓的同时，吸纳西方现代生活的流线，创造真正属于中国人的中式别墅庭院生活。这样的状态与西方20世纪60年代相仿。对当代中国独立庭院式住宅设计研究本身试图理解在中国社会经历了封建社会、资本主义萌芽及社会主义现代化建设，到改革开放很长历史阶段，我们对传统有很多不同认识理解之后，社会生活发生了巨大变化，自然环境所提供的条件也发生了变化，其所处的状态，以及在这种状态下对一定住宅形态的研究——独立庭院式住宅，它无论在建筑理论上还是实践中都有着极其重要深远的意义。具体到建筑设计方面，类型学引领我们关注历史体验性，而不是一个僵死不变的型，它为我们提供了新思维、新触角。

庭院生活是中国人居住文化最高的境界，独立式住宅在建筑按照功能分类中属于相对明确而简洁的一类。而作为当代中国豪华住宅的代表，我们研究和发现其适合地方特色的住宅设计方法，必须首先在概念上明确什么是类型，建筑原型（Arch-type）与建筑类型的区分。

许多古代民居都是没有建筑师的房子，如果硬要说有人设计的话，那这个设计者常常就是房屋的使用者。而且，一座普通的宅院往往要花上几十年的时间去设计。想象一下传统民居的建造过程：成家立业的农民，为了给自己将来成人的儿子建造宅子，他一方面要做物质准备，诸如收集建筑材料，木料砖瓦；同时他又在琢磨如何来建造：大小、形状、布局等，而他所能学习和积累的就是周围父老乡亲们所许多多年里盖起的屋子、院子、村落，因而房子之间往往雷同，且经济有效。这个过程就产生了所谓的建筑的"原型（Arch-type）"。原型通常有四个方面的含义，即积累了特定社会文化含义，适应特定的自然条件，用最恰当的技术手段构筑起来的建筑形态，这种形式经过一定历史阶段的发展定型后，具有扩展性、普遍性、可指导相同类型建筑的建造，在一定时期和一定的范围内产生影响。

研究和保护民居建筑有多重意义，诸如，历史教育、环境保护、旅游资源等。而从原型探讨的角度出发，研究这种过程的科学和合理性，为当代的居住建筑形态提供参考和方法，则更有现实意义。进一步的，用当代的技术和手段对特定的民居群落进行保护、更新和再造，则能体现我们对尊重传统，立足当代，面向未来的态度和责任。分析民居的原型、特点，更能使我们比较理性地认识到要保护什么，怎样去保护，怎样在历史、现实和未来之间找到平衡点。

西方的近现代建筑运动从某种意义上讲是一种原型的

更替或革命。所不同的是，在古代历史中，一种建筑原型的产生定型与发展，需要几百年甚至上千年的时间才能完成（比如古典柱式）。一批现代主义的建筑大师，怀着强烈的社会责任感和使命感，试图在他们的有生之年创造出适应现代人的建筑原型。这种集约化的标准式建筑单元是其中的一种。而我国近30年居住建筑的发展，基本沿用了这种西方现代的居住原型。虽然在具体的材料质地表面上略有压抑，但其空间层次、土地利用、建筑形态则如出一辙。这也反映了国际化、现代化背景下人类大同的倾向。可是，地域文化、固有的社会生活习性又如何加以区别，则值得我们思考。下面结合实例对建筑原型的四个方面加以分析：

1.特定社会文化含义

生活方式：儒家思想下的传统生活典型，包括人口构成（传统中的几代同堂），人与人的关系：尊卑有序，男女有别。活动方式：内外有别，包括不同层次的空间序列：公共→半公共→半私密→私密。自我一体的空间概念，多层体系，外部含蓄收敛，内部丰富奢华。正如常说的：各人自扫门前雪，莫管他人瓦上霜。损益，通常居住群落中的公共空间被压缩得很小。

列举中国明清时期不同地域的典型宅院，我们可以发现其中的异同。北京四合院（见图1）与皇城同在，受其影响基本居中对称，严谨平衡，体现了尊卑有序，中规中矩的式样。而中国云南地区的民居（见图2），则天高皇帝远，自然没有那种严谨对称的沿中轴线逐步展开的空间格局，而是以人的活动为中心，以院落为主题而组成的空间。再看看江南一带的园林式住宅（见图3），这些士大夫或富商的宅邸包含了更加生动丰富的自有情绪，完全没有了居中的严谨布局，取而代之的是自然有机的步移景异，出乎意料的空间态势。中国传统中复杂的思想、复杂的心态与复杂的人与人的关系，在这种空间中，得到了完整的体现。

《红楼梦》所描写的中国人的传统思想、人与人的关系、生活的方式和态度，在上述园林住宅建筑中体现

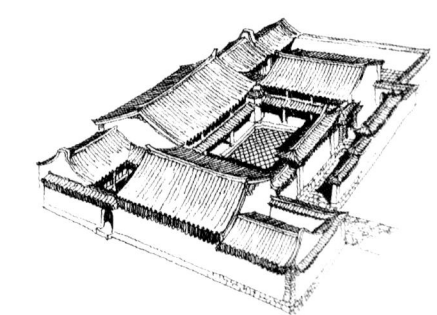

图2 南方民居

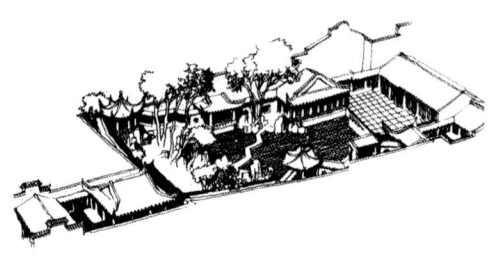

图3 苏州园林式住宅

得惟妙惟肖。所以原型的布置环境与人的行为相互依托、互动，而产生了所谓的场所，即人的活动与建筑的环境。园林宅第中的后花园有弯曲的小桥、狭窄的过道、奇怪异石围绕着不太大的不规则的水面。这样的空间只能为林黛玉式的小姐和贾宝玉式的公子们活动其中。小姐们踏着碎步，穿着长裙，动作幅度小，半遮半掩，与后花园中的空间非常协调。而在同时代的法国宫廷花园内，公主与王子舒展流畅、动作夸张的肢体语言与大规模、平坦的几何式花园相映成趣。如果将上述两者的人物与场景对调，则后果不堪设想。

同样的，人们将外国居住空间的私密性与空间形态作以比较，不同的民族文化对此有相当不同的要求，如图4所示，从伊斯兰教徒到英国绅士再到北美中产阶级，他们对私密性的要求与领域感的要求由强到弱，空间的围合也由完全封闭过渡到完全的开敞。

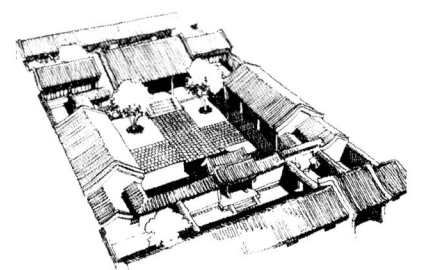

图1 北京四合院

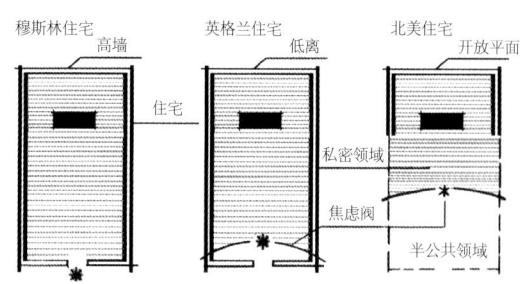

图4 不同民族的居住的私密性和领域感的要求

2.适应特定的自然条件

传统民居建筑中主要以自然的方式解决温饱、隔热、采光、通风等，所以不同的地理条件和气候产生了与之相适应的居住形态。

3.恰当的技术手段建筑起来的建筑形态

在特定的社会条件下，有着特定的建造技术和建筑材料。人们用最为经济有效的手段来建筑他们所需要的建筑式样，而这种技术材料和手段不一定是最先进的，但必须是最恰当有效的。如中国古代所使用的秦砖汉瓦木构造，苏州园林中所使用的粉墙黛瓦都在一定的社会阶段中被长期地使用，逐渐精致，无可挑剔。之所以在对传统民居的保护改造中，我们往往习惯于使用传统的做法和材料就不足为怪了。因为那样做最为保险、安全，但不一定最为妥帖。人们习以为常不会挑剔。但是这种复古的做法，使得我们无法区别新与旧之间的区别，无法体现时代特点。如果使用新的技术和材料则会有很大的风险，如果不是精心设计与制造，比照原型的要求，那么建成后的新房子很可能成为败笔，而无法与原有的建筑相协调。试想，即便是训练有素的专业设计师在很短时间内设计出来的东西怎么可以与几百年积累而成的原型去比较和抗衡。不是说不要创新了，而是要以新的原型创作的态度去对待民居传统中的原型。关于这点国内外已经有很多成功的例子。

4.原型的作用和扩展

既然成为最为有效的建筑形式，那么在一定时期和一定范围内的扩展就很自然了，这种原型的复制和扩展带来了整体的社会化节约和资源的有效利用而形成和谐的建筑环境。我们当代人所面临的挑战是：如何将我们所做的工作和创作提高到原型的高度来对待，并且从传统民居的原型中吸取营养并与之共存。

作者简介

周琦，东南大学建筑学院教授，东南大学建筑历史与理论研究所所长，国家一级注册建筑师；曾先后获得南京工学院建筑结构学士学位、东南大学建筑学硕士学位，美国伊利诺理工大学（IIT）建筑学博士学位，曾在大连工学院、东南大学任教，并从事建筑设计工作。1997~2003年在美国芝加哥留学及从事建筑实践，2003年回到东南大学建筑学院工作。目前的设计与研究领域主要有：中西比较和近代建筑研究，信息技术与建筑设计，高层与大跨度建筑设计，民居研究与当代居住建筑原型探讨。

摄影／王艺玮